파이썬 코드로 배우는 Git GitHub

유광명 저

YoungJin.com **Y.**
영진닷컴

파이썬 코드로 배우는
Git&GitHub

ISBN 978-89-314-6765-9

독자님의 의견을 받습니다

이 책을 구입한 독자님은 영진닷컴의 가장 중요한 비평가이자 조언가입니다. 저희 책의 장점과 문제점이 무엇인지, 어떤 책이 출판되기를 바라는지, 책을 더욱 알차게 꾸밀 수 있는 아이디어가 있으면 이메일, 또는 우편으로 연락주시기 바랍니다. 의견을 주실 때에는 책 제목 및 독자님의 성함과 연락처(전화번호나 이메일)를 꼭 남겨 주시기 바랍니다. 독자님의 의견에 대해 바로 답변을 드리고, 또 독자님의 의견을 다음 책에 충분히 반영하도록 늘 노력하겠습니다.

파본이나 잘못된 도서는 구입처에서 교환 및 환불해드립니다.

이메일 : support@youngjin.com

주 소 : (우)08507 서울특별시 금천구 가산디지털1로 128 STX-V타워 4층 401호

등 록 : 2007. 4. 27. 제16-4189호

STAFF

저자 유광명 | **총괄** 김태경 | **기획** 현진영 | **디자인·편집** 김효정 | **영업** 박준용, 임용수, 김도현, 이윤철
마케팅 이승희, 김근주, 조민영, 김민지, 이현아, 김진희 | **제작** 황장협 | **인쇄** 예림인쇄

머리말

소프트웨어 기술은 비약적인 발전을 거듭하고 있고, 우리 생활과 밀접하게 연관되어 있습니다. 구직 시장에서도 전공자, 비전공자를 가릴 것 없이 소프트웨어 스킬의 중요성이 커지고 있는 것 같습니다. 소프트웨어가 우리에게 다양하고 고도화된 서비스를 제공하기 시작하면서 규모가 커지고 복잡해지고 있습니다. 그만큼 체계적인 유지보수와 협업 기반 개발 프로세스의 중요성이 강조되고 있습니다.

Git은 소스 코드와 같은 파일들의 이력 관리를 돕는 버전 관리 시스템입니다. 속도가 빠르고 분산형 구조를 채택하여 대형 프로젝트에도 적합합니다. 그리고 여러 사람이 협업하고 공유할 수 있는 환경으로 확장이 쉬워 많은 사용자층을 보유하고 있습니다. 하지만 다른 버전 관리 도구에 비해 직관성이 떨어집니다. 입문자나 비전공자, 그리고 기존 중앙 집중형 관리 도구에 익숙한 분들이 개념을 이해하기 어려울 수 있습니다.

이 책은 위와 같은 어려움을 겪는 분들을 대상으로 만들어진 책입니다. Git의 동작 개념과 다양한 명령어를 한 번에 숙지하는 것은 여간 힘들고 지루한 일이 아닙니다. 저는 어떤 방법을 사용하면 입문자들이 Git의 동작 원리와 명령어들을 쉽게 익힐 수 있을지 고민해 왔습니다. 제가 고안한 방법은 작은 프로젝트를 진행해 가며, 그 과정 속에서 명령어를 실습하는 방식입니다. 실무 중에 발생할 수 있는 이슈를 예로 들고, 그 해결책으로 명령어를 제안하여 자연스럽게 익힐 수 있도록 구성했습니다. 이 책에서 여러분은 간단한 계산기 프로그램 개발 프로젝트를 진행합니다. 이 과정을 통해 개발 이력을 저장하는 방법, 원격 저장소와 연동하는 방법, 동료와 협업하는 방법, 그리고 브랜치를 운영하는 방법을 익히게 될 것입니다. Git을 처음 접한다면 환경 구축부터 실습까지 따라하며 진행하는 것을 추천드립니다.

이 책의 1, 2장에서는 실습 환경을 구축하고, GUI 기반 프로그램으로 Git 명령어를 가볍게 체험합니다. 3장에서는 Git의 작업 영역과 파일 이력 관리 개념에 대해서 설명합니다. 이후 챕터부터는 계산기 프로그램 개발 프로젝트를 진행해 가며 Git 사용법을 익히는 부분입니다. 4장은 로컬 저장소 환경에서 사용되는 명령어들을 소개합니다. 나아가 5, 6장에서는 로컬 저장소와 원격 저장소를 연동하고, 협업을 진행하는 방법을 설명합니다. 마지막으로 7, 8장은 브랜치의 개념을 소개하고 운영하는 방법을 실습합니다. 하나의 개발 프로젝트를 진행하면서 명령어 사용법을 시기적절하게 소개하여 개념을 쉽게 숙지할 수 있도록 구성했습니다.

이 책의 실습 코드는 챕터별로 구분하여 Github 저장소에 업로드해 두었습니다.

https://github.com/sguys99/practice-git-materials

마지막으로 원고 작성에 도움을 주신 한전 전력연구원 / 데이터사이언스 연구소, 삼성전기 설비개발 연구소 동료들에게 감사드리며, 이 책을 선택한 여러분에게 감사의 마음을 전합니다.

유광명

목차

목차

8장 브랜치 운영전략

appendix

Git을 배우러 온 여러분을 환영합니다! 이번 장에서는 Git을 배우기 전에 필요한 프로그램을 설치하여 환경을 구축해 보겠습니다. Git for windows, 소스트리와 같은 Git 프로그램을 설치하고 Github 계정을 만듭니다. 그리고 이 책에서 만들 계산기 프로그램에 필요한 파이썬과 pyqt5 라이브러리 설치와 환경 설정도 할 예정입니다. 필요한 프로그램이 많으니 차근차근 따라와 주세요. 이번 장에서 실습 환경을 확실하게 만들어 두고, 다음 장부터 본격적으로 Git을 소개하겠습니다.

1장

실습 환경 구축하기

계산기 프로그램

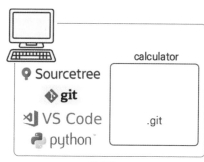

개발용 PC

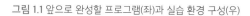
그림 1.1 앞으로 완성할 프로그램(좌)과 실습 환경 구성(우)

Git / 소스트리 설치하기

1.1 Git for windows

PC에서 Git을 사용하기 위해서는 Git 프로그램을 설치해야 합니다. Git은 운영체제에 따라 설치용 프로그램이 다릅니다. 여기서는 Windows용 Git 프로그램인 Git for windows를 기준으로 설명합니다.

❶ Git 공식 사이트의 다운로드 페이지를 엽니다.

https://git-scm.com/downloads

❷ 운영체제별 설치 프로그램을 다운로드할 수 있는 항목이 보입니다. 여기서는 Windows용 설치 프로그램인 Git for windows의 최신 버전을 다운로드합니다(2022년 4월 18일 기준 2.36.0 버전).

그림 1.2 Git 다운로드 화면

❸ 다운받은 파일을 실행하고 아래에 있는 Next 버튼을 클릭하면 설치 전 설정 단계로 넘어갑니다. Next 버튼을 계속 클릭하여 기본 설정으로 설치합니다.

그림 1.3 Git 설치 파일 실행 화면

설치가 완료되면 Finish 버튼을 클릭하여 설치를 마무리합니다.

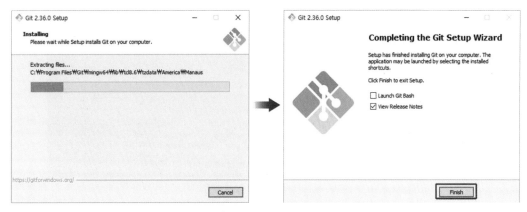

그림 1.4 설치 진행, 완료 화면

설치를 완료한 후에 Windows 시작 프로그램을 열어 보면 Git이라는 폴더 아래에 여러 가지 프로그램이 추가된 것을 확인할 수 있습니다.

그림 1.5 설치 후 Windows 앱에 추가된 프로그램들

❹ Git이 정상적으로 설치되었는지 확인해 볼까요? Git 폴더의 'Git Bash' 프로그램을 실행하여 다음과 같이 입력합니다.

```
git
```

다음 그림과 같이 긴 메시지가 출력되면 제대로 설치가 된 것입니다.

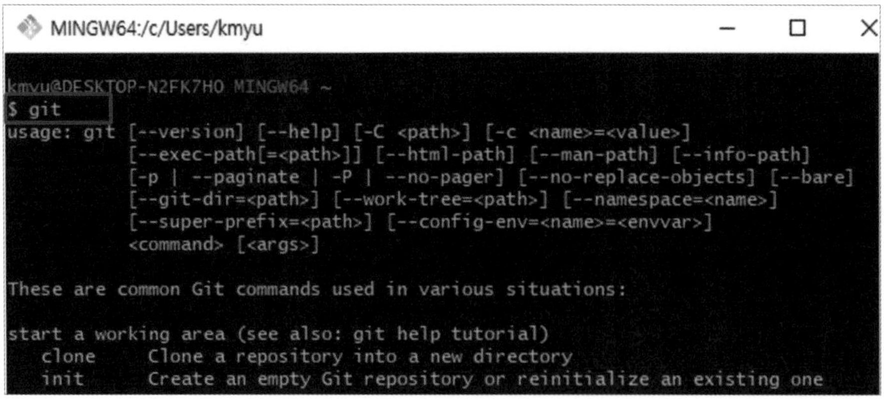

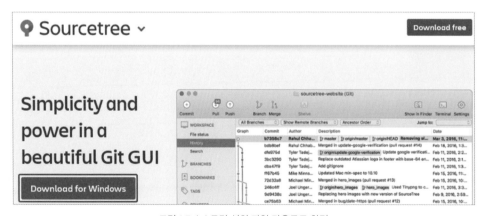

MINGW64:/c/Users/kmyu
kmyu@DESKTOP-N2FK7HO MINGW64 ~
$ git
usage: git [--version] [--help] [-C <path>] [-c <name>=<value>]
[--exec-path[=<path>]] [--html-path] [--man-path] [--info-path]
[-p | --paginate | -P | --no-pager] [--no-replace-objects] [--bare]
[--git-dir=<path>] [--work-tree=<path>] [--namespace=<name>]
[--super-prefix=<path>] [--config-env=<name>=<envvar>]
<command> [<args>]
These are common Git commands used in various situations:
start a working area (see also: git help tutorial)
clone Clone a repository into a new directory
init Create an empty Git repository or reinitialize an existing one

그림 1.6 Git 명령 입력 결과

1.2 소스트리

기본적으로 Git은 CLI(Command-line Interface) 기반으로 동작합니다. 이런 검은 바탕의 터미널에 익숙하지 않은 사람들을 위해 GUI(Graphic User Interface) 기반의 보조 프로그램이 등장하였습니다. 이를 Git GUI, 또는 Git 클라이언트(client)라고 합니다. 대표적인 것이 Atlassian에서 출시한 소스트리입니다. Git을 사용하기 위해 꼭 필요하지는 않지만 입문하는 사람들에게 유용한 프로그램입니다.

❶ 소스트리 공식 사이트에 들어갑니다.

https://www.sourcetreeapp.com/

❷ Windows용 설치 파일을 다운로드합니다.

Sourcetree
Download free
Simplicity and power in a beautiful Git GUI
Download for Windows

그림 1.7 소스트리 설치 파일 다운로드 화면

❸ 다운받은 파일을 실행해서 설치를 진행합니다.

• Registration : Bitbucket 관련 설정 항목은 '건너뛰기'를 선택합니다.

그림 1.8 Registration 단계

• 도구 설치 : Mercurial은 실습에 사용하지 않으므로 설치 항목에서 해제합니다. 그리고 다음 버튼을 선택합니다.

그림 1.9 도구 설치 단계

• Preferences : Git에서 사용할 사용자 이름과 이메일 계정을 입력합니다. 나중에 수정할 수 있으므로 임의로 입력해도 됩니다.

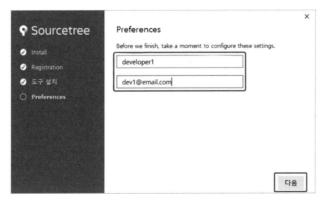

그림 1.10 Preference 단계

SSH 키를 불러올지를 묻는 창이 표시되면 '아니오'를 선택합니다.

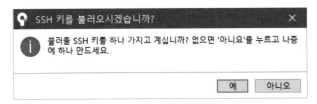

그림 1.11 SSH 설정 항목

설치가 완료되면 아래와 같은 소스트리 프로그램이 실행됩니다.

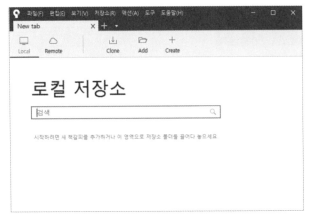

그림 1.12 소스트리 설치 결과(실행 화면)

계산기 프로그램 개발 환경 구축하기

Git 명령어를 빠르게 배우기 위해서는 실제 프로그램 개발 상황을 만들어서 연습하는 것이 좋습니다. 이 책에서 우리는 간단한 계산기 프로그램을 만드는 프로젝트를 진행할 예정입니다. 그 전에 프로그램을 만들기 위한 환경을 구축하겠습니다.

2.1 파이썬과 pip

계산기 프로그램은 파이썬을 사용해서 개발할 계획입니다. Windows용 파이썬 인터프리터를 설치해 봅니다.

❶ Windows용 파이썬 설치 파일 다운로드 url로 진입합니다.

https://www.python.org/downloads/windows/

❷ 파이썬 3.8버전 이상의 설치 파일을 다운로드합니다. 여기서는 3.9.5버전을 다운로드하였습니다.

그림 1.13 파이썬 설치 파일 다운로드

❸ 다운로드한 파일을 실행하여 'Install Now' 항목(기본 설치)을 선택합니다.

그림 1.14 파이썬 설치 파일 실행

기본 설치로 진행하면 pip Bootstrap도 함께 설치됩니다. pip(Python Package Index)는 파이썬으로 작성된 패키지를 관리하는 시스템입니다. 설치가 완료되면 Close 버튼을 클릭합니다.

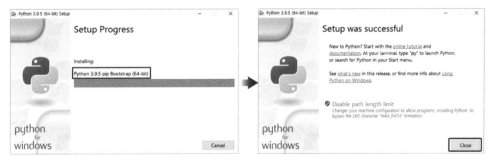

그림 1.15 파이썬 설치 완료 화면

❹ 파이썬과 pip를 다른 경로에서도 실행하기 위해 환경 변수를 설정해야 합니다.

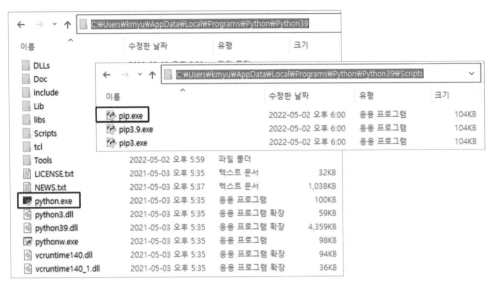

그림 1.16 파이썬과 pip가 설치된 경로

시작 메뉴에서 '고급 시스템 설정'을 검색하고 시스템 속성 창에서 '환경 변수' 항목을 클릭합니다. 그리고 시스템 변수 항목에서 'Path'를 선택한 뒤 편집 버튼을 클릭합니다. 환경 변수 편집 창이 실행되면 '새로 만들기' 버튼을 클릭하여 파이썬과 pip 실행 파일이 있는 다음 두 경로를 추가합니다.

```
C:\Users\사용자 이름\AppData\Local\Programs\Python\Python39
C:\Users\사용자 이름\AppData\Local\Programs\Python\Python39\Scripts
```

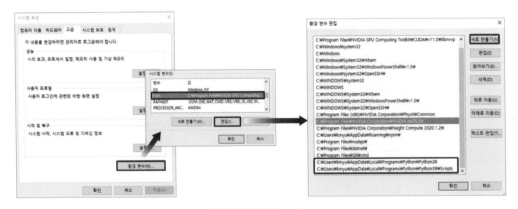

그림 1.17 환경 변수 추가

추가한 후에는 확인 버튼을 클릭하여 창을 닫습니다.

❺ 경로 추가가 잘 되었는지 확인하기 위해 명령 프롬프트에서 파이썬과 pip를 실행하겠습니다. Windows 시작 메뉴에서 'cmd'를 입력하여 명령 프롬프트를 실행하고, 프롬프트 창에 'python'을 입력하여 파이썬 인터프리터를 실행합니다. 정상적으로 실행되면 'exit()'를 입력하여 빠져나옵니다.

그림 1.18 파이썬 인터프리터 실행 결과

이제 pip 차례입니다. 프롬프트 창에 'pip'를 입력해서 사용법을 설명하는 메시지가 출력되는지 확인합니다.

그림 1.19 pip 실행 결과

2.2 PyQt5

PyQt5는 데스크톱이나 모바일 애플리케이션 개발에 사용되는 라이브러리인 Qt를 파이썬 언어로 바인딩한 것입니다. 실습에서는 계산기 화면을 구현하기 위해 사용합니다.

우리는 앞에서 설치한 pip로 PyQt5를 설치합니다. 원하다면 다음 pip 공식 사이트에서 PyQt5의 설치 방법을 확인할 수 있습니다.

https://pypi.org/project/PyQt5/

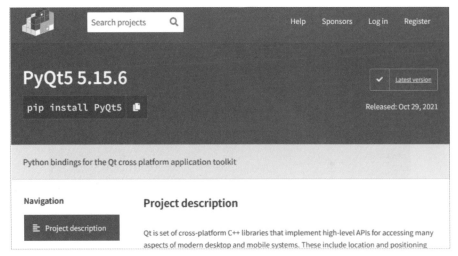

그림 1.20 pip 공식 사이트에 소개된 PyQt5

❶ Windows 시작 메뉴에서 'cmd'를 입력하여 명령 프롬프트를 실행합니다.

❷ PyQt5 최신 버전을 설치하는 명령을 다음과 같이 입력합니다.

```
pip install PyQt5
```

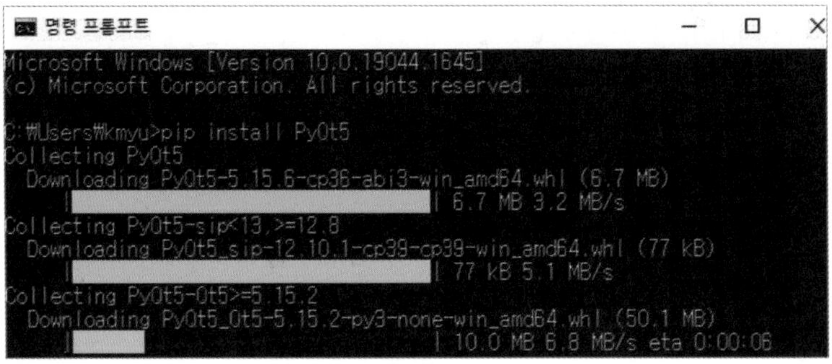

![명령 프롬프트 스크린샷]

그림 1.21 PyQt5 설치 과정

❸ 설치가 정상적으로 진행되었는지 확인해 봅시다. 명령 프롬프트에서 'python'을 입력하여 파이썬 인터프리터를 실행한 후, 다음 구문을 차례대로 입력합니다.

```
from PyQt5.QtCore import QT_VERSION_STR
print(QT_VERSION_STR)
```

이 구문은 PyQt5에 있는 QtCore 모듈로 설치 버전을 출력하는 코드입니다. 설치된 라이브러리의 버전이 출력되면 제대로 설치된 것입니다.

그림 1.22 PyQt5 설치 확인

2.3 VS Code

파이썬으로 계산기 프로그램 코드를 작성하기 위해 소스 코드 편집기를 설치합니다. 여기서는 마이크로소프트에서 출시한 VS Code(Visual Studio Code)를 사용합니다.

❶ VS Code 공식 홈페이지에 들어갑니다.

https://code.visualstudio.com/

❷ 화면 왼쪽에 보이는 'Download for Windows' 버튼을 클릭하면 설치 파일이 다운로드됩니다. 파일을 실행하여 설치합니다.

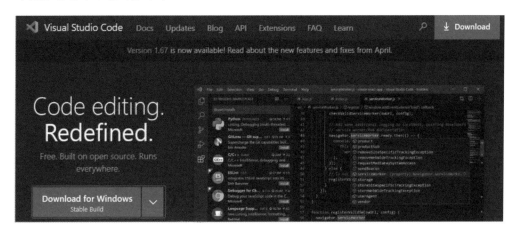

그림 1.23 VS Code 공식 홈페이지

❸ 설치를 완료한 후 Windows 시작 프로그램에서 Visual Studio Code를 찾아서 실행합니다. 만약 언어 팩을 한국어로 변경한다는 메시지가 보이면 설치 및 다시 시작 버튼을 클릭합니다. 설치가 완료된 후 VS Code가 재시작됩니다.

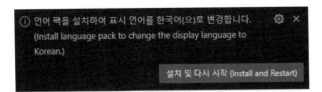

그림 1.24 한글 언어 팩 설치 메시지

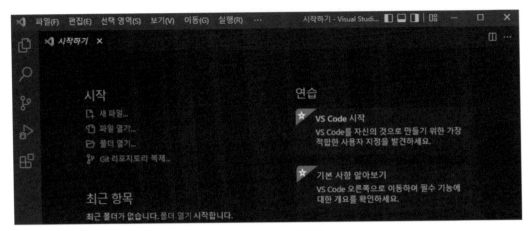

그림 1.25 VS Code 실행 화면

❹ VS Code를 파이썬 코드 편집기로 사용하기 위한 extension을 설치합니다. 화면 왼쪽에 확장 아이콘을 선택하여, 확장 프로그램 검색창에 'python'을 입력합니다. 검색 결과 항목 중에서 가장 위에 있는 'Python'을 설치합니다.

그림 1.26 파이썬 extension 설치

❺ 마지막으로 파이썬 인터프리터를 추가합니다. ctrl+shift+p 단축키를 입력하거나 왼쪽 아래에 설정 아이콘(톱니 모양)을 클릭한 후 '명령 팔레트' 항목을 선택합니다. 명령 입력창이 실행되면 다음 내용을 입력하여 검색합니다.

```
Python: Select Interpreter
```

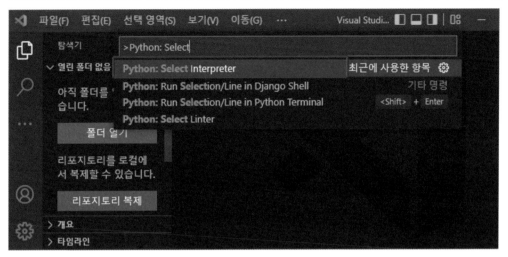

그림 1.27 명령 팔레트에서 인터프리터 선택

Python: Select Interpreter 항목을 선택하면 VS Code와 연계할 파이썬 인터프리터를 지
정할 수 있습니다. 대부분은 앞에서 설치한 파이썬 인터프리터를 자동으로 찾아줍니다. 이 자
동 검색된 인터프리터를 선택하면 됩니다. 만약 설치한 인터프리터가 검색되지 않으면 'Enter
interpreter path' 항목을 선택하여 직접 경로를 설정해 줍니다.

그림 1.28 사용할 인터프리터 선택

3 Github 가입하기

마지막으로 원격저장소로 사용할 호스팅 서비스에 가입할 차례입니다. 이 책에서는 무료 Git 저장소 서비스인 GitHub를 사용합니다.

3.1 Github 계정 생성

사용 중인 Github 계정이 없다면 다음 순서에 따라 계정을 만들어 주세요.

❶ Github 사이트에 접속합니다.

https://github.com/

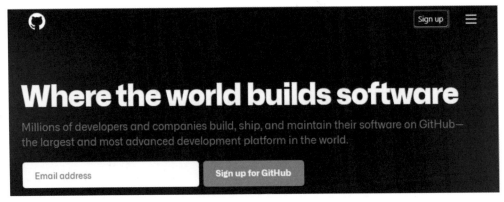

그림 1.29 Github 메인 화면

❷ 오른쪽 위에 'Sign up' 버튼을 클릭하여 계정 생성 페이지로 이동합니다. 계정을 만들기 위해서
는 사용 중인 이메일 주소도 필요합니다. 정보를 입력하여 계정 생성을 완료합니다.

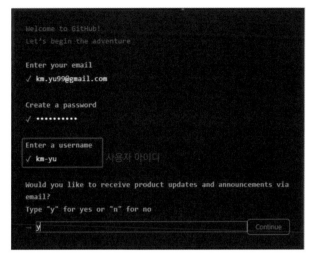

그림 1.30 계정 생성 화면 예

❸ 생성된 계정은 메인 페이지에서 확인할 수 있습니다. 주소는 다음과 같습니다.

https://github.com/사용자 아이디

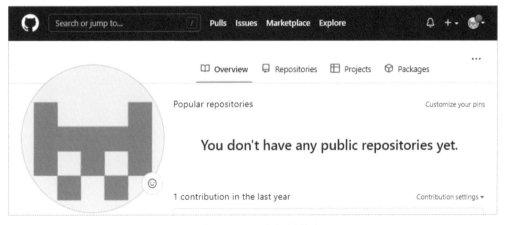

그림 1.31 Github 계정 접속화면

Git은 리눅스 커널 소스 코드 관리를 위해 개발되었습니다. 초기에는 리눅스 기반의 CLI(Command-Line Interface)환경에서만 사용할 수 있었습니다. 이후에 Windows에서 Git을 사용할 수 있도록 Git Bash라는 프로그램이 등장하였지만, Git Bash도 CLI 기반 프로그램입니다.

Git에 대한 개념이 잡히고 명령어에 익숙해지면, CLI 기반으로 Git을 사용하는 것이 편합니다. 하지만 명령어에 익숙하지 않은 사용자들이 처음부터 CLI 환경에서 Git을 능숙하게 사용하기는 어렵습니다. 그러므로 이번 장에서는 본격적인 Git 명령어 학습에 앞서, 대표적인 Git GUI(Graphic User Interface)인 소스트리(Sourcetree)를 사용하여 간단히 저장소를 관리하는 실습을 하겠습니다.

2장

소스트리로 Git 체험하기

그림 2.1 Git Bash(좌)와 소스트리(우) 실행화면

1 저장소 생성하기

1.1 원격저장소 생성하기

1장에서 가입한 Github 계정에 접속하여 실습에 사용할 원격저장소(Remote repository)를 생성합니다.

❶ 웹브라우저로 개인 Github 계정에 접속합니다. Github 계정 주소는 **https://github.com/아이디** 형태입니다. 제 Github 계정 아이디는 sguys99이므로 이 책에서는 **https://github.com/sguys99**에 접속하였습니다.

❷ 화면 상단의 Repositories 탭을 선택합니다. 이후 우측 상단의 New 버튼을 클릭하여 저장소 생성 페이지(Create a new repository)로 들어갑니다.

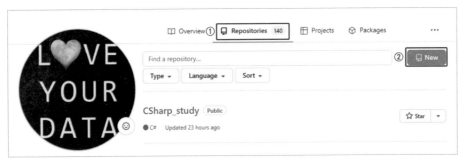

그림 2.2 Github Repositories 화면

❸ 저장소 생성에 필요한 사항을 입력합니다. *로 표시된 항목은 필수 입력 사항입니다. Owner 항목은 저장소 소유자의 아이디입니다. 기본으로 계정 소유자로 설정되어 있으므로 그대로 둡니다. 저장소 이름(Repository name)은 반드시 입력해야 하는 부분입니다. 여기서는 git-practice로 입력하였습니다. Description 항목은 저장소와 관련된 간단한 설명을 기록하는 곳입니다. 여기서는 'git 실습을 위한 저장소'라고 입력하였습니다.

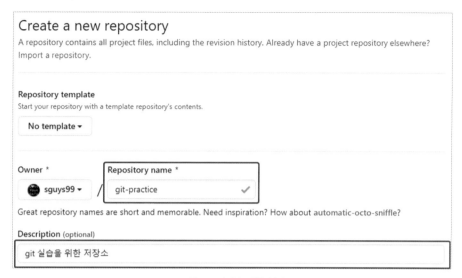

그림 2.3 저장소 이름 설정

❹ 화면 아래에 Add a README file 항목을 체크합니다. 이 항목을 체크하면 저장소를 생성할 때 저장소 소개를 위한 README.md 파일을 자동 생성해 줍니다. 저장소 생성에 필요한 최소 조건이 만족되면 맨 아래에 Create repository 버튼이 활성화됩니다. 이 버튼을 클릭하면 저장소가 생성됩니다.

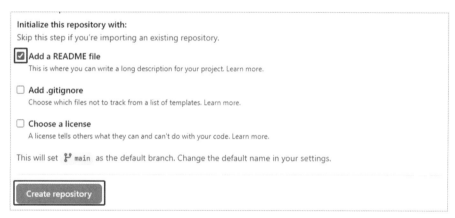

그림 2.4 Add a README.md 체크 항목과 Create repository 버튼

❺ 생성이 완료되면, 저장소 내부 url로 화면이 전환됩니다. 다음과 같은 화면이 표시되면 저장소가 성공적으로 생성된 것입니다. 아직은 README.md 파일만 있는 빈 저장소입니다.

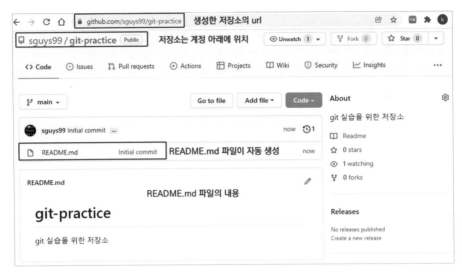

그림 2.5 Github 원격저장소 내부 화면

다음으로 넘어가기 전에 만들어진 저장소 페이지를 살펴보겠습니다. 위 그림에서 저장소의 주소는 **https://github.com/sguys99/git-practice**로 표시되어 있습니다. 제 Github 계정 아이디는 sguys99이고 앞에서 생성한 저장소 이름은 git-practice입니다. 즉, 웹브라우저로 Github 저장소에 바로 접속하려면 주소창에 다음과 같이 입력하면 됩니다.

https://github.com/아이디/저장소 이름

저장소 페이지 오른쪽 위에 있는 Code 탭을 클릭하면 url이 적힌 작은 창이 표시됩니다. 앞에서 설명한 저장소 웹 url에 .git이 더해진 형태입니다.

https://github.com/아이디/저장소 이름.git

이 주소를 잘 기억해 두세요. Git 명령으로 원격저장소에 접근할 때 사용하는 저장소의 실제 주소입니다.

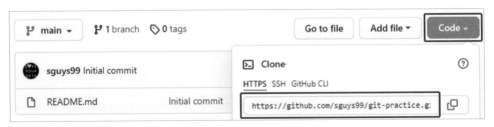

그림 2.6 원격저장소 주소 확인

1.2 로컬저장소 생성하기

이제 개인 PC에 저장소를 생성합니다. 앞으로 Github에서 생성한 원격저장소와 구분하기 위해서, PC에 생성하는 저장소를 로컬저장소(Local repository)로 부르겠습니다. 로컬저장소 생성에는 소스트리를 사용합니다. 소스트리로 로컬저장소를 생성하는 방법은 다음 세 가지가 있습니다.

- **Clone** : 원격저장소의 내용을 복제해서 생성하기
- **Create** : 개인 PC에만 로컬저장소 생성하기
- **Add** : 개인 PC에 이미 존재하는 로컬저장소를 소스트리 인터페이스에 추가하기

여기서는 앞에서 생성한 원격저장소를 복제해서 생성하는 방법(Clone)으로 진행합니다. 로컬저장소를 생성할 때 로컬·원격저장소의 연동을 함께 진행하므로 편리하기 때문입니다.

❶ 소스트리를 실행한 후, 파일-복제 / 생성 탭을 선택합니다. 또는 상단의 Clone 탭을 선택합니다.

 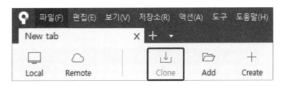

그림 2.7 소스트리에서 저장소 복제 선택

❷ 저장소 정보를 입력할 창이 표시됩니다. 첫 번째 항목에는 복제할 원격저장소의 주소를 입력합니다. 다음 그림에서는 **https://github.com/sguys99/git-practice.git**으로 입력되어 있습니다. 여러분은 sguys99 대신 본인의 아이디를 대신 추가하여 입력하면 됩니다. 두 번째 항목에는 원격저장소의 내용을 복제해서 저장할 PC 안의 로컬저장소 경로를 입력합니다. 저는 C 드라이브에 git-practice라는 폴더를 생성하고 로컬저장소 경로로 설정하였습니다. 세 번째 항목은 로컬저장소의 이름을 정하는 부분입니다. 여기서는 원격저장소와 동일하게 git-practice로 정했습니다.

전부 입력하면 클론 버튼이 활성화됩니다. 이 버튼을 클릭하여 저장소 복제를 완료합니다.

그림 2.8 소스트리에서의 저장소 복제를 위한 설정

❸ 저장소가 정상적으로 생성되면 소스트리의 창이 아래와 같은 워크스페이스로 화면으로 전환
됩니다. 왼쪽의 History 탭을 클릭하면, 저장소의 이력을 확인하는 화면이 표시됩니다. 빈 저
장소인 줄 알았는데 커밋 47a43c5라는 항목이 기록되어 있습니다. 언제 기록되었을까요? 바로
Github에서 원격저장소를 생성할 때 기록되었습니다. 원격저장소의 내용을 복제해 오면서 생성
이력과 저장되어 있던 README.md 파일도 함께 복사되었던 것입니다.

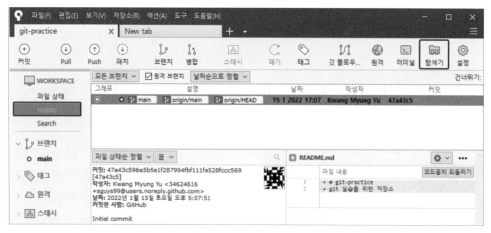

그림 2.9 소스트리 워크스페이스

❹ 소스트리는 Git을 편리하게 사용하도록 도와주는 인터페이스일 뿐이라는 사실을 알고 있었나
요? 실제로는 PC에 설치된 Git이 로컬저장소 내부에서 이력을 관리합니다. 직접 확인하기 위해
앞에서 설정한 로컬저장소 경로인 **C:\git-practice**를 파일 탐색기 주소창에 입력하거나, 소스
트리 화면 위쪽의 탐색기 버튼을 클릭하여 로컬저장소 폴더를 열어 주세요.

저장소 내부에는 원격저장소를 생성할 때 만들어진 README.md 파일 외에 .git이라는 이름의 폴더도 보이는데, 이 .git 폴더가 git-practice 폴더를 Git 저장소로 운영하고 있다는 증거입니다. 궁금한 것이 많겠지만 지금은 여기까지만 이해하고 넘어갑시다.

> **참고** .git 폴더는 숨겨져 있으므로 보이지 않는다면, 탐색기의 보기-숨긴 항목을 체크해 주세요.

그림 2.10 Windows 탐색기로 살펴본 로컬저장소 내부

지금까지 작업한 내용을 정리해보겠습니다. 우리는 먼저 Github 계정에 접속해서 원격저장소 git-practice를 생성했습니다. 이때 README.md 파일도 함께 만들었습니다. 이것이 이 저장소의 첫 번째 이력입니다. 그다음에 우리의 로컬 PC에 원격저장소를 복제(clone)하여 로컬저장소를 생성했습니다. 복제할 때 로컬저장소와 원격저장소의 연결 설정도 동시에 진행했습니다. 마지막으로 소스트리가 Git을 편리하게 사용하도록 돕는 인터페이스라는 점을 확인했습니다. 실제 복제와 로컬저장소 생성은 로컬 PC에 설치한 Git이 실행했습니다. 저장소 구성이 잘 이해가 되지 않는다면 아래 그림을 살펴봅시다.

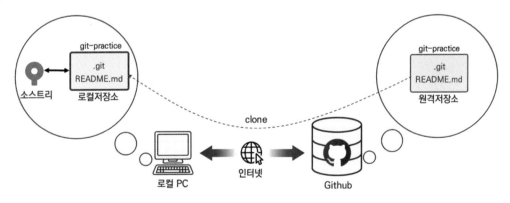

그림 2.11 실습에서 생성한 저장소 구성

다음 절에서는 로컬저장소에서 파일을 수정하거나 새로운 파일을 생성하여 이력을 관리해 봅니다.

2 로컬저장소에서 이력 관리하기

2.1 파일 수정 내용 기록하기

이력 관리를 위한 준비가 완료되었습니다. 이제 소스트리를 사용해서 저장소에 존재하는 README.md 파일의 내용을 수정하고, 이 수정 이력을 기록하겠습니다.

❶ 처음 상태 확인을 위해 소스트리의 git-practice 저장소에서 파일 상태 탭을 클릭합니다. 가운데 화면에 커밋할 내용 없음이라는 문구가 보입니다.

그림 2.12 소스트리에서 본 저장소 초기 상태

❷ 이제 Windows 탐색기를 사용하거나 소스트리의 탐색기 탭을 클릭하여 로컬저장소 폴더를 열어봅니다. 저장소 안에 있는 README.md 파일을 메모장으로 열어서 다음과 같이 수정합니다.
- git 실습을 위한 저장소를 git과 github 실습을 위한 저장소로 수정
- 작성일자 : 2022. 1. 15를 추가

파일을 수정한 후 저장하고 닫습니다.

그림 2.13 README.md 파일 수정

❸ 다시 소스트리로 돌아가서 워크스페이스의 변화를 확인합니다. 소스트리가 README.md 파일 수정을 자동으로 감지했을 것입니다(소스트리의 변화가 없다면 좌측 파일 상태와 History 탭을 번갈아 클릭해 봅니다). 파일 상태 탭을 클릭하면 화면 왼쪽 아래에 앞에서 수정한 README.md 파일이 표시됩니다. 이 파일의 내용에 변경 사항이 감지되었다는 뜻입니다. 마우스로 README.md 항목을 클릭하면 화면 오른쪽에 파일 안의 변경 사항이 표시됩니다. - 항목은 삭제된 내용을, + 항목은 새롭게 추가한 항목을 나타냅니다. 앞에서 우리가 수정한 내용과 같습니다.

그림 2.14 소스트리 화면에서 파일 수정 사항 확인

❹ 수정 이력을 기록하기 전에 기록할 대상을 선택해야 합니다. README.md 파일을 선택한 후 선택한 내용을 스테이지에 올리기 버튼을 클릭합니다(또는 모두 스테이지에 올리기 버튼을 클릭합니다). README.md 파일이 스테이지에 올라간 파일 항목으로 이동한 것을 볼 수 있습니다.

그림 2.15 수정한 파일 스테이지에 올리기

❺ 이력을 저장하면서 함께 기록할 메시지를 작성합니다. 여기서는 맨 아래 메시지 입력창에 'Modify README.md'라고 입력하였습니다. 메시지 작성을 한 뒤, 오른쪽 아래의 커밋 버튼 또는 왼쪽 위의 커밋 탭을 클릭합니다.

그림 2.16 메시지 작성 후 커밋 버튼 클릭

❻ History 탭에서 방금 저장한 이력이 추가된 것을 확인합니다.

그림 2.17 이력 저장 확인

❼ 파일 상태 탭을 클릭해 보면 ❶번 단계처럼 화면에 '커밋할 내용 없음'이 표시됩니다. 첫 번째 이력 저장이 끝났습니다.

그림 2.18 이력 저장 후 화면 초기화

2.2 새로운 파일을 추가하고 기록하기

앞에서는 기존에 저장소에 있던 README.md 파일을 수정하고, 그 수정 이력을 기록하였습니다. 지금부터는 저장소에 새로운 파일을 추가하고 이력을 기록하겠습니다.

❶ 메모장이나 다른 편집기로 아래와 같이 간단한 파이썬 코드를 작성합니다. 그리고 로컬저장소 폴더 안에 파일을 저장합니다. 파일 이름은 test.py로 하였습니다.

```
# ch 2.2.2 test.py

def test():
    pass


if __name__=='__main__':
    test()
```

그림 2.19 test.py 파일을 추가한 저장소

❷ 소스트리로 돌아와서 파일 상태를 확인합니다. '스테이지에 올라가지 않은 파일' 항목에 test.py 파일이 있습니다. 앞에서 README.md 파일을 수정했을 때와 비슷합니다. 다만 파일 이름 앞에 물음표(?) 아이콘이 있는 점이 다릅니다. 이 아이콘은 과거에 Git이 관리하지 않고 있던 새로운 파일이 추가되었음을 나타냅니다.

그림 2.20 소스트리에서 저장소에 추가된 파일 확인

❸ test.py를 선택하고 '선택 내용 스테이지에 올리기' 버튼을 클릭하거나, '모두 스테이지에 올리기' 버튼을 클릭합니다. test.py 파일이 '스테이지에 올라간 파일' 항목으로 이동한 것을 확인합니다.

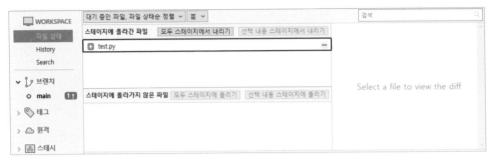

그림 2.21 새롭게 추가한 파일을 스테이지에 올리기

❹ 새롭게 추가한 파일의 이력을 저장하면서 기록할 메시지를 작성합니다. 그리고 커밋 버튼을 클릭합니다. 여기서는 'Add test.py'라는 메시지를 남겼습니다.

그림 2.22 메시지 작성 후 커밋 버튼 클릭

❺ History 탭에서 새로운 이력이 추가된 것을 확인합니다.

그림 2.23 이력 저장 확인

❻ 파일 상태 탭을 클릭해보면 처음 상태로 돌아온 것을 확인할 수 있습니다.

그림 2.24 화면 초기화

다음으로 넘어가기 전에 이력을 기록하는 순서를 정리하여 설명하겠습니다. 먼저 저장소 안의 파일을 수정하거나 새로운 파일을 추가하였습니다. 그러면 Git이 저장소의 변경 사항을 자동 감지하는 것을 소스트리로 확인했습니다. 그리고 변경 사항을 기록할 대상을 선택하는 스테이지 단계를 거쳤습니다. 마지막으로 이력의 저장, 다시 말해 커밋이라고 하는 동작을 메시지 입력과 함께 진행했습니다.

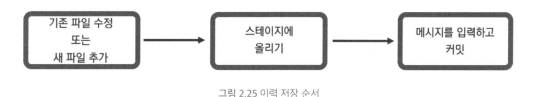

그림 2.25 이력 저장 순서

다음 절에서는 로컬저장소에서 기록한 이력과 파일 상태를 원격저장소에 업로드하거나, 반대로 원격저장소에 업데이트된 내용을 로컬저장소에 내려받는 실습을 진행하겠습니다.

3 로컬저장소와 원격저장소의 내용 일치시키기

3.1 로컬저장소의 내용을 원격저장소로 업로드 : Push

지금까지 작업한 파일과 커밋 이력은 로컬저장소에만 저장되어 있습니다. 이 내용을 원격저장소에 업로드하여 파일 상태를 같게 만들겠습니다.

❶ 소스트리 화면 위쪽에 Push 아이콘을 살펴봅니다. 2라는 숫자가 보입니다. 원격저장소에 업로드 안 된 커밋 이력이 2개 있다는 뜻입니다. 우리가 앞에서 기록한 2개의 커밋입니다.

그림 2.26 소스트리에 표시된 업로드 대상 커밋

❷ 이 Push 아이콘을 클릭합니다. 새 창이 실행되면 Push 버튼을 클릭합니다.

그림 2.27 Push 진행

❸ Push 후 소스트리 화면이 변했습니다. Push 아이콘에 숫자가 사라졌습니다. 그리고 History 항목에 있던 origin/main, origin/HEAD 뱃지의 위치가 이동했습니다.

그림 2.28 Push 후 소스트리 상태 변화

❹ 원격저장소에 접속하여 작업 내용이 업로드되었는지 확인합니다. 웹브라우저에서 저장소의 주소를 입력하거나 소스트리 화면에서 원격 아이콘을 클릭하면 됩니다.

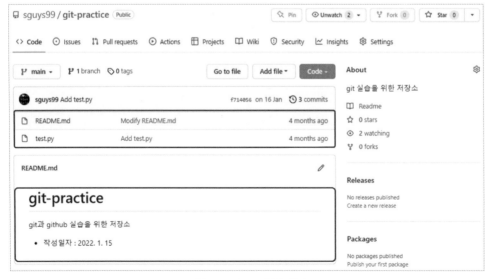

그림 2.29 Github 저장소 화면

원격저장소 화면에서 업데이트된 파일 내역이 보입니다. 업로드가 정상 완료되었습니다.

저장소 리스트 위에 3 commits 부분을 클릭하면, 소스트리에서 기록한 이력이 표시됩니다.

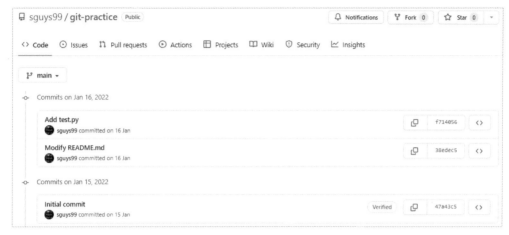

그림 2.30 Github에 업로드된 커밋 이력

3.2 원격저장소의 내용을 로컬저장소로 다운로드 : Pull

이번에는 반대로 원격저장소에 추가된 내용을 로컬저장소로 다운로드해 보겠습니다.

❶ 원격저장소에서 새 파일을 추가하고 커밋하겠습니다. 원격저장소 화면에서 Add file - Create new file 항목을 순서대로 선택하여 새 파일 추가 페이지로 넘어갑니다.

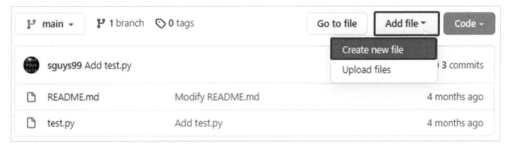

그림 2.31 원격저장소에서 새 파일 추가 ①

파일 이름란에 remote_test.py를 입력하고 파일 내용도 간단하게 입력합니다.

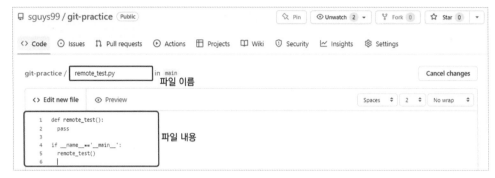

그림 2.32 원격저장소에서 새 파일 추가 ②

'Commit new file' 버튼을 클릭합니다.

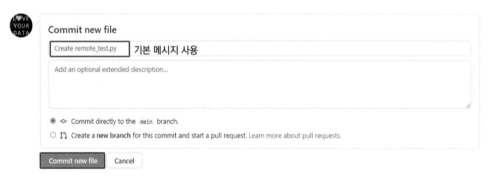

그림 2.33 원격저장소에서 새 파일 추가 후 커밋

파일 리스트에 remote_test.py 파일이 추가된 것을 확인합니다.

그림 2.34 원격저장소 파일 리스트 변화

❷ 이번에는 기존에 있는 README.md 파일을 수정하고 커밋하겠습니다. README.md 파일 내용이 표시되는 부분 오른쪽 위에 있는 연필 아이콘을 클릭합니다.

그림 2.35 README.md 파일 편집 화면 실행

파일 편집 화면이 실행되면 기존에 작성된 부분에 간단하게 내용을 추가합니다. 여기서는 다음 내용을 추가하였습니다.

- 작성자 : kmyu

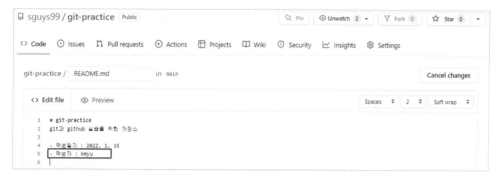

그림 2.36 README.md 파일 내용 수정

수정을 완료한 후에는 'Commit new file' 버튼을 클릭합니다.

그림 2.37 원격저장소에서 파일 수정 후 커밋 진행

README.md 파일 내용이 수정되었습니다.

그림 2.38 README.md 파일 내용 변화

❸ 이제 소스트리(로컬저장소)로 돌아와서 원격저장소에서 작업한 두 번의 작업 내용을 받아옵니다. 소스트리 화면 위에 있는 Pull 아이콘을 클릭합니다.

그림 2.39 소스트리에서 Pull 아이콘 클릭

새 창이 실행되면 Pull 버튼을 클릭합니다.

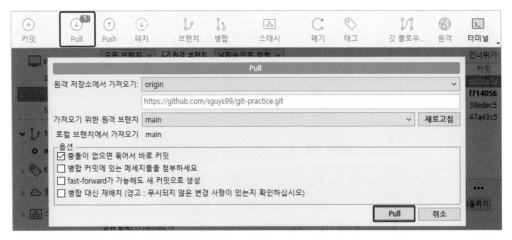

그림 2.40 Pull 진행

원격저장소의 작업 내역이 History 내역에 업데이트되었습니다.

그림 2.41 Pull 후 소스트리 상태 변화

❹ 마지막으로 탐색기로 저장소에 접근하여 추가된 파일과 수정된 파일을 확인합니다.

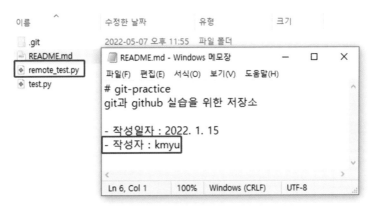

그림 2.42 로컬저장소 파일 내용

정리

이번 장에서는 본격적인 Git 명령어 학습에 앞서 소스트리를 사용해서 이력 관리를 체험해 보았습니다. 소스트리를 사용하면 Git 명령어를 텍스트로 입력할 필요 없이 버튼 클릭으로 간단하게 이력 관리를 할 수 있습니다. 하지만 실무에서 접하게 되는 다양한 상황에서 이력 관리를 하려면 Git의 주요 명령어와 옵션 사용법을 충분히 숙지하고 있어야 합니다. 그리고 다양한 옵션을 능숙하게 사용하기 위해서는 CLI 환경에서 명령어를 사용하는 것에도 익숙해져야 합니다. 4장부터는 CLI와 Git 명령어에 익숙해지도록 CLI와 소스트리를 번갈아 사용하겠습니다.

본격적으로 명령어를 배우기 전에, Git 저장소의 구성과 동작 개념을 설명합니다. Git은 분산 처리 구조로 만들어져 유연하면서도 성능이 우수합니다. 하지만 중앙 집중식 형상 관리 도구에 비해 직관성이 떨어집니다. 이 때문에 처음 배우는 사람들이 동작 원리를 이해하는 데 어려움을 겪곤 합니다. 이번 장의 설명을 읽고 Git의 독특한 작업 영역과 파일 및 이력 관리 방식을 확실하게 이해하고 넘어가길 바랍니다.

Git의 동작 개념

Git의 3가지 작업 영역

Git은 저장소 안의 파일들을 관리하기 위해 세 가지 작업 영역을 운영하고 있습니다. 아래 표는 저장소의 안에 있는 작업 영역의 종류와 설명을 정리한 것입니다.

작업 영역	설명
Working Directory	- 이력 관리 대상(tracked) 파일들이 위치하는 영역 - 저장소 디렉터리에서 .git 폴더를 제외한 공간 - 작업 중인 파일이나 코드가 저장되는 공간
Staging Area	- 이력을 기록할, 즉 커밋(commit)을 진행할 대상 파일들이 위치하는 영역 - .git 폴더 하위에 파일형태로 존재(index)
Repository	- 이력이 기록된(committed) 파일들이 위치하는 영역 - .git 폴더에 이력 관리를 위한 모든 정보가 저장, 관리됨

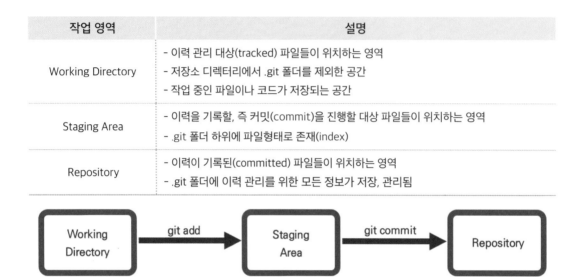

그림 3.1 Git 저장소의 작업 영역

위 그림을 살펴봅시다. Git은 파일이 추가되거나 수정될 때마다 그 변경 이력을 기록하기 위해 대상 파일을 이동시킵니다. 처음에 파일들은 Working Directory에 위치합니다. 여기에 있는 파일들이 수정되거나, 또는 여기에 새 파일이 추가되면, Git이 자동으로 변경 사항을 감지합니다. 만약 사용자가 이 변경 사항을 기록하고 싶다면, 대상 파일을 선택하고 Staging Area로 이동시켜야 합니다. 이러한 작업을 스테이징(Staging)이라고 부릅니다. 스테이징은 git add라는 명령을 사용해서 진행합니다. 여기서 끝이 아닙니다. 이력을 기록(저장)하려면 Staging Area에 있는 파일들을 Repository라고 하는 공간으로 이동시켜야 마무리됩니다. 이 동작은 git commit 명령을 통해 실행됩니다. 다시 말해 저장소 안 파일들의 수정, 추가 이력을 기록하기 위해 스테이징(git add)과 커밋(commit) 두 단계를 거쳐야 합니다.

그러면 Working Directory, Staging Area, Repository는 저장소 안 어디에 각각 위치하는 것일까요? 앞에서 실습한 git-practice 저장소를 탐색기로 열어주세요.

그림 3.2 탐색기로 열어본 git-practice 저장소 내부

git-practice 폴더 내부의 .git 폴더를 제외한 공간이 작업 영역, 즉 Working Directory에 해당합니다. 그리고 .git 폴더가 Repository 영역입니다. 저장소(Repository)를 언급할 때 git-practice 폴더 전체를 가리키기도 하지만 엄밀히 따지면 .git 폴더만 Repository에 해당하는 것입니다. 용어를 명확하게 구분하기 위해, 앞으로 한글로 저장소를 언급하면 그것은 .git 폴더를 포함하는 상위 디렉터리 전체를 가리키는 것으로 이해해 주세요.

Staging Area에 해당하는 공간은 어디일까요? .git 폴더 내부에서 찾을 수 있습니다.

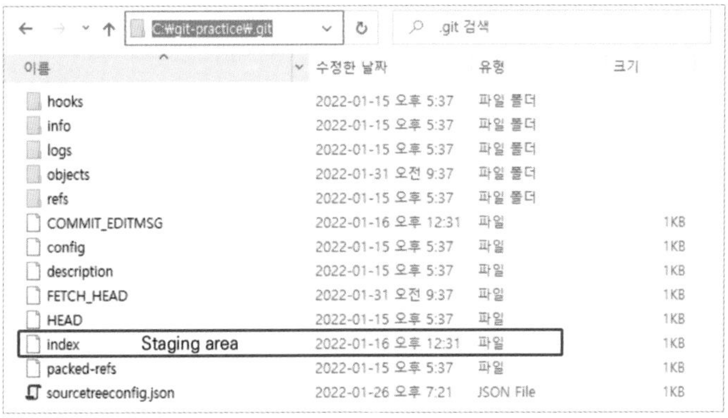

그림 3.3 .git 폴더 내부

.git 폴더 내부에는 이력의 저장(기록), 다시 말해 커밋을 관리하기 위한 다양한 파일 시스템이 구성되어 있습니다. 즉, 저장소 파일들의 이력 관리를 위해 이 시스템이 사용됩니다. 이 폴더 안에 index라는 파일이 Staging Area에 해당하는 공간입니다. git add 명령을 실행하면 스테이징된 파일들의 정보가 이 index 파일에 기록됩니다.

보았다시피 Staging Area와 Repository는 Working Directory처럼 물리적인 공간이 존재하는 것은 아닙니다. 스테이징과 커밋을 진행할 때 실제로 파일 이동이 이루어지는 것도 아닙니다. 파일은 Working Directory에 그대로 존재한 채 .git 폴더 안의 파일 시스템에 의해 스테이징, 커밋 등의 내용이 기록되는 구조입니다. Git 프로그램이 여기에 기록된 내용을 바탕으로 사용자에게 마치 파일이 이동하는 것처럼 보여줄 뿐입니다.

Git이 관리하는 3가지 파일 상태

2

Working directory에서 관리되는 파일들은 상태를 아래의 세 가지로 구분됩니다.

파일 상태	설명
Modified	- 관리 중인 파일에 수정(변경) 사항이 감지되었지만 커밋이 되지 않은 상태
Staged	- 감지된 파일의 수정 사항이 Staging area로 이동한 상태
Committed (Unmodified)	- 파일의 수정 사항에 대한 이력 저장이 완료된 상태

위 세 가지 상태는 Git 저장소의 관리 대상인 파일들, 즉 상태를 추적(tracked)하는 파일들에 대한 것입니다. 저장소에서 관리하지 않는 파일들의 상태를 별도로 Untracked라고 합니다. 예를 들어 저장소에 새로운 파일이 추가되면, 이 파일은 Untracked 상태가 됩니다. 기존에 저장소에서 관리하던 파일들의 범주에 속하지 않기 때문입니다.

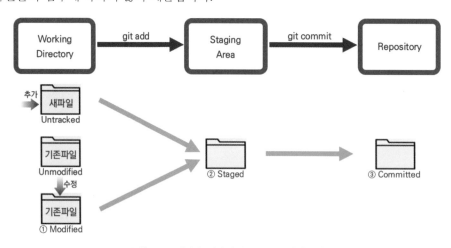

그림 3.4 스테이징, 커밋에 따른 파일의 상태 변화

위 그림은 Git의 이력 관리 절차와 그에 따른 파일의 상태 변화를 그림으로 표현한 것입니다. 빈 저장소의 Working Directory에 새로운 파일이 추가된 상황을 예로 들어봅시다. 저장소 입장에서는 그 파일이 기존 이력 관리 대상(추적, tracking)에 없었습니다. 따라서 이 파일이 처음 추가되었을 시점에는 Untracked 상태입니다. 새롭게 추가된 파일의 내역을 저장하기 위해 git add 명령으로 Staging Area에 이동시키면, 이 파일은 Staged 상태가 됩니다. 그리고 Staging Area에 있는 파일에 대해서 git commit 명령을 내려야 비로소 이 파일의 추가 이력은 기록되고 Committed 상태가 됩니다. 이제 이 파일은 Git의 관리 범주에 포함되었기 때문에 Tracked입니다. 그리고 모든 이력이 저장되었으므로 Unmodified 상태이기도 합니다. 만약 이 파일이 다시 수정된다면 Modified 상태로 변하게 됩니다. 이 변경 사항을 기록, 저장하려면 다시 Staged, Committed 과정을 거치게 되고 파일은 Unmodified 상태가 됩니다. Git의 이력 관리와 파일 상태 변화는 이러한 과정의 반복입니다.

참고 **Staging Area가 필요한 이유는?**

Git에서 이력을 저장할 때는 스테이징(git add) 과정을 거친 후에 커밋(git commit)을 합니다. 변경 사항에 대해서 바로 커밋하는 것이 간결하고 효율적일 것 같은데, Staging Area가 필요한 이유는 무엇일까요? 스테이징 단계를 둠으로써 다음과 같은 장점이 있기 때문입니다.

▶ **일부 파일만 커밋할 때**

저장소를 관리하다 보면 수정된 전체 파일 중에 일부만 커밋해야 하는 상황이 종종 발생합니다. 예를 들어 파일의 기능별로 커밋을 구분할 수 있습니다. 또는 변경된 파일의 수가 많아서 분리하여 커밋해야 할 수도 있습니다. 이때 Staging Area를 활용하면 대상을 선별하고 커밋을 분리하여 효율적으로 이력 관리를 할 수 있습니다.

▶ **충돌을 수정할 때**

여러 파일을 관리하거나 여러 명의 작업자가 한 저장소에 작업하다 보면 파일의 내용을 병합(merge)하는 과정에서 충돌(Conflict)이 발생할 수 있습니다. 충돌이 발생한 파일이 여러 개일 경우에 Staging Area로 충돌을 해결한 부분만 단계적으로 커밋할 수 있습니다. 안정적으로 충돌 해결이 가능해지는 것입니다.

▶ **커밋을 수정할 때**

이미 기록된 커밋도 파일을 Staged 상태로 바꾸어 Staging Area로 이동시킨 뒤 필요한 부분을 고쳐 다시 커밋할 수 있게 됩니다.

3 정리

이번 장에서는 Git의 작업 영역과 Git이 관리하는 파일 상태를 설명하였습니다. 다음 장부터 소개할 명령어들과 실습 상황을 이해하는 데 도움이 될 것입니다.

- Git의 작업 영역 : Working Directory, Staging Area, Repository
- Git 파일의 상태 : Modified, Staged, Commited

이제 본격적으로 Git에서 사용하는 명령어를 살펴보겠습니다. 2장에서 우리는 소스트리라는 GUI 프로그램으로 Git을 체험했었는데, 4장부터는 CLI 기반으로 실습합니다. 물론 입문자에게는 소스트리가 배우기 쉽고 유용합니다. 하지만 실무에서는 다양한 옵션을 추가하여 명령을 입력하는 상황이 자주 발생합니다. 이때는 CLI에서 작업해야 명령이 간결해져 능률이 좋아집니다. 이번 장부터 차차 CLI에 익숙해지도록 합시다. 어렵게 느낄 사람들을 위해 소스트리에서 명령을 실행하는 방법과 CLI에서 사용하는 명령어를 함께 설명해 두었으니 걱정하지 않아도 됩니다.

그리고 이번 장에서는 Git 명령어 중에서도 자주 사용되고 필수적으로 알아야 하는 것들을 배워봅니다. Git은 여러 명의 작업자가 협업하기 위한 분산 버전 관리 프로그램이지만 개인이 소규모의 프로젝트를 관리할 때 사용할 수도 있습니다. 이번 장에서는 일단 개인 프로젝트를 준비하듯 로컬 PC에만 Git 저장소를 생성해서 버전 관리에 핵심이 되는 명령어를 살펴봅니다.

4장

Git 기본 명령어

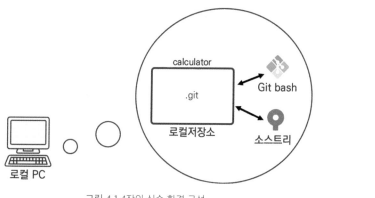

그림 4.1 4장의 실습 환경 구성

1 저장소 생성하기

> 개발자 A는 계산기 프로그램을 개발하는 'calculator'라는 프로젝트에 참여하게 되었다. 아직 프로젝트 초기 단계라서 참여 인원은 개발자 A 혼자이다. 우선 개발자 A는 본인의 개발용 PC에 저장소를 생성하고 프로젝트를 진행하기로 한다.

1.1 빈 저장소 생성하기

2장에서도 경험했듯이 Git 버전 관리의 첫 단계는 빈 저장소의 생성입니다. Git bash를 실행하여 CLI 기반으로 빈 저장소를 만들어 보겠습니다.

❶ Git bash를 실행합니다. 그리고 저장소를 생성할 적당한 위치로 이동합니다. 여기서는 C: 드라이브로 이동했습니다. 다음과 같이 디렉터리를 이동하는 명령을 입력합니다.

- cd : change directory, 해당 경로의 디렉터리로 이동

```
cd c:
```

```
kmyu@DESKTOP-N2FK7H0 MINGW64 ~
$ cd c:

kmyu@DESKTOP-N2FK7H0 MINGW64 /c
$
```

❷ 프로젝트와 관련된 파일을 관리할 공간, 즉 저장소로 사용할 폴더를 생성합니다. 여기서는 calculator라는 폴더를 생성했습니다.

- mkdir : make directory, 새 디렉터리 만들기

```
mkdir calculator
```

```
kmyu@DESKTOP-N2FK7H0 MINGW64 /c
$ mkdir calculator

kmyu@DESKTOP-N2FK7H0 MINGW64 /c
$
```

❸ 폴더가 정상적으로 생성되었는지 확인해 봅니다.

- ls : list directories, 현재 경로의 디렉터리를 출력

```
ls -al
```

중간에 calculator라는 이름이 보입니다. 정상적으로 생성되었습니다.

```
kmyu@DESKTOP-N2FK7H0 MINGW64 /c
$ ls -al
total 18396789
drwxr-xr-x 1 kmyu 197121            0 Jan 2822:31 '$Recycle.Bin'/
drwxr-xr-x 1 kmyu 197121            0 Jan 2914:10  ./
drwxr-xr-x 1 kmyu 197121            0 Oct 1022:08  ../
...
(생 략)
...
drwxr-xr-x 1 kmyu 197121            0 Jan 2914:10  calculator/
drwxr-xr-x 1 kmyu 197121            0 Jan 1612:12  git-practice/
...
```

❹ 새로 만든 폴더 내부로 이동합니다. 그리고 내부에 파일이 있는지 확인해 봅니다.

```
cd calculator
ls -al
```

```
kmyu@DESKTOP-N2FK7H0 MINGW64 /c
$ cd calculator/

kmyu@DESKTOP-N2FK7H0 MINGW64 /c/calculator
$ ls -al
total 12
drwxr-xr-x 1 kmyu 1971210 Jan 2914:10 ./
drwxr-xr-x 1 kmyu 1971210 Jan 2914:10 ../

kmyu@DESKTOP-N2FK7H0 MINGW64 /c/calculator
$
```

당연한 이야기겠지만 아직은 폴더 안에 아무것도 없습니다.

❺ 이제 저장소를 생성해 봅니다. git init라는 명령을 사용합니다. 이 공간을 저장소로 사용하겠다고 Git에게 알려준다고 생각하면 됩니다. Git 명령은 모두 git xxx 형식으로 되어있습니다.

```
git init
```

```
kmyu@DESKTOP-N2FK7H0 MINGW64 /c/calculator
$ git init
Initialized empty Git repository in C:/calculator/.git/

kmyu@DESKTOP-N2FK7H0 MINGW64 /c/calculator (master)
$
```

'Initialized empty Git repository in C:/calculator/.git/'이라는 문구가 출력되었습니다. 그리고 경로를 표시하는 부분에 (master)라는 문구가 추가되었습니다. 위와 같은 메시지가 출력되면 저장소 생성이 완료된 것입니다.

❻ 마지막으로 저장소 안에 어떤 변화가 있는지 ls 명령으로 살펴봅니다.

```
kmyu@DESKTOP-N2FK7H0 MINGW64 /c/calculator (master)
$ ls -al
total 16
drwxr-xr-x 1 kmyu 1971210 Jan 2914:24 ./
drwxr-xr-x 1 kmyu 1971210 Jan 2914:10 ../
drwxr-xr-x 1 kmyu 1971210 Jan 2914:24 .git/
```

.git이라는 이름의 폴더가 새로 생겼습니다. 탐색기로 저장소를 확인해도 .git 폴더가 보일 것입니다. 보이지 않는다면 탐색기의 보기-숨긴 항목을 체크해 봅니다.

그림 4.2 탐색기로 살펴본 빈 저장소 내부

Git은 .git 폴더 내부를 확인하여 디렉터리가 Git 저장소인지 식별합니다. Git은 이 .git 폴더에 저장소의 이력을 기록하고 각종 설정 정보를 저장하기도 합니다. .git 폴더를 포함한 저장소 디렉터리를 다른 PC나 경로에 복사하여도 동일한 이력을 저장하고 있는 저장소의 기능을 하게 됩니다. .git 폴더가 손상되거나 삭제된다면 디렉터리의 저장소 기능은 사라지게 됩니다.

참고 **소스트리로 저장소 생성하기**

소스트리로 git init처럼 저장소를 생성할 수도 있습니다.

❶ 소스트리를 실행한 후, 파일-복제 / 생성 탭(또는 + 탭 클릭)을 선택합니다. 저장소 생성을 위해 Create 아이콘을 클릭합니다.

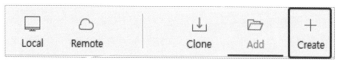

그림 4.6 저장소 생성을 위한 Create 선택

❷ 생성할 저장소의 정보를 입력합니다. 앞에서처럼 C 드라이브에 calculator라는 이름의 저장소를 생성하고 싶다면, 그림과 같이 경로와 저장소 이름을 입력합니다. 입력이 끝나면 생성 버튼을 클릭합니다.

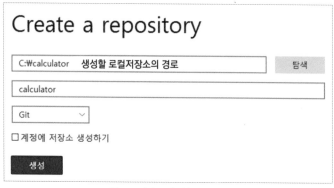

그림 4.7 저장소 생성을 위한 설정

❸ calculator 저장소의 워크스페이스가 표시됩니다. 아직 아무 작업도 하지 않았기 때문에 History 탭에 기록된 이력이 없습니다.

그림 4.8 생성된 저장소의 워크스페이스

참고 소스트리에서 저장소에 접근하기

소스트리에서 Git Bash 터미널이나 탐색기로 저장소에 접근할 수도 있습니다. 워크스페이스 위쪽에 터미널 아이콘을 클릭하면 Git Bash 터미널 프로그램이 실행되고 저장소 경로에 접근한 상태가 됩니다. 탐색기 아이콘을 클릭하면 탐색기로 저장소 내부에 접근합니다.

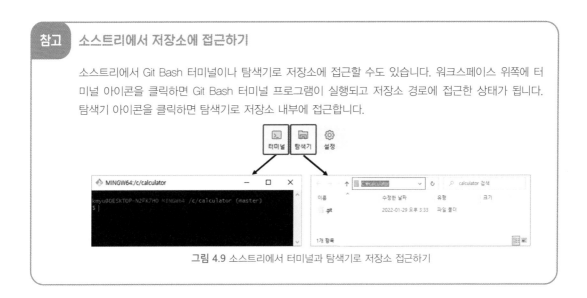

그림 4.9 소스트리에서 터미널과 탐색기로 저장소 접근하기

1.2 사용자 정보 설정하기

생성한 저장소에 사용자 정보를 설정해 봅니다. 저장소의 속성 설정을 위해 git config라는 명령을 사용합니다. 설정 가능한 저장소의 속성은 다양합니다. 이 중에서 사용자의 이름과 이메일 계정을 설정하겠습니다.

❶ 사용자 이름과 이메일 계정 정보를 입력하는 명령 형식은 다음과 같습니다.

```
git config user.name "[사용자 이름]"
git config user.email "[이메일 계정]"
```

여기서는 사용자 이름으로 'developer1'을, 그리고 이메일 계정으로 'dev1@email.com'을 설정할 것입니다. 따라서 다음과 같이 입력하면 됩니다.

```
git config user.name "developer1"
git config user.email "dev1@email.com"
```

```
kmyu@DESKTOP-N2FK7H0 MINGW64 /c/calculator (master)
$ git config user.name "developer1"

kmyu@DESKTOP-N2FK7H0 MINGW64 /c/calculator (master)
$ git config user.email "dev1@email.com"
```

❷ 별다른 출력문이 발생하지 않았습니다. 설정이 제대로 되었는지 확인하고 싶은데 어떻게 하면 될까요? git config에 --list 옵션을 추가하면 됩니다.

```
git config --list
```

```
kmyu@DESKTOP-N2FK7H0 MINGW64 /c/calculator (master)
$ git config --list
diff.astextplain.textconv=astextplain
filter.lfs.clean=git-lfs clean -- %f
filter.lfs.smudge=git-lfs smudge -- %f
'''
(생 략)
'''
core.symlinks=false
core.ignorecase=true
user.name="developer1"
user.email="dev1@email.com"
```

다양한 속성 정보 중에 user.name과 user.email 항목이 입력한 대로 설정된 것을 확인할 수 있습니다.

❸ 사용자 정보와 이메일 계정에 관한 설정만 확인하고 싶다면 다음과 같이 입력합니다.

```
git config user.name
git config user.email
```

```
kmyu@DESKTOP-N2FK7H0 MINGW64 /c/calculator (master)
$ git config user.name
"developer1"

kmyu@DESKTOP-N2FK7H0 MINGW64 /c/calculator (master)
$ git config user.email
"dev1@email.com"
```

❹ 설정한 정보를 삭제하고 싶다면 --unset 옵션을 사용합니다.

```
git config --unset user.name
git config --unset user.email
```

전체 저장소 설정을 동일하게 하려면?

저장소를 생성할 때마다 같은 사용자 이름과 이메일 계정 설정을 반복하면 번거로울 수 있습니다. 이 경우 --global 옵션으로 설정을 해 두면 저장소를 생성할 때 기본 속성으로 반영됩니다.

```
git config --global user.name "[사용자 이름]"
```

예를 들어 사용자 이름 'developer1'을 기본 속성으로 입력하고 싶다면 다음과 같이 입력하면 됩니다.

```
git config --global user.name "developer1"
```

```
kmyu@DESKTOP-N2FK7H0 MINGW64 /c/calculator (master)
$ git config --global user.name "developer1"
```

설정 정보는 어디에 기록되는 것일까?

탐색기로 저장소의 .git 폴더에 들어가면 config라는 파일이 보입니다. 이 파일을 메모장과 같은 편집기로 열어보면 앞에서 우리가 설정한 사용자 이름과 이메일 계정 항목이 있습니다. 이 config 파일을 수정하면 터미널에서 git config에 속성을 추가한 것과 같습니다.

그림 4.10 로컬 설정 파일

그런데 궁금한 점이 있습니다. git config --list로 속성을 확인했을 때는 다양한 설정 항목이 보였는데 .git 폴더 안의 config 파일에는 우리가 설정한 항목만 보입니다. 나머지 항목들은 어디에 있는 걸까요? Git은 시스템 설정 항목, 글로벌(global) 설정 항목, 로컬(local) 설정 항목을 분리해서 관리합니다. Windows 기준으로 시스템 설정 항목과 글로벌 설정 항목의 저장 위치는 다음과 같습니다.

• 시스템 설정 항목 : C:\Program Files\Git\etc\gitconfig
• 글로벌 설정 항목 : C:\Users\[사용자 아이디]\.gitconfig

설정 항목 파일을 구분해서 관리하는 이유는 무엇일까요? 바로 설정 파일 우선순위를 달리하여 기본 설정을 반영하기 위함입니다. Git의 config 설정 우선순위는 로컬 – 글로벌 – 시스템 설정 항목 순입니다. 동일한 항목이 설정되어 있다면 로컬 저장소 config 파일의 내용이 우선 적용됩니다. 만약 로컬 저장소에서 설정하지 않았다면 글로벌, 시스템 순으로 속성을 검색하여 설정합니다. Git은 이렇게 파일을 분리하여 설정 항목이 유연하게 반영되도록 구성되어 있습니다.

참고 **소스트리에서 사용자 정보 설정하기**

저장소 워크스페이스 화면 위쪽에 있는 설정 버튼을 클릭합니다. 저장소 설정 창이 실행되면 중간의 '사용자 정보' 항목에 내용을 입력하고 확인 버튼을 클릭하면 됩니다. '전역 사용자 설정 사용' 항목을 체크하면 글로벌 설정으로 반영합니다. 왼쪽 아래에 '설정 파일 편집' 버튼을 클릭하면 .git 폴더 안에 있는 config 파일을 편집기로 열어서 직접 수정할 수 있습니다.

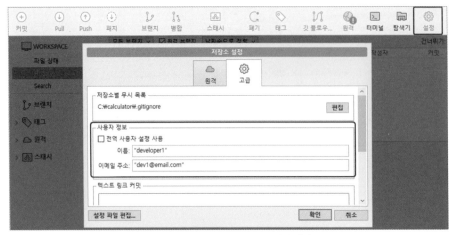

그림 4.11 소스트리 사용자 정보 설정 화면

1.3 정리

Git 명령어는 git + 명령어 이름 형태로 구성됩니다. 필요에 따라 -키 또는 --옵션을 추가할 수도 있습니다.

git init : 저장소(repository) 생성

git config user.name "[작성자 이름]" : 사용자 이름 설정

git config user.email "[이메일 계정]" : 사용자 이메일 설정

git config --list : 저장소 설정 전체 출력

git config [설정 항목] : 해당 항목 설정 값 출력(예 : git config user.name)

git help [명령어] : 도움말

2 add와 commit : 개발 이력 기록하기

calculator 저장소를 생성하고 설정을 마친 개발자 A. 이제 본격적으로 계산기 프로그램을 개발하면서 이력을 기록하면 된다. 이력 기록과 관련된 명령어에는 어떤 것이 있고 명령어의 옵션 설정은 어떻게 해야 할까?

이번 절에서는 이력 저장과 관련된 명령어인 git add와 git commit에 대해서 알아봅니다. add와 commit은 Git에서 가장 많이 사용되는 명령어들입니다. 3장에서 이미 스테이징과 커밋을 위해 이 명령을 사용한다고 설명한 바 있습니다. 실습을 거치며 add, commit 명령어의 사용법을 익히고, 함께 사용되는 옵션에 대해서도 기억해 두세요. 실습은 프로그램 작성(또는 수정) - 스테이징(git add) - 커밋(git commit)으로 이루어지는 이력 저장 절차를 반복하며 진행합니다.

2.1 프로그램 작성하기

저장소에서 관리할 프로그램을 작성합니다. 프로그램 코드 작성과 편집은 VS Code를 사용합니다.

❶ VS Code를 실행합니다. 파일 - 폴더 열기 탭을 선택하고, 앞에서 작성한 calculator 저장소 폴더를 선택하여 작업 공간으로 지정합니다.

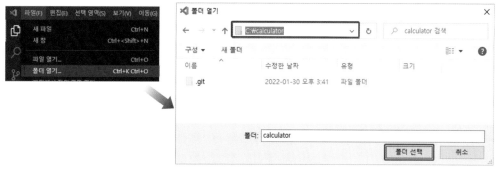

그림 4.12 VS Code로 작업 공간 지정하기

작업 영역 설정이 완료되면 VS Code 화면 왼쪽 탐색기에 작업 디렉터리(저장소)가 표시됩니다.

그림 4.13 VS Code 탐색기 화면

❷ 파이썬 코드를 작성할 파일을 새로 만듭니다. 파일 - 새 파일 탭을 선택하거나 탐색기의 새 파일
아이콘을 선택합니다. 파일명은 main.py로 지어 줍니다. 탐색기에 main.py라는 이름이 추가될
것입니다. 이 파일을 클릭하면 오른쪽에 문서 편집 화면이 실행됩니다.

그림 4.14 새 파일 추가

❸ main.py에 아래와 같이 코드를 작성하고 저장(파일 - 저장 탭 선택, 또는 Ctrl+S 키 입력)합니다.

```python
# ch 4.2.1 main.py
import sys
from PyQt5.QtWidgets import QApplication, QWidget
class Calculator(QWidget):

    def __init__(self):
        super().__init__()
        self.initUI()

    def initUI(self):
        self.setWindowTitle('Calculator')
        self.resize(256,256)
        self.show()
```

```
if __name__=='__main__':
    app = QApplication(sys.argv)
    view = Calculator()
    sys.exit(app.exec_())
```

❹ main.py를 실행해 보겠습니다. 아래 그림과 같이 터미널 - 새 터미널 탭 선택 또는 Ctrl+Shift+`
키를 동시에 입력하여 터미널 창(Command Prompt)을 엽니다. calculator 저장소로 이동한 후,
다음과 같이 파이썬 파일 실행 명령을 입력합니다.

```
(base) C:\calculator>python main.py
```

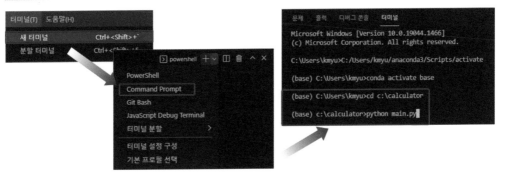

그림 4.15 터미널(Command Prompt)에서 main.py 파이썬 코드 실행 방법

아래 그림과 같은 빈 화면의 프로그램이 실행되면 제대로 동작하는 것입니다(터미널 대신
Windows 시작프로그램에 있는 명령 프롬프트를 실행해서 시험해도 됩니다).

그림 4.16 main.py 실행 결과

참고 **main.py 코드 설명**

이 책에서는 파이썬 기반의 PyQt5 라이브러리로 Windows 애플리케이션을 만들며 이력 관리를 배웁니다. 파이썬과 PyQt5 실습 환경을 구축하고 코드를 작성하는 것이 부담스러울 수도 있지만 Git 사용자들이 실무에서 겪게 되는 상황과 비슷한 환경을 만들기 위해 다루게 되었습니다. 코드 이해보다는 코드 변경 이력을 어떻게 관리하는지에 초점을 맞추어 읽어주세요.

추가로 PyQt5에 관해 간단히 설명하겠습니다. 우리가 Windows 프로그램에서 보는 버튼, 텍스트, 메시지 박스와 같은 UI 구성요소들을 위젯(Widget)이라고 하는데, PyQt5는 다양한 위젯들을 제공하여 애플리케이션을 쉽게 설계할 수 있도록 돕는 GUI 라이브러리입니다. PyQt5 사용법을 더 자세히 알고 싶다면 https://wikidocs.net/book/2165의 자료를 참고 바랍니다.

그리고 2.1에서 작성한 코드를 아래에 주석을 달아 다시 적어 놓았습니다. 앞으로 파이썬, PyQt5 코드에서 새로운 기능이 추가될 때마다 주석으로 간단히 설명하겠습니다.

```python
# 애플리케이션 구현에 필요한 라이브러리 추가
import sys
from PyQt5.QtWidgets import QApplication, QWidget # 애플리케이션 핸들러와 빈 GUI 위젯

class Calculator(QWidget): # QWidget 클래스를 상속받아서 클래스를 정의

    def __init__(self):
        super().__init__() # 부모 클래스 QWidget을 초기화
        self.initUI() # 나머지 초기화는 initUI 함수에 정의

    def initUI(self):
        self.setWindowTitle('Calculator') # 윈도에 표시되는 타이틀
        self.resize(256,256) # 윈도 사이즈
        self.show() # 윈도 화면이 표시되도록 호출


if __name__=='__main__': # pyqt는 애플리케이션 당 1개의 QApplication이 필요함
    app = QApplication(sys.argv) # QApplication 인스턴스 생성
    view = Calculator() # Calculator 윈도 인스턴스 생성
    sys.exit(app.exec_()) # 애플리케이션이 이벤트 처리를 하도록 루프 구동
```

2.2 첫 번째 이력 저장하기

지금까지 작성한 main.py의 이력을 기록하겠습니다. 3장에서 Working Directory의 파일 상태는 Untracked, Modified, Unmodified로 구분되고 이력을 저장하기 위해 스테이징, 그리고 커밋의 단계를 거친다고 했습니다. 이 점을 유념하고 아래 내용을 읽어주세요.

❶ 먼저 저장소의 상태를 확인하겠습니다. Git Bash 터미널을 열어 다음 명령을 입력합니다.

```
git status
```

```
kmyu@DESKTOP-N2FK7H0 MINGW64 /c/calculator (master)
$ git status
On branch master

No commits yet

Untracked files:
  (use "git add <file>..." to include in what will be committed)
        main.py

nothing added to commit but untracked files present (use "git add" to track)

kmyu@DESKTOP-N2FK7H0 MINGW64 /c/calculator (master)
$
```

출력된 내용을 해석하면 다음과 같습니다.

On branch master : 연속적으로 커밋을 기록하는 연결체를 브랜치(branch)라고 합니다. 처음에 저장소를 생성하면 한 개의 기본 브랜치가 만들어지는데, 이것을 마스터(master) 브랜치라고 합니다. 'On branch master'는 현재 마스터 브랜치에서 작업 중이라는 뜻입니다.

No commits yet : 현재 커밋이 없음을 나타냅니다.

Untracked files : 추적(관리) 중인 파일 외에, 새로 추가된 파일을 표시합니다(main.py). 해당 파일을 커밋하려면 git add를 실행하라고 힌트도 주고 있습니다.

nothing add to commit ~ : 커밋할 파일이 없다고 설명합니다. 현재 스테이징 영역(Staging Area)에 파일이 없기 때문입니다.

요약하자면 새롭게 추가된 파일, 즉 Untracked 파일인 main.py 파일이 확인되었다고 메시지가
출력된 것입니다.

❷ 이제 main.py을 스테이징 영역으로 이동하겠습니다. 스테이징을 위해 git add를 사용합니다. 명
령 형식은 다음과 같습니다.

```
git add [파일명]
```

main.py 파일을 스테이징하려면 다음과 같이 입력합니다.

```
git add main.py
```

```
kmyu@DESKTOP-N2FK7H0 MINGW64 /c/calculator (master)
$ git add main.py
```

❸ 저장소에 어떤 변화가 생겼는지 확인해 봅니다.

```
git status
```

```
kmyu@DESKTOP-N2FK7H0 MINGW64 /c/calculator (master)
$ git status
On branch master

No commits yet

Changes to be committed:
  (use "git rm --cached <file>..." to unstage)
        new file:   main.py


kmyu@DESKTOP-N2FK7H0 MINGW64 /c/calculator (master)
$
```

출력 메시지에 변화가 생겼습니다.

Changes to be committed : 스테이징된(커밋할) 파일이 있음을 알려줍니다. 이 파일은 당연
히 main.py입니다.

❹ 이력 저장의 마지막 단계인 커밋입니다. 다음 명령을 입력합니다.

```
git commit
```

```
kmyu@DESKTOP-N2FK7H0 MINGW64 /c/calculator (master)
$ git commit
```

vim이라는 메시지 편집 창이 실행됩니다. vim은 리눅스에서 자주 사용되는 문서 편집 프로그램으로, 커밋과 함께 저장될 메시지를 기록하도록 vim 프로그램이 실행되었습니다. vim을 처음 사용한다면 아래 순서대로 따라해 주세요.

1 i 키를 눌러서 문서 편집 모드로 진입합니다.

2 Add main.py라는 커밋 메시지를 작성합니다.

3 ESC 키를 눌러서 문서 편집 모드에서 나옵니다.

4 :wq 키를 차례대로 입력한 후, 엔터(Enter) 키를 입력합니다. wq는 메시지를 저장하고(write) 편집을 종료(quit)하는 vim 단축키입니다.

```
Add main.py
# Please enter the commit message for your changes. Lines starting
# with '#' will be ignored, and an empty message aborts the commit.
#
# On branch master
#
# Initial commit
#
# Changes to be committed:
#       new file:   main.py
#
~
~
~
```

커밋 메시지 편집 화면에서 # 이후에 작성된 부분은 주석으로 커밋 메시지에 반영되지 않습니다. 커밋 메시지 작성을 완료하면, 다시 터미널 화면으로 돌아갑니다. 커밋 결과도 출력되었습니다.

```
kmyu@DESKTOP-N2FK7H0 MINGW64 /c/calculator (master)
$ git commit
[master (root-commit) f7ccc67] Add main.py
 1 file changed, 20 insertions(+)
 create mode 100644 main.py


kmyu@DESKTOP-N2FK7H0 MINGW64 /c/calculator (master)
$
```

❺ 다시 상태를 확인해 봅니다.

```
git status
```

```
kmyu@DESKTOP-N2FK7H0 MINGW64 /c/calculator (master)
$ git status
On branch master
nothing to commit, working tree clean

kmyu@DESKTOP-N2FK7H0 MINGW64 /c/calculator (master)
$
```

nothing to commit, working tree clean : 커밋할 파일이 없다는 뜻입니다. Working
Directory의 파일들이 Unmodified 상태임을 나타냅니다. main.py 파일을 만들고 코드를 작성
한 내역을 기록(커밋)했기 때문입니다.

참고 **소스트리에서 스테이징, 커밋하기**

소스트리에서 git add, git commit을 명령을 사용하는 방법은 이미 2장에서 설명했습니다. 여기서는
다시 기억하는 차원에서 간단하게 그림으로 설명하겠습니다.

❶ main.py 파일을 선택한 후 '선택한 내용을 스테이지에 올리기' 버튼을 클릭합니다(또는 '모두 스테이
지에 올리기' 버튼을 클릭합니다). git add main.py를 입력한 것과 같은 작업입니다.

그림 4.17 추가한 파일을 스테이징 영역에 올리기

---

❷ 커밋 메시지를 남기고 커밋 버튼을 클릭합니다. git commit을 입력한 것과 같은 작업입니다.

그림 4.18 커밋하기

❸ History 탭에서 커밋이 기록된 것을 확인합니다.

그림 4.19 커밋 확인하기

2.3 두 번째 이력 저장하기

첫 번째 이력을 무사히 저장했습니다. 이제 비슷한 방법으로 두 번째 커밋을 작성해 봅니다. 이번에는 icon.png 파일을 추가하여 프로그램 창의 아이콘 이미지로 사용하고, 윈도에 푸시 버튼을 추가하여 클릭했을 때 메시지 박스를 출력하는 기능을 구현하겠습니다. 이전에 말한 파일 추가 / 수정 - 스테이징 - 커밋 순서로 진행되는 Git의 이력 저장 절차를 생각하면서 실습해 보세요.

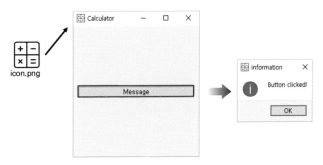

그림 4.20 main.py 실행 결과

❶ 파일 추가 : 저장소에 icon.png 파일을 추가합니다. main.py에서 이 파일을 읽어 아이콘으로
사용할 것입니다.

그림 4.21 icon.png 파일 추가

❷ 파일 수정 : VS Code로 main.py의 내용을 다음과 같이 수정합니다.

```python
# ch 4.2.3 main.py
import sys
from PyQt5.QtWidgets import (QApplication,QWidget,QPushButton,QVBoxLayout,
                             QMessageBox) # QMessageBox : 메시지박스 위젯
from PyQt5.QtGui import QIcon # icon을 추가하기 위한 라이브러리


class Calculator(QWidget):

    def __init__(self):
        super().__init__()
        self.initUI()


    def initUI(self):
        self.btn1=QPushButton('Message',self) # 버튼 추가
        self.btn1.clicked.connect(self.activateMessage) # 버튼 클릭 시 핸들러 함수 연결

        vbox=QVBoxLayout() # 수직 레이아웃 위젯 생성
        vbox.addStretch(1) # 빈 공간
        vbox.addWidget(self.btn1) # 버튼 위치
        vbox.addStretch(1) # 빈 공간

        self.setLayout(vbox) # 빈 공간 - 버튼 - 빈 공간 순으로 수직 배치된 레이아웃 설정

        self.setWindowTitle('Calculator')
        self.setWindowIcon(QIcon('icon.png')) # 윈도 아이콘 추가
        self.resize(256,256)
        self.show()
```

```
    def activateMessage(self): # 버튼을 클릭할 때 동작하는 함수 : 메시지 박스 출력
        QMessageBox.information(self,"information","Button clicked!")



if __name__ =='__main__':
    app=QApplication(sys.argv)
    view=Calculator()
    sys.exit(app.exec_())
```

파일을 수정한 후, 터미널에서 main.py를 실행하여 그림 4.20처럼 동작하는지 확인합니다.

```
(base) C:\calculator>python main.py
```

❸ **상태 확인** : 터미널에서 저장소의 상태 변화를 확인합니다.

```
git status
```

```
kmyu@DESKTOP-N2FK7H0 MINGW64 /c/calculator (master)
$ git status
On branch master
Changes not staged for commit:
  (use "git add <file>..." to update what will be committed)
  (use "git restore <file>..." to discard changes in Working Directory)
        modified:   main.py

Untracked files:
  (use "git add <file>..." to include in what will be committed)
        icon.png

no changes added to commit (use "git add" and/or "git commit -a")
```

저장소가 두 가지 변경 사항을 감지했습니다. ❶에서 추가한 icon.png(Untracked) 파일과 ❷에서 수정한 main.py(Modified) 파일입니다.

❹ **git add** : 두 파일을 스테이징시킵니다. 앞에서 한 방식대로 'git add 파일명' 형식으로 각 파 일에 필요한 명령을 차례로 입력하면 됩니다.

```
git add icon.png
git add main.py
```

그런데 스테이징할 파일 수가 많으면 위 방법이 번거로울 수 있습니다. 여러 개의 파일을 스테이징할 때는 다음과 같이 add에 .을 추가하여 작성합니다. 저장소 안에서 감지된 Untracked, — Modified 파일 전체를 한 번에 스테이징하게 됩니다.

```
git add .
```

```
kmyu@DESKTOP-N2FK7H0 MINGW64 /c/calculator (master)
$ git add .

kmyu@DESKTOP-N2FK7H0 MINGW64 /c/calculator (master)
$
```

❺ 상태 확인 : git add가 반영되었는지 확인합니다.

```
git status
```

```
kmyu@DESKTOP-N2FK7H0 MINGW64 /c/calculator (master)
$ git status
On branch master
Changes to be committed:
  (use "git restore --staged <file>..." to unstage)
        new file:   icon.png
        modified:   main.py
```

두 파일 모두 Staging Area로 이동했습니다.

❻ git commit : 파일 추가와 변경 사항을 기록합니다.

```
git commit
```

```
kmyu@DESKTOP-N2FK7H0 MINGW64 /c/calculator (master)
$ git commit
```

vim 편집기가 실행되면 i 키를 입력하여 커밋 메시지를 작성합니다. 여기서는 다음과 같이 메시지를 작성하였습니다.

```
Add icon.png file and push button with handler function in main.py
```

ESC 키를 입력하여 편집 모드에서 나옵니다. 그리고 :wq를 입력하고, 엔터 키를 입력하여 저장하고 편집을 종료합니다.

```
Add icon.png file and push button with handler functionin main.py
# Please enter the commit message for your changes. Lines starting
# with '#' will be ignored, and an empty message aborts the commit.
#
# On branch master
# Changes to be committed:
#       new file:   icon.png
#       modified:   main.py
#
```

커밋이 완료되면 결과 메시지가 출력됩니다.

```
kmyu@DESKTOP-N2FK7H0 MINGW64 /c/calculator (master)
$ git commit
[master de8744c] Add icon.png file and push button with handler function in
main.py
 2 files changed, 20 insertions(+), 4 deletion(-)
 create mode 100644 icon.png

kmyu@DESKTOP-N2FK7H0 MINGW64 /c/calculator (master)
$
```

두 번째 커밋이 완료되었습니다. 작업 과정이 길어 보이지만 상태 확인 과정 때문에 그렇게 보이는 것일 뿐입니다. 큰 줄기는 파일 작업 - git add - git commit 순서로 진행된다는 점을 유념하세요.

2.4 세 번째 이력 저장하기

계속해서 커밋을 이어가겠습니다. 이번에는 텍스트 에디트 위젯을 추가하고 버튼을 클릭했을 때 메시지가 여기에 표시되도록 수정하려고 합니다.

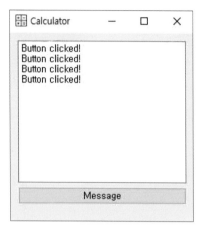

그림 4.22 수정한 main.py 실행 결과

❶ 파일 수정 : VS Code로 main.py의 내용을 다음과 같이 수정합니다.

```python
# ch 4.2.4 main.py
import sys
from PyQt5.QtWidgets import (QApplication,QWidget,QPushButton,QVBoxLayout,
                            QMessageBox, QPlainTextEdit) # QPlainTextEdit 추가
from PyQt5.QtGui import QIcon


class Calculator(QWidget):
    ...

    def initUI(self):
        self.te1 = QPlainTextEdit() # 텍스트 에디트 위젯 생성
        self.te1.setReadOnly(True) # 텍스트 에디트 위젯을 읽기만 가능하도록 수정

        self.btn1=QPushButton('Message',self)
        self.btn1.clicked.connect(self.activateMessage)

        vbox=QVBoxLayout()
        vbox.addWidget(self.te1) # 수직 레이아웃에 텍스트 에디트 위젯 추가
```

```
        vbox.addWidget(self.btn1)
        vbox.addStretch(1)


        ...

    def activateMessage(self): # 핸들러 함수 수정 : 메시지가 텍스트 에디트에 출력되도록
        # QMessageBox.information(self, "information", "Button clicked!")
        self.te1.appendPlainText("Button clicked!")
...
```

작성한 코드를 터미널에서 'python main.py'를 입력하여 실행해 봅니다. 그림 4.22와 같은 결과가 나오는지 확인합니다.

❷ git add : 수정한 파일을 스테이징합니다.

```
git add .
```

```
kmyu@DESKTOP-N2FK7H0 MINGW64 /c/calculator (master)
$ git add .

kmyu@DESKTOP-N2FK7H0 MINGW64 /c/calculator (master)
$
```

❸ git commit : 옵션을 추가하여 커밋해 봅니다. -m 옵션을 사용하면, vim을 사용하지 않고 인라인으로 메시지를 추가하고 커밋합니다. 명령 형식은 다음과 같습니다.

```
git commit -m "[메시지]"
```

```
kmyu@DESKTOP-N2FK7H0 MINGW64 /c/calculator (master)
$ git commit -m "Add text edit te1 and fix btn1 handler function"
[master 3445087] Add text edit te1 and fix btn1 handler function
 1 file changed, 7 insertions(+), 3 deletions(-)

kmyu@DESKTOP-N2FK7H0 MINGW64 /c/calculator (master)
$
```

세 번째 커밋을 마쳤습니다.

참고 **add와 commit을 한꺼번에 명령하려면?**

git commit 명령에 -m 옵션을 사용하면 메시지를 함께 실어서 커밋할 수 있었습니다. git add 명령도 함께 추가할 수 있습니다. 바로 -a 옵션을 사용하는 것입니다. 다음과 같이 명령을 작성하면 됩니다.

```
git commit -am "[메시지]"
```

-a는 --all 옵션과 동일한 기능을 하며, 수정하거나 삭제된 파일에 대한 스테이징을 자동으로 진행하는 옵션입니다. 단 untracked 파일에는 적용이 되지 않으므로 주의해야 합니다.

-m "메시지" 옵션은 --message="메시지" 옵션과 같으며 해당 메시지를 커밋 메시지로 사용하라는 의미입니다.

참고 **커밋 메시지 컨벤션**

체계적인 소스 코드 관리를 위해 커밋 메시지를 잘 정리해서 남겨두는 것은 매우 중요합니다. 팀 협업을 위해 커밋 메시지 작성 규칙을 정해두기도 하는데 이를 커밋 메시지 컨벤션이라고 합니다. 실습에서는 편의를 위해 간단하게 메시지를 남기지만, 실무에서는 약속된 규칙을 지켜 상세하고 일관되게 메시지를 기록해야 합니다. 자세한 내용은 'app2. 커밋 메시지 컨벤션' 항목을 참고하세요.

참고 **인라인 옵션(-m)으로 여러 줄의 커밋 메시지를 남기려면?**

커밋 메시지 컨벤션을 따르거나 작성할 커밋 메시지가 길어지면 여러 줄로 작성해야 할 수도 있습니다. 이때 vim과 메시지 편집기를 사용하면 여러 줄의 메시지를 작성할 수 있습니다. 그리고 git commit -m 옵션을 통해서도 여러 줄의 메시지를 작성할 수 있습니다. git commit -m 뒤에 메시지를 남기는 부분에서 큰따옴표로 시작해 메시지를 여러 줄 작성한 후, 맨 마지막 줄 끝에도 큰따옴표를 추가하면 됩니다. 예를 들어 다음과 같이 작성할 수 있습니다.

```
$ git commit -am "feat: Add cancel button
>
> Introduce cancnel function to remove texts on the screen.
> Clean data in database
>
> Refs: #123"
```

2.5 정리

git status : 저장소의 상태 정보 출력

git add [파일 이름] : 해당 파일을 Staging Area에 올리기

git add [디렉터리 이름] : 해당 디렉터리 안에 수정된 모든 파일을 Staging Area에 올리기

git add . : Working Directory 안에 추가, 수정된 모든 파일을 Staging Area에 올리기

git commit : 이력 저장, 커밋

git commit -m "[메시지]" : vim을 사용하지 않고 인라인으로 메시지를 추가하여 커밋

git commit -am "[메시지]" : git add와 git commit을 한꺼번에 명령(Untracked 파일은 제외)

3 status, log, 그리고 show : 저장소의 상태와 커밋 내역 확인하기

git add와 commit 실습으로 파일의 변경사항을 기록하는 방법은 알게 되었다.
그런데 파일의 상태나 커밋의 상세 정보, 지금까지의 커밋 히스토리(commit history)를 확인하고 싶
어졌다. 이와 관련된 명령은 무엇일까?

이번 절에서는 저장소의 상태나 지금까지 기록한 커밋 이력을 확인하기 위한 명령을 살펴봅니다.
2.4까지 작업한 저장소를 사용해서 실습하겠습니다.

3.1 git status

git status는 앞 절의 실습에서 자주 사용한 명령입니다. 저장소 안에 있는 파일들의 상태 정보를 확
인할 때 사용합니다. Git은 저장소에 새로운 파일이 추가되거나(Untracked), 기존 파일에 변경 사
항이 생겼을 때(Modified) 자동으로 감지합니다. 그리고 사용자가 git status를 입력하면 저장소

내부 파일들의 상태를 설명해 줍니다.

❶ calculator 저장소에서 git status를 입력해 봅니다.

```
git status
```

```
kmyu@DESKTOP-N2FK7H0 MINGW64 /c/calculator (master)
$ git status
On branch master
nothing to commit, working tree clean

kmyu@DESKTOP-N2FK7H0 MINGW64 /c/calculator (master)
$
```

'nothing to commit, working tree clean'이라는 메시지가 출력되었습니다. 커밋할 파일이 없다는 뜻입니다. 저장소 안의 모든 파일이 Unmodified 상태임을 나타냅니다.

❷ 이제 저장소에 임의로 약간의 변화를 주겠습니다. 리눅스의 touch 명령으로 test.txt라는 빈 파일을 생성합니다.

touch 파일 이름 : 해당 파일 이름으로 빈 파일을 생성

```
touch test.txt
```

그리고 다시 git status로 상태를 확인해 봅니다.

```
kmyu@DESKTOP-N2FK7H0 MINGW64 /c/calculator (master)
$ touch test.txt

kmyu@DESKTOP-N2FK7H0 MINGW64 /c/calculator (master)
$ git status
On branch master
Untracked files:
  (use "git add <file>..." to include in what will be committed)
        test.txt

nothing added to commit but untracked files present (use "git add" to track)

kmyu@DESKTOP-N2FK7H0 MINGW64 /c/calculator (master)
$
```

새로운 파일(Untracked)이 추가되었다는 메시지가 출력됩니다.

❸ short 옵션을 사용하여 git status를 사용하겠습니다. -s 또는 --short 옵션은 상태 정보를 간결하게 출력해 줍니다.

```
git status -s
```

```
kmyu@DESKTOP-N2FK7H0 MINGW64 /c/calculator (master)
$ git status -s
?? test.txt

kmyu@DESKTOP-N2FK7H0 MINGW64 /c/calculator (master)
$ git status --short
?? test.txt

kmyu@DESKTOP-N2FK7H0 MINGW64 /c/calculator (master)
$
```

test.txt 파일 이름이 출력되고 그 앞에 '??'이 표시되었습니다. 파일의 상태를 식별할 수 있는 문자입니다. 표시 문자별 파일의 상태는 다음과 같습니다.

?? : Untracked

M : Modified

MM : 파일이 스테이징된 후, 다시 Modified

A : 경로가 스테이징된 후, 경로 내에 Untracked 파일 발생

❹ git status 실습은 여기까지입니다. 다음 실습을 위해 rm 명령으로 test.txt 파일을 삭제합니다.

rm : remove, 파일이나 디렉터리를 삭제

```
rm test.txt
```

마지막으로 git status로 저장소의 모든 파일이 Untracked 상태가 된 것을 확인합니다.

```
kmyu@DESKTOP-N2FK7H0 MINGW64 /c/calculator (master)
$ rm test.txt

kmyu@DESKTOP-N2FK7H0 MINGW64 /c/calculator (master)
$ git status
On branch master
nothing to commit, working tree clean
```

3.2 git log

git log는 저장소에 기록된 커밋 히스토리(로그)를 출력하는 명령입니다.

❶ 일단 아무런 옵션 없이 명령을 입력해 봅니다.

```
git log
```

```
kmyu@DESKTOP-N2FK7H0 MINGW64 /c/calculator (master)
$ git log
commit 3445087cfa22741ae31f579fb883dadf28002f9d (HEAD -> master)
Author: "developer1" <"dev1@email.com">
Date:   Mon Jan 3117:44:53 2022 +0900

    Add text edit te1 and fix btn1 handler function

commit baacdb9064d9d3001facc6415cbdeab8c9eb715e
Author: "developer1" <"dev1@email.com">
Date:   Mon Jan 3117:08:25 2022 +0900

    Add icon.png file and push button with handler functionin main.py

commit f7ccc67920b537b4c1c6adc10a5d7c75bbc2624c
Author: "developer1" <"dev1@email.com">
Date:   Sun Jan 3022:35:17 2022 +0900

    Add main.py

kmyu@DESKTOP-N2FK7H0 MINGW64 /c/calculator (master)
$
```

2절에서 작성한 세 개의 커밋이 출력되었습니다. 맨 아래에 최초 작성 커밋을 시작으로 시간 역순으로 정렬해서 보여주며 각 커밋 항목에는 3445087....와 같은 커밋 아이디와 작성자, 작성일자, 커밋 메시지가 표시됩니다. 가장 최근에 작성한 커밋 아이디 옆에는 (HEAD -> master)라는 문구가 표시됩니다.

❷ 최근 몇 개의 커밋 정보만 출력하려면 어떻게 해야 할까요? 다음과 같이 작성하면 됩니다.

```
git log -[출력할 커밋 수]
```

예를 들어 최근 기준 2개의 커밋만 출력하고 싶다면 아래와 같이 입력합니다.

```
git log -2
```

```
kmyu@DESKTOP-N2FK7H0 MINGW64 /c/calculator (master)
$ git log -2
commit 3445087cfa22741ae31f579fb883dadf28002f9d (HEAD -> master)
Author: "developer1" <"dev1@email.com">
Date:   Mon Jan 3117:44:53 2022 +0900

    Add text edit te1 and fix btn1 handler function


commit baacdb9064d9d3001facc6415cbdeab8c9eb715e
Author: "developer1" <"dev1@email.com">
Date:   Mon Jan 3117:08:25 2022 +0900

    Add icon.png file and push button with handler functionin main.py


kmyu@DESKTOP-N2FK7H0 MINGW64 /c/calculator (master)
$
```

❸ -p 또는 --patch 옵션은 각 로그의 상세 정보를 출력합니다.

```
git log -p
```

여기에 -1 옵션을 추가해서 가장 최근 커밋만 상세 정보를 출력해 봅니다.

```
git log -p -1
```

```
kmyu@DESKTOP-N2FK7H0 MINGW64 /c/calculator (master)
$ git log -p -1
commit 3445087cfa22741ae31f579fb883dadf28002f9d (HEAD -> master)
Author: "developer1" <"dev1@email.com">
Date:   Mon Jan 3117:44:53 2022 +0900

    Add text edit te1 and fix btn1 handler function


diff --git a/main.py b/main.py
index 0f93a7d..3d16e1f 100644
```

```
diff --git a/main.py b/main.py
index 0f93a7d..3d16e1f 100644
--- a/main.py
+++ b/main.py
@@ -1,6 +1,6 @@
 import sys
 from PyQt5.QtWidgets import (QApplication,QWidget,QPushButton,QVBoxLayout,
-                              QMessageBox)
+                              QMessageBox, QPlainTextEdit)
 from PyQt5.QtGui import QIcon


@@ -11,11 +11,14 @@ class Calculator(QWidget):
         self.initUI()

     def initUI(self):
+        self.te1 = QPlainTextEdit()
+        self.te1.setReadOnly(True)

---(생략)---
```

기본 정보 뿐만 아니라 파일 내부의 코드 변경 사항 모두를 출력해 줍니다.

❹ --pretty=oneline 옵션을 사용하면 커밋이 한 줄로 정리되어 출력됩니다. 커밋이 많을 때 유용합니다.

```
git log --pretty=oneline
```

```
kmyu@DESKTOP-N2FK7H0 MINGW64 /c/calculator (master)
$ git log --pretty=oneline
3445087cfa22741ae31f579fb883dadf28002f9d (HEAD -> master) Add text edit te1
and fix btn1 handler function
baacdb9064d9d3001facc6415cbdeab8c9eb715e Add icon.png file and push button
with handler functionin main.py
f7ccc67920b537b4c1c6adc10a5d7c75bbc2624c Add main.py


kmyu@DESKTOP-N2FK7H0 MINGW64 /c/calculator (master)
$
```

❺ 비슷하게 --oneline 옵션을 사용하면 커밋 아이디를 일곱 번째 값까지만 출력합니다. 더 간결하게 정리됩니다.

```
git log --oneline
```

```
kmyu@DESKTOP-N2FK7H0 MINGW64 /c/calculator (master)
$ git log --oneline
3445087(HEAD -> master) Add text edit te1 and fix btn1 handler function
baacdb9 Add icon.png file and push button with handler functionin main.py
f7ccc67 Add main.py

kmyu@DESKTOP-N2FK7H0 MINGW64 /c/calculator (master)
$
```

❻ --graph 옵션은 커밋 히스토리를 그래프 형태로 출력해 줍니다.

```
git log --oneline --graph
```

```
kmyu@DESKTOP-N2FK7H0 MINGW64 /c/calculator (master)
$ git log --oneline --graph
* 3445087(HEAD -> master) Add text edit te1 and fix btn1 handler function
* baacdb9 Add icon.png file and push button with handler functionin main.py
* f7ccc67 Add main.py

kmyu@DESKTOP-N2FK7H0 MINGW64 /c/calculator (master)
$
```

아직은 커밋을 많이 하지 않았고, 브랜치를 추가하지 않아 * 문자만 일렬로 출력되지만 앞으로 다양한 작업이 진행되면 그래프의 형태가 더 명확하게 확인될 것입니다.

참고 브랜치, master, HEAD, 커밋 아이디, 그리고 hash

git log를 입력하면 출력 메시지에 생소한 용어들이 등장합니다. 뒤에 상세히 설명하겠지만 당장 실습할 때 이해를 돕기 위해 간단히 설명하겠습니다.

저장소에는 독립적인 이력 관리 영역들이 존재합니다. 이 관리 영역을 브랜치(branch)라고 합니다. 커밋을 이어 나간 후 로그를 출력해 보면 마치 나뭇가지(branch)와 모양이 비슷하다고 해서 붙여진 이름입니다. 한 저장소 안에서 브랜치는 적어도 한 개 이상이며 여러 개일 수도 있습니다.
git init으로 저장소를 생성하면 기본 브랜치가 한 개 만들어집니다. 이것을 마스터(master) 브랜치라고 합니다. 마스터라는 이름은 관습에 의해 사용되는 이름이며 사용자에 의해서 변경 가능합니다.

그런데 이 마스터는 브랜치 이름이기도 하면서 최신 커밋을 가리키는 참조 개체를 뜻하기도 합니다. C 언어의 포인터를 생각하면 됩니다. 커밋을 하고 나면 자동으로 마스터라는 개체가 가장 최신 커밋을 가리키게(참조하게) 됩니다.

아래 그림의 로그를 보면 HEAD라는 것도 보입니다. HEAD도 어떠한 커밋을 가리키는 개체입니다. HEAD가 특정 커밋을 가리키면 Working Directory의 파일 내용이 해당 커밋에 기록된 내용으로 변경됩니다. 아래 그림에서는 HEAD가 최신 커밋을 가리키는 마스터를 가리키고 있습니다. 즉, 최신 커밋을 마스터를 통해 간접 참조하고 있는 형태입니다.

출력된 각 커밋의 맨 왼쪽에는 커밋 아이디 일부가 표시되어 있습니다. Git은 커밋 아이디로 SHA1 알고리즘으로 만들어진 해시(hash)라는 값(3445087...)을 사용합니다. 이것은 암호화된 값으로 중복이 없는 임의의 문자열입니다. 단순한 아이디가 아니라 해시를 사용하는 이유는 Git이 추구하는 분산형 버전 관리를 위해 어떠한 상태에서도 (온라인, 오프라인 등) 커밋으로 형상 관리를 하기 위함입니다. 어렵다면 커밋 식별자, 아이디 역할 정도로 이해하고 넘어갑시다. 앞으로 커밋 아이디 대신 커밋 해시 또는 해시로 부르겠습니다.

참고 **커밋 해시**

책에 기록된 해시와 여러분이 실습을 통해 만든 저장소의 해시 값이 다를 것입니다. 해시를 입력할 때는 책에서 설명하는 값이 아닌 여러분의 실습 환경에서 생성한 커밋 해시를 기준으로 명령어를 입력하셔야 합니다.

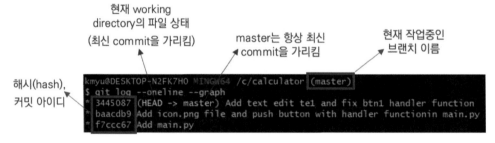

그림 4.23 git log 출력에 표시되는 용어들

3.3 git show

git show는 특정 커밋의 상세 정보를 확인할 때 사용합니다.

❶ 옵션 없이 명령을 입력해 봅니다.

```
git show
```

```
kmyu@DESKTOP-N2FK7H0 MINGW64 /c/calculator (master)
$ git show
commit 3445087cfa22741ae31f579fb883dadf28002f9d (HEAD -> master)
Author: "developer1" <"dev1@email.com">
Date:    Mon Jan 3117:44:53 2022 +0900


    Add text edit te1 and fix btn1 handler function


diff --git a/main.py b/main.py
index 0f93a7d..3d16e1f 100644
--- a/main.py
+++ b/main.py
@@ -1,6 +1,6 @@
 import sys
 from PyQt5.QtWidgets import (QApplication,QWidget,QPushButton,QVBoxLayout,
-                              QMessageBox)
+                              QMessageBox, QPlainTextEdit)
 from PyQt5.QtGui import QIcon



@@ -11,11 +11,14 @@ class Calculator(QWidget):
         self.initUI()

    def initUI(self):
+       self.te1 = QPlainTextEdit()
+       self.te1.setReadOnly(True)


---(생략)---
```

가장 최근의 커밋(3445087...)의 상세 정보를 출력합니다. 앞에서 실습했던 'git log -p -1'의 결과와 같습니다. 이전 커밋의 파일 내용과 비교해서 추가된 부분은 + 표시로, 제외된 부분은 -로 표시됩니다.

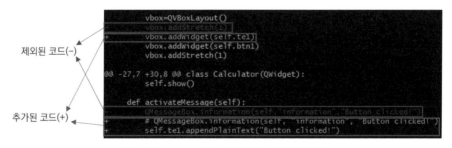

그림 4.24 git show 명령 시 표시되는 코드 수정 내역

❷ 특정 커밋의 상세 정보를 확인하고 싶다면 git show 명령 뒤에 커밋 해시를 추가하면 됩니다.

```
git show [커밋 해시]
```

우선 git log 커밋 히스토리를 출력해 봅니다.

```
kmyu@DESKTOP-N2FK7H0 MINGW64 /c/calculator (master)
$ git log --oneline
3445087 (HEAD -> master) Add text edit te1 and fix btn1 handler function
baacdb9 Add icon.png file and push button with handler functionin main.py
f7ccc67 Add main.py

kmyu@DESKTOP-N2FK7H0 MINGW64 /c/calculator (master)
$
```

만약 우리가 두 번째로 저장한 커밋(baacdb9....)의 상세 정보를 확인하고 싶다면 다음과 같이 입력합니다. 실제 커밋 해시 값은 매우 길지만(3.2의 ❹번 실습 참고) 해시의 앞자리 몇 글자만 입력해도 인식이 됩니다.

```
git show baacdb9
```

```
kmyu@DESKTOP-N2FK7H0 MINGW64 /c/calculator (master)
$ git show baacdb9
commit baacdb9064d9d3001facc6415cbdeab8c9eb715e
Author: "developer1" <"dev1@email.com">
Date:   Mon Jan 3117:08:25 2022 +0900


    Add icon.png file and push button with handler functionin main.py

diff --git a/icon.png b/icon.png
new file mode 100644
index 0000000..5e098a0
Binary files /dev/null and b/icon.png differ
diff --git a/main.py b/main.py
index 3777800..0f93a7d 100644
--- a/main.py
+++ b/main.py
@@ -1,5 +1,7 @@
  import sys
```

```
-from PyQt5.QtWidgets import QApplication, QWidget

---(생 략)---
```

❸ 앞에서 HEAD에 대해서 배웠습니다. HEAD가 참조하는 커밋의 상세 정보를 보고 싶다면 다음
과 같이 입력하면 됩니다.

```
git show HEAD
```

```
kmyu@DESKTOP-N2FK7H0 MINGW64 /c/calculator (master)
$ git show HEAD
commit 3445087cfa22741ae31f579fb883dadf28002f9d (HEAD -> master)
Author: "developer1" <"dev1@email.com">
Date:   Mon Jan 3117:44:53 2022 +0900

    Add text edit te1 and fix btn1 handler function

diff --git a/main.py b/main.py
index 0f93a7d..3d16e1f 100644
--- a/main.py
+++ b/main.py
@@ -1,6 +1,6 @@
 import sys
 from PyQt5.QtWidgets import (QApplication,QWidget,QPushButton,QVBoxLayout,
-                             QMessageBox)
+                             QMessageBox, QPlainTextEdit)

---(생 략)---
```

현재 HEAD가 최신 커밋인 3445087...을 참조하고 있기 때문에 git show와 결과가 같습니다.

HEAD, 마스터(master), 커밋 해시 모두 특정 커밋을 직, 간접으로 참조하는 개체로 이해하면 됩니다. git
show 다음에는 이러한 참조 개체 모두가 들어갈 수 있습니다. 이러한 형식은 git show뿐만 아니라 다른 명
령에도 비슷하게 사용됩니다.

상대 경로

Git 명령어에는 HEAD나 특정 커밋을 기준으로 상대 경로 입력이 가능합니다. 우선 git log --oneline으로 지금까지의 커밋을 확인해 보면 아래 그림과 같습니다.

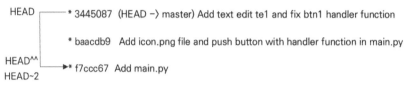

그림 4.25 ^와 ~ 문자를 사용한 상대 경로

커밋 f7ccc67의 상세 정보를 확인하려면 git show f7ccc67을 입력하면 됩니다. 그런데 f7ccc67은 HEAD를 기준으로 2단계 이전에 저장된 커밋입니다. 따라서 git show HEAD^^를 입력해도 동일한 결과를 출력합니다. ^ 대신 ~를 사용할 수도 있습니다. ~ 뒤에 원하는 단계의 숫자를 붙여 git show HEAD~2처럼 입력하면 됩니다. 정리해 보면, 이번 예제에서 아래 세 명령의 결과는 같습니다.

```
git show f7ccc67 = git show HEAD^^ = git show HEAD~2
```

소스트리에서 커밋 히스토리와 상세 정보 확인하기

소스트리는 훌륭한 사용자 인터페이스를 제공합니다. 저장소 워크스페이스의 History 탭을 선택하면 별다른 명령 입력 없이 커밋 히스토리와 특정 커밋의 상세 정보를 확인할 수 있습니다.

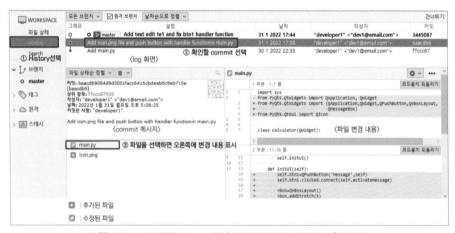

그림 4.26 소스트리의 History 탭에서 커밋 내역과 상세 정보 확인하기

3.4 정리

git status : 저장소 파일의 상태 출력

git status -s : 저장소 파일 상태를 간략하게 표시

git log : 저장소의 커밋 히스토리(로그, 이력)를 출력

git log --pretty=oneline : 로그 출력 시 커밋을 한 줄로 간략하게 표시(--pretty 옵션 사용)

git log --oneline : 로그 출력 시 커밋을 한 줄로 표시(해시도 앞자리 7글자만 출력)

git log --graph : 로그를 그래프 형태로 출력

git show : 가장 최근 커밋의 상세 정보 출력

git show [커밋 해시] : 해당 커밋의 상세 정보 출력

git show HEAD : HEAD가 참조하는 커밋의 상세 정보 출력

git show HEAD^^^ : HEAD를 기준으로 3단계 이전의 커밋 정보 출력

git show HEAD~n : HEAD를 기준으로 n단계 이전의 커밋 정보 출력

4 diff : 파일의 수정 내용 비교하기

기록한 커밋 수가 늘어나다 보니 소스 코드의 변경 내역을 기억하기 어렵게 되었다.
물론 커밋 메시지로 작업 내용을 짐작할 수 있다. 하지만 코드 레벨의 변경 사항을 모두 확인하기 어렵
다. 커밋 간 파일의 변경 사항을 확인하는 방법이 있을까?

git diff는 파일의 수정 또는 변경 사항을 비교하는 명령입니다. 앞에서 파일의 상세 정보를 확인하는 git show에 관해서 알아봤습니다. git show 지정한 커밋과 이전 커밋의 파일 변경 사항을 확인할 수 있었습니다. git diff는 커밋 간 파일 내용 비교에 더 특화된 명령입니다. 비교할 대상 커밋들을 지정할 수 있습니다. 2.4까지 작업한 저장소를 사용해서 실습하겠습니다.

우선 옵션 없이 git diff를 입력해 봅니다.

```
git diff
```

```
kmyu@DESKTOP-N2FK7H0 MINGW64 /c/calculator (master)
$ git diff

kmyu@DESKTOP-N2FK7H0 MINGW64 /c/calculator (master)
$
```

어떤 출력도 발생하지 않습니다. 옵션 없이 git diff를 입력하면 Unstaged 상태의 파일(Modified)과 최신 커밋의 파일을 비교합니다. 2.4에 작업을 마친 저장소는 변경 사항이 없기 때문에 어떤 출력도 발생하지 않은 것입니다.

```
kmyu@DESKTOP-N2FK7H0 MINGW64 /c/calculator (master)
$ git diff

kmyu@DESKTOP-N2FK7H0 MINGW64 /c/calculator (master)
$ git status
On branch master
nothing to commit, working tree clean
kmyu@DESKTOP-N2FK7H0 MINGW64 /c/calculator (master)
$
```

이제 VS Code로 저장소의 파일을 수정하고, git diff의 옵션들을 알아보겠습니다.

4.1 프로그램 수정하기

다음 그림과 같이 동작하는 프로그램을 구현할 계획입니다. Reset 버튼을 추가하고 이 버튼을 클릭하면 텍스트 에디트 창의 내용이 모두 지워지는 기능을 구현합니다.

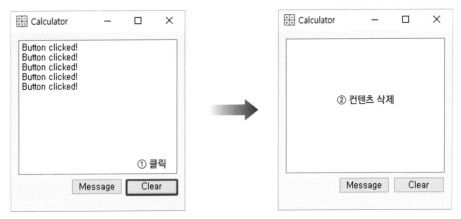

그림 4.27 수정한 main.py 실행 결과

VS Code로 main.py 파일의 내용을 다음과 같이 수정합니다.

```python
# ch 4.4.1 main.py
import sys
from PyQt5.QtWidgets import (QApplication,QWidget,QPushButton,QVBoxLayout,
                             QMessageBox, QPlainTextEdit, QHBoxLayout)
# QHBoxLayout 추가
from PyQt5.QtGui import QIcon

class Calculator(QWidget):
    ...

    def initUI(self):
        ...

        self.btn2=QPushButton('Clear',self) # 버튼 2 추가
        self.btn2.clicked.connect(self.clearMessage) # 버튼 2 핸들러 함수 연결

        hbox = QHBoxLayout() # 수평 박스 레이아웃을 추가하고 버튼1, 2 추가
        hbox.addStretch(1) # 공백
        hbox.addWidget(self.btn1) # 버튼 1 배치
        hbox.addWidget(self.btn2) # 버튼 2 배치

        vbox=QVBoxLayout()
        vbox.addWidget(self.te1)
```

```
        #vbox.addWidget(self.btn1)
        vbox.addLayout(hbox) # btn1 위치에 hbox를 배치
        vbox.addStretch(1)

        self.setLayout(vbox)
        ...

    def clearMessage(self): # 버튼 2 핸들러 함수 정의
        self.te1.clear()
...
```

작성 후 터미널에서 'python main.py'를 입력하여 그림 4.27과 같은 결과가 나오는지 확인합니다.

4.2 git diff로 파일의 수정된 내용 확인하기

이제 git diff의 다양한 옵션을 실습할 준비가 되었습니다.

❶ 아직 커밋을 하지 않았다는 점을 잊지 마세요. 우선 터미널을 실행하여 git status로 상태를 확인합니다.

```
kmyu@DESKTOP-N2FK7H0 MINGW64 /c/calculator (master)
$ git status
On branch master
Changes not staged for commit:
  (use "git add <file>..." to update what will be committed)
  (use "git restore <file>..." to discard changes in Working Directory)
        modified:   main.py

no changes added to commit (use "git add" and/or "git commit -a")

kmyu@DESKTOP-N2FK7H0 MINGW64 /c/calculator (master)
$
```

❷ 이 상태에서 git diff를 다시 입력해 봅니다.

```
git diff
```

```
kmyu@DESKTOP-N2FK7H0 MINGW64 /c/calculator (master)
$ git diff
diff --git a/main.py b/main.py
index 3d16e1f..f9a66a5 100644
--- a/main.py
+++ b/main.py
@@ -1,6 +1,6 @@
 import sys
 from PyQt5.QtWidgets import (QApplication,QWidget,QPushButton,QVBoxLayout,
-                            QMessageBox, QPlainTextEdit)
+                            QMessageBox, QPlainTextEdit, QHBoxLayout)
 from PyQt5.QtGui import QIcon


@@ -17,9 +17,17 @@ class Calculator(QWidget):
        self.btn1=QPushButton('Message',self)
        self.btn1.clicked.connect(self.activateMessage)

+       self.btn2=QPushButton('Clear',self)
+       self.btn2.clicked.connect(self.clearMessage)

---(생략)---
```

Unstaged 상태인 main.py의 수정 내역이 확인됩니다. 4.1에서 수정한 내용입니다.

❸ 이제 수정된 파일을 스테이징한 후, 다시 git diff를 입력해 봅니다.

```
git add .
git diff
```

```
kmyu@DESKTOP-N2FK7H0 MINGW64 /c/calculator (master)
$ git add .

kmyu@DESKTOP-N2FK7H0 MINGW64 /c/calculator (master)
$ git diff

kmyu@DESKTOP-N2FK7H0 MINGW64 /c/calculator (master)
$
```

아무것도 출력되지 않습니다. 이유를 알겠나요? 옵션이 없는 git diff 명령은 Unstaged된 파일들의 수정 사항을 출력합니다. 전체 파일을 스테이징했기 때문에 출력할 내용이 없는 것입니다.

❹ 그럼 Staging Area의 파일과 최신 커밋의 파일의 비교는 어떻게 할까요? --staged 옵션을 추가하면 됩니다.

```
git diff --staged
```

```
kmyu@DESKTOP-N2FK7H0 MINGW64 /c/calculator (master)
$ git diff --staged
diff --git a/main.py b/main.py
index 3d16e1f..f9a66a5 100644
--- a/main.py
+++ b/main.py
@@ -1,6 +1,6 @@
 import sys
 from PyQt5.QtWidgets import (QApplication,QWidget,QPushButton,QVBoxLayout,
-                             QMessageBox, QPlainTextEdit)
+                             QMessageBox, QPlainTextEdit, QHBoxLayout)
 from PyQt5.QtGui import QIcon
@@ -17,9 +17,17 @@ class Calculator(QWidget):
         self.btn1=QPushButton('Message',self)
         self.btn1.clicked.connect(self.activateMessage)


+        self.btn2=QPushButton('Clear',self)
+        self.btn2.clicked.connect(self.clearMessage)

---(생략)---
```

일부 생략했지만 ❷의 결과와 같습니다.

4.3 git diff로 커밋 간의 내용 비교하기

❶ 우선 앞에서 스테이징한 main.py를 커밋합니다. 커밋 메시지는 'Add btn2(Clear) and handler function'으로 하였습니다.

```
git commit -m "Add btn2(Clear) and handler function"
```

94

```
kmyu@DESKTOP-N2FK7H0 MINGW64 /c/calculator (master)
$ git commit -m "Add btn2(Clear) and handler function"
[master 84b4a11] Add btn2(Clear) and handler function
 1 file changed, 13 insertions(+), 2 deletions(-)

kmyu@DESKTOP-N2FK7H0 MINGW64 /c/calculator (master)
$
```

커밋이 기록되었는지 로그를 출력하겠습니다.

```
git log --oneline
```

```
kmyu@DESKTOP-N2FK7H0 MINGW64 /c/calculator (master)
$ git log --oneline
84b4a11 (HEAD -> master) Add btn2(Clear) and handler function
3445087 Add text edit te1 and fix btn1 handler function
baacdb9 Add icon.png file and push button with handler functionin main.py
f7ccc67 Add main.py

kmyu@DESKTOP-N2FK7H0 MINGW64 /c/calculator (master)
$
```

❷ 두 커밋 간의 파일 내용을 비교하려면, git diff 뒤에 비교할 커밋 해시를 추가하면 됩니다.

```
git diff [변경 전 커밋 해시] [변경 후 커밋 해시]
```

예를 들어 가장 최근 커밋 84b4a11과 그 전의 커밋 3445087을 비교하려면 다음과 같이 입력합니다.

```
git diff 3445087 84b4a11
```

```
kmyu@DESKTOP-N2FK7H0 MINGW64 /c/calculator (master)
$ git diff 3445087 84b4a11
diff --git a/main.py b/main.py
index 3d16e1f..f9a66a5 100644
--- a/main.py
+++ b/main.py
@@ -1,6 +1,6 @@
 import sys
```

```
 from PyQt5.QtWidgets import (QApplication,QWidget,QPushButton,QVBoxLayout,
-                             QMessageBox, QPlainTextEdit)
+                             QMessageBox, QPlainTextEdit, QHBoxLayout)
 from PyQt5.QtGui import QIcon


@@ -17,9 +17,17 @@ class Calculator(QWidget):
         self.btn1=QPushButton('Message',self)
         self.btn1.clicked.connect(self.activateMessage)

+        self.btn2=QPushButton('Clear',self)
+        self.btn2.clicked.connect(self.clearMessage)

---(생략)---
```

4.2의 ❷, ❹의 결과와 같습니다.

❸ git diff도 상대 경로 사용이 가능합니다. ❷번에서 입력한 명령을 HEAD를 기준으로 작성하면 아래와 같습니다.

```
git diff HEAD^ HEAD
```

```
kmyu@DESKTOP-N2FK7H0 MINGW64 /c/calculator (master)
$ git diff HEAD^ HEAD
diff --git a/main.py b/main.py
index 3d16e1f..f9a66a5 100644
--- a/main.py
+++ b/main.py
@@ -1,6 +1,6 @@
 import sys
 from PyQt5.QtWidgets import (QApplication,QWidget,QPushButton,QVBoxLayout,
-                             QMessageBox, QPlainTextEdit)
+                             QMessageBox, QPlainTextEdit, QHBoxLayout)
 from PyQt5.QtGui import QIcon


@@ -17,9 +17,17 @@ class Calculator(QWidget):
         self.btn1=QPushButton('Message',self)
         self.btn1.clicked.connect(self.activateMessage)
```

```
+          self.btn2=QPushButton('Clear',self)
+          self.btn2.clicked.connect(self.clearMessage)

---(생 략)---
```

참고 **소스트리로 두 커밋의 내용 비교하기**

History 탭을 선택하면 화면 위쪽에 커밋 로그가 표시됩니다. shift 키를 누른 상태에서 마우스 왼쪽 버튼
으로 비교할 두 개 커밋을 선택합니다. 선택된 커밋들은 파란색 바탕으로 표시됩니다. 이 상태에서 화면
아래에 비교할 파일이 표시됩니다. 마우스로 확인할 파일을 선택하면 화면 오른쪽에 어떤 부분이 바뀌
었는지 자세히 표시됩니다.

그림 4.28 소스트리에서 커밋 비교하기

4.4 정리

git diff : 최근 커밋과 변경 사항이 발생한(Unstaged) 파일들의 내용 비교

git diff --staged : 최근 커밋과 스테이징된 파일 간의 변경 사항 출력

git diff [커밋 해시1] [커밋 해시2] : 두 커밋 사이의 파일 간 변경 사항 출력

5 reset ① : 스테이징 되돌리기

실수로 스테이징(Staging)할 필요가 없는 파일까지 git add로 스테이징해 버렸다.
이미 스테이징한 파일을 되돌리는 방법이 있을까?

Git으로 프로젝트 관리를 하다 보면 git add 명령으로 스테이징한 파일을 언스테이징(Unstaging)
해야 하는 상황이 자주 발생합니다. 이때 사용할 수 있는 명령이 git reset입니다. Staging Area에
올라간 파일 일부나 전체를 Working Directory로 이동시킵니다. 다시 말해 git add를 취소하는 명
령입니다. 4.3까지 작업한 저장소를 사용해서 실습하겠습니다.

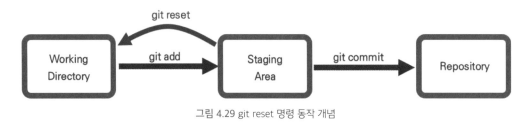

그림 4.29 git reset 명령 동작 개념

5.1 파일 추가하고 스테이징하기

실습 상황을 만들기 위해 파일을 추가합니다.

❶ 저장소 안에 test1.txt, test2.txt 파일을 생성합니다. 여기서는 Git bash 터미널에서 touch 명령
으로 생성하였습니다. 메모장 같은 프로그램으로 만들어도 됩니다.

```
touch test1.txt
touch test2.txt
```

```
kmyu@DESKTOP-N2FK7H0 MINGW64 /c/calculator (master)
$ touch test1.txt

kmyu@DESKTOP-N2FK7H0 MINGW64 /c/calculator (master)
```

```
$ touch test2.txt


kmyu@DESKTOP-N2FK7H0 MINGW64 /c/calculator (master)
$
```

저장소의 상태를 확인합니다.

```
kmyu@DESKTOP-N2FK7H0 MINGW64 /c/calculator (master)
$ git status
On branch master
Untracked files:
  (use "git add <file>..." to include in what will be committed)
        test1.txt
        test2.txt


nothing added to commit but untracked files present (use "git add" to track)


kmyu@DESKTOP-N2FK7H0 MINGW64 /c/calculator (master)
$
```

예상대로 Git이 새 파일들을 감지했습니다.

❷ git add . 로 이 두 파일을 Staging Area로 이동시킵니다.

```
kmyu@DESKTOP-N2FK7H0 MINGW64 /c/calculator (master)
$ git add .


kmyu@DESKTOP-N2FK7H0 MINGW64 /c/calculator (master)
$
```

git status로 상태를 또 확인해 봅니다.

```
kmyu@DESKTOP-N2FK7H0 MINGW64 /c/calculator (master)
$ git status
On branch master
Changes to be committed:
  (use "git restore --staged <file>..." to unstage)
        new file:   test1.txt
        new file:   test2.txt
```

```
kmyu@DESKTOP-N2FK7H0 MINGW64 /c/calculator (master)
$
```

파일들이 Staging Area로 이동했습니다.

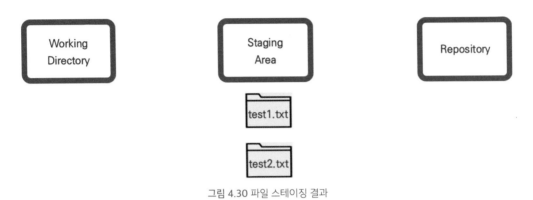

그림 4.30 파일 스테이징 결과

위 그림처럼 저장소의 두 파일이 스테이징 상태가 되었습니다.

5.2 git reset으로 파일 언스테이징하기

git reset으로 파일을 Working Directory로 되돌리겠습니다.

❶ 옵션 없이 git reset을 입력하고, 상태를 확인합니다.

```
git reset
```

다음으로 git status로 상태를 확인해 봅니다. 두 파일이 Working Directory로 이동해서
Untracked 상태가 되었고 git add . 가 취소되었습니다.

```
kmyu@DESKTOP-N2FK7H0 MINGW64 /c/calculator (master)
$ git reset

kmyu@DESKTOP-N2FK7H0 MINGW64 /c/calculator (master)
$ git status
On branch master
Untracked files:
```

```
   (use "git add <file>..." to include in what will be committed)
        test1.txt
        test2.txt


nothing added to commit but untracked files present (use "git add" to track)


kmyu@DESKTOP-N2FK7H0 MINGW64 /c/calculator (master)
$
```

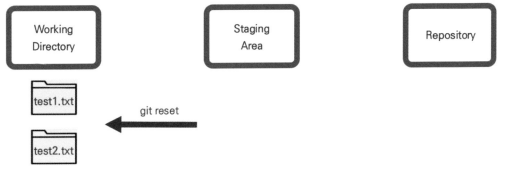

그림 4.31 git reset 결과

❷ 다음 실습을 위해 두 파일을 다시 스테이징해 두겠습니다.

```
kmyu@DESKTOP-N2FK7H0 MINGW64 /c/calculator (master)
$ git add .

kmyu@DESKTOP-N2FK7H0 MINGW64 /c/calculator (master)
$
```

그림 4.32 git add . 결과

❸ 일부 파일만 언스테이징하려면 git reset 뒤에 파일 이름이나 경로를 지정하면 됩니다.

```
git reset [파일 이름(또는 경로)]
```

test2.txt 파일을 언스테이징하려면 다음과 같이 입력합니다.

```
git reset test2.txt
```

```
kmyu@DESKTOP-N2FK7H0 MINGW64 /c/calculator (master)
$ git reset test2.txt


kmyu@DESKTOP-N2FK7H0 MINGW64 /c/calculator (master)
$
```

상태를 확인해 봅니다.

```
kmyu@DESKTOP-N2FK7H0 MINGW64 /c/calculator (master)
$ git status
On branch master
Changes to be committed:
  (use "git restore --staged <file>..." to unstage)
        new file:   test1.txt

Untracked files:
  (use "git add <file>..." to include in what will be committed)
        test2.txt


kmyu@DESKTOP-N2FK7H0 MINGW64 /c/calculator (master)
$
```

test1.txt 파일은 스테이징 상태가 유지되고 있고, test2.txt 파일은 언스테이징 상태로 돌아왔습니다.

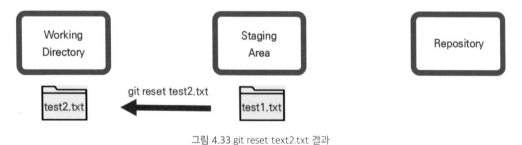

그림 4.33 git reset text2.txt 결과

참고 소스트리에서 스테이징 되돌리기

파일 상태 탭의 스테이지에 올라간 파일 항목에서 언스테이징할 파일을 선택합니다. 선택 내용 스테이지에 내리기 버튼을 클릭하면 해당 파일이 스테이지에 올라가지 않은 파일 항목으로 이동합니다.

그림 4.34 소스트리에서 스테이징 되돌리기

5.3 정리

git reset은 언스테이징 이외에 다른 용도로도 사용됩니다. 여기서는 스테이징을 되돌리는 방법에 대해서 살펴봤습니다.

git reset : Staging Area의 파일 전체를 언스테이징 상태로 되돌리기
git reset [파일 이름(또는 경로)] : 해당 파일(또는 경로)을 언스테이징 상태로 되돌리기

6 amend : 최근에 작성한 커밋 수정하기

> 더 큰 실수를 저질러 버렸다. 파일 하나를 빠뜨리고 커밋을 해버렸다.
> 빠진 파일을 추가하여 기존 커밋을 변경하는 방법은 없을까?

최근에 작성한 커밋에 한해서 간단하게 수정하는 방법이 있습니다. 바로 git commit에 --amend 옵션을 사용하는 방법입니다. 커밋을 덮어쓰는 개념이라고 볼 수 있습니다. 일단 실습하고 어떤 특징이 있는지 살펴보겠습니다. 5.2까지 작업한 저장소를 사용해서 실습하겠습니다.

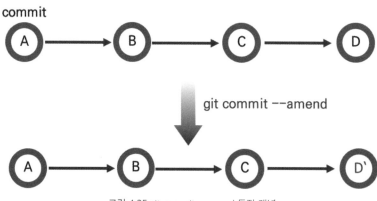

그림 4.35 git commit --amend 동작 개념

6.1 현재 상태 커밋하기

5.2까지 실습한 결과를 기억하시나요? 새로 만든 파일 중에서 test1.txt 파일만 스테이징된 상태입니다.

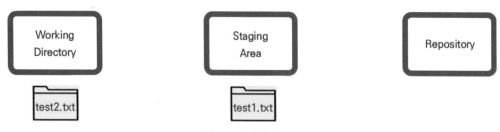

그림 4.36 현재 저장소 상태

❶ 이 상태에서 커밋합니다. 실습 상황을 만들기 위해서입니다.

```
git commit -m "Add files"
```

```
kmyu@DESKTOP-N2FK7H0 MINGW64 /c/calculator (master)
$ git commit -m "Add files"
[master 4373165] Add files
 1 file changed, 0 insertions(+), 0 deletions(-)
 create mode 100644 test1.txt

kmyu@DESKTOP-N2FK7H0 MINGW64 /c/calculator (master)
$
```

❷ git log 명령으로 로그도 확인해 봅니다.

```
git log --oneline
```

```
kmyu@DESKTOP-N2FK7H0 MINGW64 /c/calculator (master)
$ git log --oneline
4373165(HEAD -> master) Add files
84b4a11 Add btn2(Clear) and handler function
3445087 Add text edit te1 and fix btn1 handler function
baacdb9 Add icon.png file and push button with handler functionin main.py
f7ccc67 Add main.py

kmyu@DESKTOP-N2FK7H0 MINGW64 /c/calculator (master)
$
```

방금 작성한 커밋에 관한 내용도 살펴봅니다.

```
git show
```

```
kmyu@DESKTOP-N2FK7H0 MINGW64 /c/calculator (master)
$ git show
commit 4373165ee51d35481741b1ab33f09bd36f3e3932 (HEAD -> master)
Author: "developer1" <"dev1@email.com">
Date:   Sat Feb 520:42:45 2022 +0900

    Add files

diff --git a/test1.txt b/test1.txt
```

```
new file mode 100644
index 0000000..e69de29

                            .
kmyu@DESKTOP-N2FK7H0 MINGW64 /c/calculator (master)
$
```

개발자 A는 커밋 직후에 실수를 알아차렸습니다. 원래는 두 파일을 커밋하려 했는데 test2.txt 를 빠뜨렸습니다. 물론 test2.txt을 추가로 커밋하면 됩니다. 하지만 로그에 이력이 남게 되면 보기 안 좋을 것 같습니다.

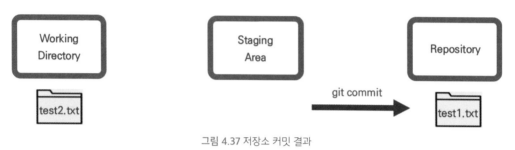

그림 4.37 저장소 커밋 결과

6.2 git commit --amend로 최근 커밋 수정하기

이제 원래 의도대로 바로잡아 보겠습니다.

❶ 먼저 test2.txt 파일을 스테이징합니다.

```
git add test2.txt
```

```
kmyu@DESKTOP-N2FK7H0 MINGW64 /c/calculator (master)
$ git add test2.txt

kmyu@DESKTOP-N2FK7H0 MINGW64 /c/calculator (master)
$
```

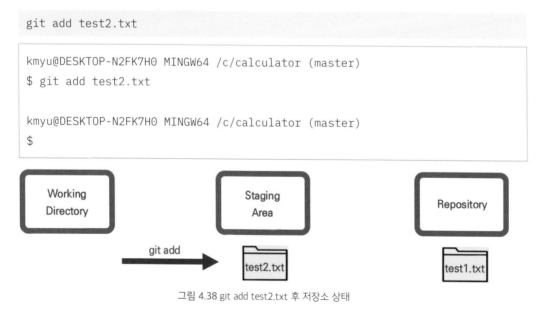

그림 4.38 git add test2.txt 후 저장소 상태

❷ git commit에 --amend 옵션을 추가하면 최근에 작성한 커밋에 현재 커밋을 덮어쓰기합니다.

```
git commit --amend
```

커밋 메시지를 함께 추가하고 싶다면 다음과 같은 형식을 사용하면 됩니다.

```
git commit --amend -m "[메시지]"
```

여기서는 커밋 메시지도 함께 수정하기 위해 다음과 같이 입력하였습니다.

```
git commit --amend -m "Add test files, test1.txt and test2.txt"
```

```
kmyu@DESKTOP-N2FK7H0 MINGW64 /c/calculator (master)
$ git commit --amend -m "Add test files, test1.txt and test2.txt"
[master fa713f8] Add test files, test1.txt and test2.txt
 Date: Sat Feb 520:42:45 2022 +0900
 2 files changed, 0 insertions(+), 0 deletions(-)
 create mode 100644 test1.txt
 create mode 100644 test2.txt

kmyu@DESKTOP-N2FK7H0 MINGW64 /c/calculator (master)
$
```

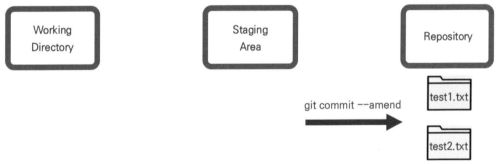

그림 4.39 git commit --amend 결과

❸ git log로 커밋 로그를 출력해서 기존에 작성한 "Add files"라는 메시지의 커밋이 사라졌는지, 그리고 방금 작성한 커밋이 잘 저장되었는지 확인합니다.

```
kmyu@DESKTOP-N2FK7H0 MINGW64 /c/calculator (master)
$ git log --oneline
fa713f8 (HEAD -> master) Add test files, test1.txt and test2.txt
84b4a11 Add btn2(Clear) and handler function
3445087 Add text edit te1 and fix btn1 handler function
```

```
baacdb9 Add icon.png file and push button with handler functionin main.py
f7ccc67 Add main.py


kmyu@DESKTOP-N2FK7H0 MINGW64 /c/calculator (master)
$
```

로그에서 이상한 점을 발견했나요? 커밋을 덮어쓰면서 해시도 변경되었습니다.

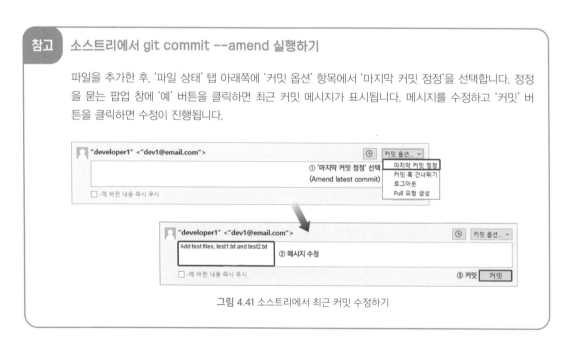

그림 4.40 git commit --amend 명령으로 인한 해시 변화

amend의 사전적 의미는 '변경하다', '개정하다' 입니다. 커밋을 수정하는 것처럼 보였지만 실제 내부에서는 최근에 작성한 커밋 위치를 대신해서 새로운 커밋을 생성하는 동작을 했습니다. 그래서 해시도 새롭게 만들어졌습니다. amend 명령이 별도로 존재하지 않고 git commit의 --amend 옵션임을 생각하면 이해될 것입니다. 결국 커밋 명령의 한 방식입니다. 동작 개념을 묘사한 그림 4.35를 다시 보는 것도 이해에 도움이 됩니다.

> **참고** **소스트리에서 git commit --amend 실행하기**
>
> 파일을 추가한 후, '파일 상태' 탭 아래쪽에 '커밋 옵션' 항목에서 '마지막 커밋 정정'을 선택합니다. 정정을 묻는 팝업 창에 '예' 버튼을 클릭하면 최근 커밋 메시지가 표시됩니다. 메시지를 수정하고 '커밋' 버튼을 클릭하면 수정이 진행됩니다.
>
> 그림 4.41 소스트리에서 최근 커밋 수정하기

참고 git commit --amend로 메시지 수정도 가능

--amend 옵션으로 최근 커밋의 메시지 수정도 가능합니다. 커밋 해시도 함께 바뀌게 되는 점에 유의하세요.

6.3 정리

git commit --amend : 최근 커밋 수정하기

git commit --amend -m "[메시지]" : 해당 메시지로 커밋 수정하기

7 checkout : 커밋 되돌리기

사업 부서에서 개발자 A에게 연락이 왔다. 과거에 커밋한 프로그램을 잠시 사용하겠다고 한다.
저장소 파일들을 과거에 커밋한 상태로 되돌리는 방법은 무엇일까?

git checkout은 해당 커밋 시점의 상태로 Working Directory의 파일 내용을 복원하는 명령입니다.
git checkout으로 커밋을 되돌린 후, Working Directory의 파일 상태가 커밋 기록 시점으로 복원
되는지 확인해 봅니다. 지금까지 main.py에 기능을 조금씩 추가하는 방향으로 커밋해 왔습니다. 가
장 최근에 커밋한 calculator 저장소의 main.py를 실행하면 UI에 텍스트 에디트 창, 그리고 버튼
두 개로 구성되어 있는데, 버튼 하나만 있던 예전의 main.py로 되돌려 보겠습니다. 6.2까지 작업한
저장소를 사용해서 실습하겠습니다.

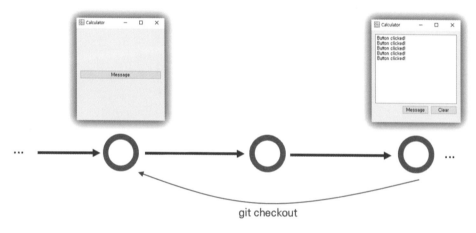

그림 4.42 git checkout 개념

7.1 현재 저장소의 상태 확인하기

명령어 실습을 하기 전에, 현재 저장소의 파일 상태를 확인해 봅니다.

❶ 먼저 로그를 확인합니다.

```
kmyu@DESKTOP-N2FK7H0 MINGW64 /c/calculator (master)
$ git log --oneline
fa713f8 (HEAD -> master) Add test files, test1.txt and test2.txt
84b4a11 Add btn2(Clear) and handler function
3445087 Add text edit te1 and fix btn1 handler function
baacdb9 Add icon.png file and push button with handler functionin main.py
f7ccc67 Add main.py

kmyu@DESKTOP-N2FK7H0 MINGW64 /c/calculator (master)
$
```

6.2에서 커밋이 추가되었는데(fa713f8) test1.txt, test2.txt 파일이 추가되었을 뿐, 프로그램과 관련된 main.py 파일이 수정되지는 않았습니다. 다시 말해 커밋 84b4a11과 최신 커밋 fa713f8의 main.py 내용은 같습니다.

❷ 실제로 같은지 VS Code의 터미널에서 python main.py를 입력하여 프로그램을 실행시켜 봅니다.

그림 4.43 최신 커밋에서 main.py 실행 결과

위 그림처럼 최신 커밋의 main.py가 실행되면 실습 준비가 된 것입니다.

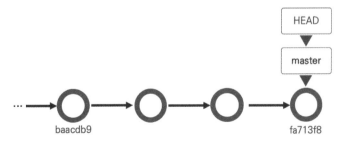

그림 4.44 현재 HEAD와 master의 참조 상태

그림 4.44는 현재 저장소의 커밋 로그, 그리고 HEAD와 master가 각각 참조하고 커밋을 시각화 한 것입니다. 이 상태를 기억해 두세요.

7.2 git checkout으로 커밋 되돌리기

이제 git checkout으로 Working Directory의 파일 상태를 되돌려 봅니다.

그림 4.45 calculator 저장소의 로그와 main.py 실행 결과

❶ 특정 커밋으로 돌아가기 위해서는 해당 커밋의 해시를 입력해야 합니다. 명령 형식은 다음과 같습니다.

```
git checkout [커밋 해시]
```

위의 예에서 윈도에 버튼 하나만 추가된 프로그램이 있는 커밋으로 이동하고 싶다면 다음과 같이 입력합니다(개인 실습 환경에 맞는 해시를 입력하면 됩니다).

```
git checkout baacdb9
```

간접 경로를 사용해서 git checkout HEAD^^^ 또는 git checkout HEAD~3을 입력해도 됩니다.

```
kmyu@DESKTOP-N2FK7HO MINGW64 /c/calculator (master)
$ git checkout baacdb9
Note: switching to 'baacdb9'.
```

```
You are in'detached HEAD' state. You can look around, make experimental
changes and commit them, and you can discard any commits you make in this
state without impacting any branches by switching back to a branch.

If you want to create a new branch to retain commits you create, you may
do so (now or later) by using -c with the switch command. Example:

  git switch -c <new-branch-name>

Or undo this operation with:

  git switch -

Turn off this advice by setting config variable advice.detachedHead to false

HEAD is now at baacdb9 Add icon.png file and push button with handler
functionin main.py

kmyu@DESKTOP-N2FK7H0 MINGW64 /c/calculator ((baacdb9...))
$
```

꽤 많은 문구가 출력되었습니다. 맨 첫 줄에 You are in 'detached HEAD' state. 문구가 보입니다. 그리고 맨 아래에 HEAD is now at baacdb9.... 문구도 보입니다. 또 한 가지, 경로 옆에 표시되던 (master) 대신 체크아웃 한 커밋의 해시 일부가 표시됩니다.

❷ 로그를 확인해 봅니다.

```
kmyu@DESKTOP-N2FK7H0 MINGW64 /c/calculator ((baacdb9...))
$ git log --oneline
baacdb9 (HEAD) Add icon.png file and push button with handler functionin
main.py
f7ccc67 Add main.py

kmyu@DESKTOP-N2FK7H0 MINGW64 /c/calculator ((baacdb9...))
$
```

체크아웃한 커밋 해시 뒤에 (HEAD) 문구가 보입니다. HEAD가 이 커밋을 참조하고(가리키고) 있다는 뜻입니다. 이후에 작성한 커밋은 보이지 않는데 어떤 일이 벌어진 것일까요?

3.2의 참고 항목에 있는 설명에서 이유를 알 수 있습니다. 터미널의 경로 옆에는 HEAD가 참조하는 개체를 표시합니다. 이전에 master를 참조하다가 git checkout 명령으로 인해 현재 참조하고 있는 커밋 해시로 바뀌었습니다. 그리고 참조하는 커밋이 바뀌었으므로 HEAD 옆에 있는 해시도 바뀐 커밋의 해시로 바뀌었습니다.

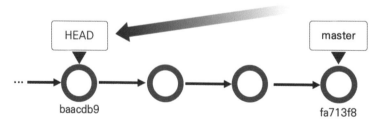

그림 4.46 git checkout 명령 후 HEAD의 참조 변화

❸ Git은 HEAD가 참조하는 커밋 시점으로 Working Directory의 파일 상태를 되돌려 놓습니다. VS Code 커맨드 창에서 main.py 프로그램을 실행시켜 실제로 복원되었는지 확인해 봅니다.

그림 4.47 체크아웃 후 main.py 실행 결과

마치 타임머신을 탄 것처럼 과거에 작성한 상태로 돌아갔습니다. 이제 Git으로 파일의 버전 관리를 하는 이유를 알겠나요? 파일을 수정할 때마다 별도로 파일들을 백업할 필요 없이 한 저장소에서 관리 할 수 있어 매우 효율적입니다. 물론 잘 활용하기 위해서는 커밋을 자주 해 두고, 기억이 잘 나도록 메시지도 상세하게 기록해 두어야겠습니다.

7.3 최신 커밋으로 돌아가기

❶ 다시 최신 커밋으로 돌아가려면 어떻게 할까요? 최신 커밋의 해시를 기억해 두었다가 다음과 같
이 입력하면 됩니다. 여기서 최신 커밋의 해시는 fa713f8입니다.

```
git checkout fa713f8
```

해시를 기억해 두는 것이 불편할 수도 있습니다. 이 경우에는 참조 개체를 이용하면 됩니다. 앞
에서 HEAD, master는 커밋을 참조하는 개체라고 했습니다. 명령어에 해시 대신 master를 사
용할 수도 있습니다.

```
git checkout master
```

```
kmyu@DESKTOP-N2FK7H0 MINGW64 /c/calculator ((baacdb9...))
$ git checkout master
Previous HEAD position was baacdb9 Add icon.png file and push button with
handler functionin main.py
Switched to branch 'master'

kmyu@DESKTOP-N2FK7H0 MINGW64 /c/calculator (master)
$
```

❷ 정상적으로 돌아왔는지 로그를 확인해 보겠습니다.

```
kmyu@DESKTOP-N2FK7H0 MINGW64 /c/calculator (master)
$ git log --oneline
fa713f8 (HEAD -> master) Add test files, test1.txt and test2.txt
84b4a11 Add btn2(Clear) and handler function
3445087 Add text edit te1 and fix btn1 handler function
baacdb9 Add icon.png file and push button with handler functionin main.py
f7ccc67 Add main.py

kmyu@DESKTOP-N2FK7H0 MINGW64 /c/calculator (master)
$
```

HEAD가 최신 커밋(master)을 참고하고 있습니다. (HEAD -> master) 마지막으로 VS Code의
커맨드 창에서 main.py를 실행해서 최근에 수정한 형태로 동작하는지 확인해 보겠습니다.

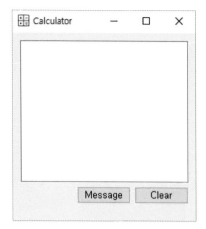

그림 4.48 git checkout master 입력 후 main.py 실행 결과

Working Directory의 파일은 HEAD가 참조하는 커밋의 상태로 변한다고 했습니다. HEAD가 최신 커밋을 참조하는 master를 간접 참조하도록 돌아간 것입니다.

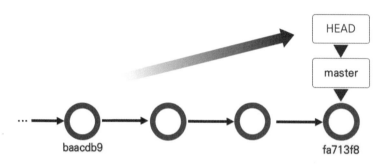

그림 4.49 git checkout master 입력 후 HEAD의 참조 상태

116

```
git reset [파일 이름]
git checkout [파일 이름]
```

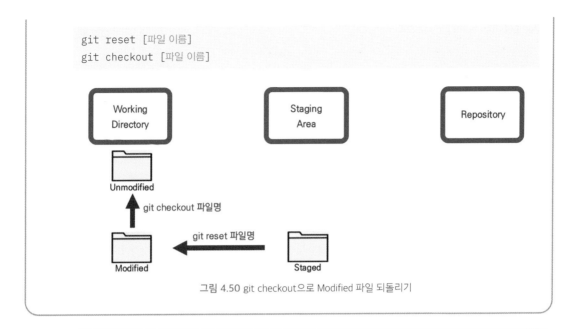

그림 4.50 git checkout으로 Modified 파일 되돌리기

참고 **소스트리에서 체크아웃 실행하기**

히스토리 탭 화면 위쪽에서 돌아갈 커밋을 마우스로 선택합니다. 이 상태에서 마우스 오른쪽 키를 클릭하면 팝업 창이 실행됩니다. 여기서 '체크아웃' 탭을 클릭합니다. 확인 버튼을 클릭하면 HEAD 마크가 체크아웃한 커밋에 표시되고, 파일 상태도 변경됩니다.

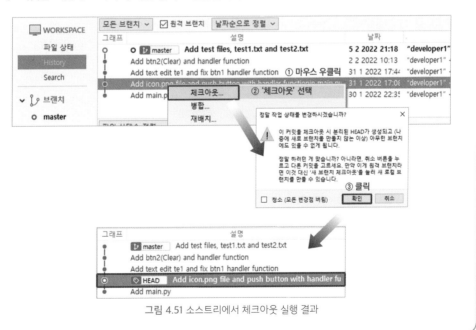

그림 4.51 소스트리에서 체크아웃 실행 결과

7.4 정리

git checkout은 HEAD의 참조를 변경하는 명령입니다. 최신 커밋을 참조할 때 HEAD는 master를 간접 참조하고 있습니다. HEAD가 특정 커밋을 참조하기 위해 체크아웃되면 HEAD는 master 참조에서 떨어진 Detached 상태 또는 Detached HEAD가 됩니다.

- **git checkout [커밋 해시]** : 해당 커밋으로 파일 상태 변경
- **git checkout -** : HEAD가 이전에 참조했던 커밋으로 상태 변경
- **git checkout master** : HEAD가 master를 참조
- **git checkout HEAD~n** : HEAD를 기준으로 n단계 이전 커밋으로 상태 변경

8 reset ② : 커밋 취소하기

내부 회의 결과, 최근에 추가한 두 파일 test1.txt과 test2.txt은 불필요한 파일이라고 판단되어 삭제하기로 결정하였다. 그런데 이미 커밋을 완료해 버려서 이미 이력이 기록된 상태이다. 커밋을 취소하여 기록에서 삭제하는 방법은 없을까?

위와 같은 상황에서 파일을 제거하는 방법은 두 가지가 있습니다.

• test1.txt, test2.txt 파일을 저장소에서 삭제하고 커밋을 추가
• 두 파일을 추가했던 커밋을 취소

첫 번째 방식을 사용하면 두 파일을 추가했던 이력이 로그에 남게 됩니다. 프로젝트 개발 과정에서 해당 커밋이 불필요하다고 판단되면 git reset으로 커밋을 취소할 수 있습니다. 6.2까지 작업한 저장소를 사용해서 실습하겠습니다.

git reset

그림 4.52 git reset을 사용한 커밋 취소 개념

이번 절에서는 git reset으로 커밋을 취소해 보겠습니다.

8.1 현재 저장소의 상태 확인하기

❶ 저장소의 로그를 확인해 봅니다.

```
kmyu@DESKTOP-N2FK7H0 MINGW64 /c/calculator (master)
$ git log --oneline
fa713f8 (HEAD -> master) Add test files, test1.txt and test2.txt
84b4a11 Add btn2(Clear) and handler function
3445087 Add text edit te1 and fix btn1 handler function
baacdb9 Add icon.png file and push button with handler functionin main.py
f7ccc67 Add main.py

kmyu@DESKTOP-N2FK7H0 MINGW64 /c/calculator (master)
$
```

test1.txt, test2.txt 두 파일이 추가된 커밋의 해시는 fa713f8입니다.

❷ 커밋 취소를 어떤 방식으로 할지 고민해 보겠습니다.

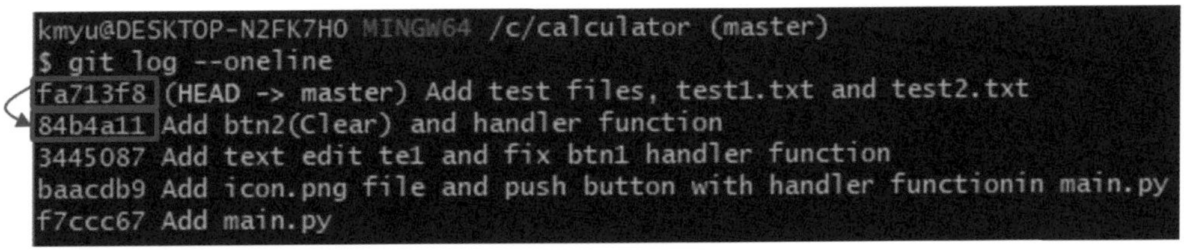

```
kmyu@DESKTOP-N2FK7H0 MINGW64 /c/calculator (master)
$ git log --oneline
fa713f8 (HEAD -> master) Add test files, test1.txt and test2.txt
84b4a11 Add btn2(Clear) and handler function
3445087 Add text edit te1 and fix btn1 handler function
baacdb9 Add icon.png file and push button with handler functionin main.py
f7ccc67 Add main.py
```

그림 4.53 reset으로 재설정할 커밋

우리가 취소하고 싶은 커밋은 fa713f8 뿐입니다. 여기서 눈여겨 볼 Git의 특성이 있는데, Git은 해당 브랜치의 이름으로 참조하는 커밋을 그 브랜치의 최신 커밋으로 인식한다는 점입니다. 우리가 작업 중인 브랜치의 이름은 master이므로 master가 참조하는 커밋을 84b4a11으로 바꾸면 어떻게 될까요? master 브랜치가 84b4a11를 최신 커밋으로 인식합니다. 이후에 작성된 커밋이 있더라도 무시합니다. 커밋 취소라고 했지만, 사실 지정되는 커밋 입장에서는 커밋 재설정 (reset)이 되겠습니다.

8.2 git reset으로 커밋 취소하기

커밋을 취소하는 명령 형식은 다음과 같습니다.

```
git reset [커밋 해시]
```

여기서 커밋 해시는 최신 커밋으로 재설정할 해시입니다. 여기서는 다음과 같이 입력하면 되겠네요.

```
git reset 84b4a11
```

그런데 여기서 짚고 넘어가야 할 것이 있습니다. git reset에 옵션을 추가할 수 있습니다. 입력한 옵션에 따라서 각 영역의 파일이 유지되는지, 재설정할 커밋의 상태로 변경되는지 차이가 발생합니다. 옵션에 따른 각 영역의 상태 변화는 다음과 같습니다.

	Working Directory	Stating area	Repository
--hard	변경	변경	변경
--mixed (default)	유지	변경	변경
--soft	유지	유지	변경

❶ --hard 옵션을 이용해서 리셋해 보겠습니다. Working Directory, Staging Area에서 test1, test2.txt 파일의 흔적을 모두 삭제하고 이동할 해시의 상태로 변경해 주는 옵션입니다.

```
git reset --hard [커밋 해시]
```

여기서는 84ba11로 돌아가기 위해 다음과 같이 입력합니다.

```
git reset --hard 84b4a11
```

```
kmyu@DESKTOP-N2FK7H0 MINGW64 /c/calculator (master)
$ git reset --hard 84b4a11
HEAD is now at 84b4a11 Add btn2(Clear) and handler function


kmyu@DESKTOP-N2FK7H0 MINGW64 /c/calculator (master)
$
```

❷ 로그를 출력해서 결과를 확인합니다.

```
kmyu@DESKTOP-N2FK7H0 MINGW64 /c/calculator (master)
$ git log --oneline
84b4a11 (HEAD -> master) Add btn2(Clear) and handler function
3445087 Add text edit te1 and fix btn1 handler function
baacdb9 Add icon.png file and push button with handler functionin main.py
f7ccc67 Add main.py


kmyu@DESKTOP-N2FK7H0 MINGW64 /c/calculator (master)
$
```

최신 커밋이 84b4a11로 설정되었습니다. 탐색기로 저장소를 확인해 보겠습니다.

그림 4.54 git reset 후 저장소 상태

예상대로 Working Directory의 파일들이 사라졌습니다.

8.3 리셋으로 커밋이 삭제된 것일까?

git reset으로 커밋이 삭제된 것일까요? 취소한 커밋으로 돌아갈 방법은 없는 것일까요? fa713f8 커밋이 삭제된 것은 아닙니다. 8.1에서 말한 것처럼, 브랜치의 이름으로 참조하는 커밋을 최신 커밋으로 인식할 뿐입니다. 우리가 작성 중인 브랜치는 master입니다. master 브랜치는 master라는 이름으로 참조하는 커밋을 최신 커밋으로 인식하고, 그 뒤에 작성된 커밋이 있어도 무시합니다. 커밋이 지워진 것은 아니므로 취소한 커밋의 해시를 기억하고 있다면 git reset으로 다시 돌아갈 수 있습니다.

> **참고** 앞에서 실습한 git checkout은 HEAD의 참조를 변경하는 반면 git reset은 master의 참조를 변경합니다.

❶ test1, test2.txt 파일이 저장되어 있던 fa713f8 커밋으로 돌아가기 위해 다음과 같이 입력합니다.

```
git reset --hard fa713f8
```

```
kmyu@DESKTOP-N2FK7H0 MINGW64 /c/calculator (master)
$ git reset --hard fa713f8
HEAD is now at fa713f8 Add test files, test1.txt and test2.txt

kmyu@DESKTOP-N2FK7H0 MINGW64 /c/calculator (master)
$
```

❷ 로그를 출력해서 정상적으로 돌아왔는지 확인해 봅니다.

```
kmyu@DESKTOP-N2FK7H0 MINGW64 /c/calculator (master)
$ git log --oneline
fa713f8 (HEAD -> master) Add test files, test1.txt and test2.txt

84b4a11 Add btn2(Clear) and handler function
3445087 Add text edit te1 and fix btn1 handler function
baacdb9 Add icon.png file and push button with handler functionin main.py
f7ccc67 Add main.py

kmyu@DESKTOP-N2FK7H0 MINGW64 /c/calculator (master)
$
```

취소했던 커밋으로 돌아왔습니다. 탐색기로 저장소에 다시 들어가 보면, 돌아온 후 파일이 보입니다.

그림 4.55 저장소 상태

8.4 --soft 옵션으로 git reset하기

--mixed나 --soft 옵션으로 리셋하면 취소하기 전의 파일 상태를 유지하면서 되돌립니다. --mixed 옵션을 사용하면 취소하기 전의 파일 상태가 Working Directory에 유지되어 Modified 상태가 됩니다. --soft 옵션을 사용하면 Working Directory Staging Area에 유지되어 Staged 상태가 됩니다.

❶ 원래대로 돌아간 저장소에서 --soft 옵션으로 리셋합니다. 이번에는 해시 대신 간접 경로를 사용하겠습니다. 한 단계 전으로 리셋하는 것이니 HEAD^를 사용하면 됩니다.

```
git reset --soft HEAD^
```

```
kmyu@DESKTOP-N2FK7H0 MINGW64 /c/calculator (master)
$ git reset --soft HEAD^

kmyu@DESKTOP-N2FK7H0 MINGW64 /c/calculator (master)
$
```

❷ 이제 로그를 확인해 봅니다.

```
kmyu@DESKTOP-N2FK7H0 MINGW64 /c/calculator (master)
$ git log --oneline
84b4a11 (HEAD -> master) Add btn2(Clear) and handler function
3445087 Add text edit te1 and fix btn1 handler function
baacdb9 Add icon.png file and push button with handler functionin main.py
f7ccc67 Add main.py

kmyu@DESKTOP-N2FK7H0 MINGW64 /c/calculator (master)
$
```

로그는 8.2에서 --hard 옵션을 사용한 결과와 같습니다.

❸ 그렇다면 저장소 상태는 어떨까요? git status로 확인해 봅니다.

```
kmyu@DESKTOP-N2FK7H0 MINGW64 /c/calculator (master)
$ git status
On branch master
Changes to be committed:
  (use "git restore --staged <file>..." to unstage)
        new file:    test1.txt
        new file:    test2.txt


kmyu@DESKTOP-N2FK7H0 MINGW64 /c/calculator (master)
$
```

두 파일이 스테이징된 상태로 존재합니다. --soft나 --mixed 옵션은 저장소에 파일이 유지됩니다. --hard 옵션보다 상대적으로 안전한 옵션입니다.

❹ 8.2와 같은 결과를 만들기 위해 우선 저장소의 두 파일을 언스테이징합니다.

```
git reset .
```

```
kmyu@DESKTOP-N2FK7H0 MINGW64 /c/calculator (master)
$ git reset .


kmyu@DESKTOP-N2FK7H0 MINGW64 /c/calculator (master)
$ git status
On branch master
Untracked files:
  (use "git add <file>..." to include in what will be committed)
        test1.txt
        test2.txt

nothing added to commit but untracked files present (use "git add" to track)

kmyu@DESKTOP-N2FK7H0 MINGW64 /c/calculator (master)
$
```

새 파일들이 추가된 상태(Untracked)가 되었습니다. 두 파일을 탐색기에서 삭제하거나 다음 명령으로 제거합니다.

```
rm text1.txt
rm text2.txt
```

그 후 저장소의 상태를 확인해 보면 커밋할 대상이 없는 상태로 돌아갔습니다.

```
kmyu@DESKTOP-N2FK7H0 MINGW64 /c/calculator (master)
$ rm test1.txt

kmyu@DESKTOP-N2FK7H0 MINGW64 /c/calculator (master)
$ rm test2.txt

kmyu@DESKTOP-N2FK7H0 MINGW64 /c/calculator (master)
$ git status
On branch master
nothing to commit, working tree clean

kmyu@DESKTOP-N2FK7H0 MINGW64 /c/calculator (master)
$
```

참고 **소스트리에서 리셋하기**

히스토리 탭에서 최신 커밋으로 재설정할 커밋을 선택합니다. 마우스 오른쪽 버튼을 클릭하고 '이 커밋까지 현재 브랜치를 초기화' 탭을 클릭합니다. 팝업 창이 뜨면 커밋 옵션을 선택 후 '확인' 버튼을 클릭합니다.

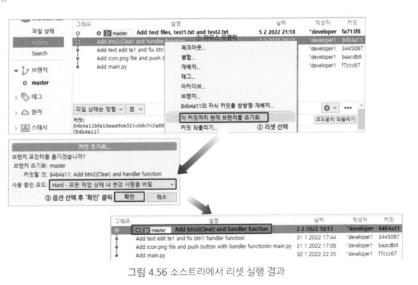

그림 4.56 소스트리에서 리셋 실행 결과

8.5 정리

git reset은 브랜치의 참조를 변경하는 명령입니다. Git 저장소는 브랜치 이름으로 참조하는 커밋을 최신 커밋으로 인식합니다. 이러한 특징으로 인해 git reset으로 최신 커밋을 재설정할 수 있습니다.

git reset [커밋 해시] : 해당 커밋으로 브랜치의 참조를 변경

git reset --hard [커밋 해시] : Working Directory, Staging Area, 커밋 모두 리셋

git reset --mixed [커밋 해시] : Working Directory 유지, Staging Area와 커밋은 리셋, default option

git reset --soft [커밋 해시] : Working Directory와 Staging Area 유지, 커밋 리셋

git reset HEAD^ : HEAD를 기준으로 직전의 커밋으로 리셋

git reset HEAD~n : HEAD를 기준으로 n 단계 전 커밋으로 리셋

9 reflog : HEAD의 참조 이력 확인하기

실수로 하드 리셋(git reset --hard) 명령을 입력해 버렸다.
취소해버린 커밋으로 돌아가려고 하려는데 이 커밋의 해시를 기억하지 못한다.
로그에서 사라진 해시를 찾아내는 방법이 있을까?

8.3에서 우리는 취소한 커밋의 해시를 알고 있었기 때문에 하드 리셋 후에 취소하기 전 상태로 돌아갈 수 있었습니다. 만약 해시를 기억하지 못한다면 git reflog으로 해시를 추적할 수 있습니다. reflog는 reference(참조)와 log(로그)의 합성어로 HEAD의 참조 이력을 로그 형태로 출력합니다. git reflog로 참조 내역을 추적하는 방법을 연습하겠습니다. 8.4까지 작업한 저장소를 사용해서 실습하겠습니다.

9.1 git reflog로 참조 이력 확인하기

❶ 터미널에서 git reflog를 입력합니다.

```
git reflog
```

```
kmyu@DESKTOP-N2FK7H0 MINGW64 /c/calculator (master)
$ git reflog
84b4a11 (HEAD -> master) HEAD@{0}: reset: moving to HEAD^
fa713f8 HEAD@{1}: reset: moving to fa713f8
84b4a11 (HEAD -> master) HEAD@{2}: reset: moving to HEAD^
fa713f8 HEAD@{3}: reset: moving to fa713f8
---(생 략)---

baacdb9 HEAD@{14}: commit: Add icon.png file and push button with handler
functionin main.py
f7ccc67 HEAD@{15}: commit (initial): Add main.py

kmyu@DESKTOP-N2FK7H0 MINGW64 /c/calculator (master)
$
```

HEAD가 참조했던 커밋들을 시간의 역순으로 정렬해서 보여줍니다. 가장 위에 있는 해시가 최근에 참조한 커밋입니다. 앞에서 우리는 git reset --hard 실습 후 복귀, git reset --soft 실습 후 복귀 리셋 실습을 했습니다. 최근 4회의 이력에는 이 내역이 기록되어 있습니다.

로그 결과에 따르면 현재 HEAD가 참조하고 있는 커밋 해시는 84b4a11이고, 리셋하기 전에 HEAD가 참조하고 있던 커밋은 fa713f8입니다. 리셋하기 전의 커밋 해시를 모른다면 위 결과를 참고해서 fa713f8을 찾아내면 됩니다.

❷ git reflog 출력에서 해시 옆에 HEAD@{ } 형태로 표시된 부분이 있습니다. name@{quantifier} 형식으로 작성된 부분입니다. 해당 name 개체의 움직임을 기록하고 있는 변수라고 보면 됩니다. 예를 들어 HEAD@{2}에는 HEAD가 2번 움직임 전에 참조한 해시가 저장됩니다. 그리고 name@{quantifier}도 특정 커밋을 참조하고 있기 때문에 해시 대신 사용할 수 있습니다. 예를 들어 위의 경우 fa713f8로 하드 리셋하기 위해 git reset fa713f8 대신 다음과 같이 입력해도 됩니다.

```
git reset --hard HEAD@{1}
```

9.2 정리

> **git reflog** : HEAD가 참조한 커밋 이력을 출력

 HEAD와 master

앞에서 브랜치, 그리고 HEAD와 master에 대해서 간략하게 설명하였습니다. 이번 절에서는 HEAD 와 브랜치에 대해서 더 상세하게 설명하고 넘어가겠습니다.

10.1 브랜치

지금까지 작업한 저장소의 로그를 살펴보겠습니다.

```
kmyu@DESKTOP-N2FK7HO MINGW64 /c/calculator (master)
$ git log --oneline
84b4a11 (HEAD -> master) Add btn2(Clear) and handler function
3445087 Add text edit te1 and fix btn1 handler function
baacdb9 Add icon.png file and push button with handler functionin main.py
f7ccc67 Add main.py
```

그림 4.57 calculator 저장소 로그

저장소의 경로 오른쪽에 (master)라는 문구가 보입니다. HEAD가 참조하는 것이 표시되는 부분으로, HEAD가 master를 참조하고 있습니다. master는 현재 calculator 저장소에서 작업하고 있는 브랜치(branch)입니다.

그렇다면 브랜치란 무엇일까요? 브랜치란 저장소 내에 존재하는 독립적인 작업 관리 영역입니다. 우리는 저장소 안에 다른 공간에 영향을 받지 않고 커밋을 기록할 수 있는 관리 공간을 여러 개 만들 수 있습니다. 지금은 master 브랜치에서만 작업하고 있지만요.

master 브랜치는 무엇일까요? 저장소를 git init으로 생성하면 자동으로 한 개의 브랜치가 생성됩니다. 이 브랜치의 이름이 master입니다. master라는 이름은 다른 것으로 바꿀 수 있습니다.

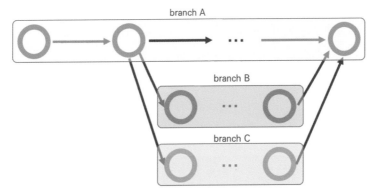

그림 4.58 저장소 안에서 브랜치의 동작 개념

앞에서 말했다시피 우리는 저장소 안에서 여러 개의 브랜치를 만들 수 있습니다. 만약 한 저장소에 브랜치가 여러 개이면 내가 지금 어떤 브랜치에서 작업하고 있는지 알고 있어야 합니다. 이것이 저장소 안에서 브랜치 이름을 부여하는 이유입니다.

10.2 HEAD와 브랜치의 관계

```
kmyu@DESKTOP-N2FK7HO MINGW64 /c/calculator (master)
$ git log --oneline
84b4a11 (HEAD -> master) Add btn2(Clear) and handler function
3445087 Add text edit te1 and fix btn1 handler function
baacdb9 Add icon.png file and push button with handler functionin main.py
f7ccc67 Add main.py
```

그림 4.59 master의 참조

calculator 저장소의 로그를 살펴보면 커밋 해시 옆에 master라는 이름이 또 등장합니다. 커밋 84b4a11 옆 (HEAD -> master)라는 문구에 포함되어 있습니다. 이것은 HEAD가 master를 참조하고 있고(-> 표시), master가 최신 커밋 84b4a11를 참조하고 있음을 나타냅니다.

앞에서 master는 브랜치 이름이라고 했습니다. 브랜치가 커밋을 참조한다니 이해가 안 될 수도 있을 것 같은데, Git이 브랜치 이름을 일종의 포인터로 사용하기에 가능한 일입니다. Git에서는 이것을 참조 개체(References)라는 말을 줄여 Refs라고 부릅니다. 그런데 이 브랜치 이름으로 된 Refs는 반드시 브랜치 안의 최신 커밋(브랜치의 끝)을 참조(reference) 또는 가리키도록(pointing) 설정되어 있습니다. 브랜치의 참조 값을 알면 이 브랜치의 최신 커밋이 무엇인지 알 수 있도록 하기 위함입니다. 위에서는 master가 84b4a11를 참조하고 있습니다. 그 이후에 커밋이 추가되어도

master가 84b4a11를 참조하고 있으면 Git은 이 커밋을 최신으로 인식하고 이후에 기록된 커밋은 무시합니다. 로그를 출력해도 표시하지 않습니다.

HEAD도 무언가를 참조하는 개체입니다. 그런데 HEAD는 커밋 뿐만 아니라 master와 같은 Refs 를 참조할 수도 있습니다. 다시 말해 특정 커밋을 master를 통해 간접 참조할 수도 있고, master 처럼 커밋을 직접 참조할 수도 있습니다. Git은 저장소의 HEAD가 참조하는 커밋의 내용에 따라 Working Directory의 파일 상태를 변경합니다. 우리는 이미 4.7에서 git checkout, 4.8에서 git reset 명령 실습을 통해 확인했습니다.

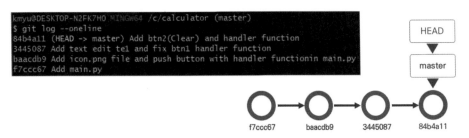

그림 4.60 calculator 저장소의 HEAD와 master의 관계

HEAD는 Git에서 사용하는 공식 명칭입니다. 따라서 수정할 수 없습니다. master, origin과 같은 브랜치 이름은 관습적으로 사용되는 명칭이긴 하지만 필수 명칭은 아닙니다. 따라서 다른 이름으로 변경 가능합니다.

10.3 checkout, reset 명령에 따른 HEAD의 이동

4.7의 git checkout 이후의 로그를 살펴봅니다.

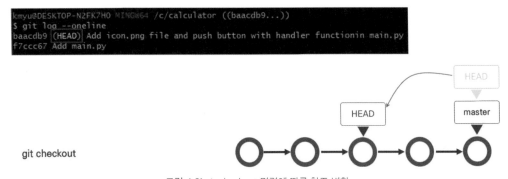

그림 4.61 git checkout 명령에 따른 참조 변화

git checkout 명령을 실행하면 HEAD의 참조가 지정한 커밋으로 변경됩니다. master의 참조는 그대로 있고 HEAD가 커밋을 직접 참조합니다. HEAD가 master로부터 떨어졌다고 해서 Detached HEAD라고 합니다.

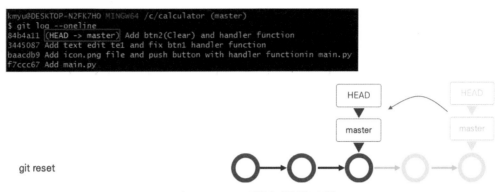

그림 4.62 git reset 명령에 따른 참조 변화

반면 git reset 명령을 실행하면 브랜치의 참조가 변경됩니다. 우리는 지금까지 master 브랜치에서 실습했습니다. 앞에서 설명했듯이 브랜치 이름(master)은 항상 최신 커밋을 참조하는 것으로 간주됩니다. 따라서 master가 참조하는 커밋 이후의 것들은 무시됩니다. 마치 이후의 커밋들이 취소 또는 삭제된 것처럼 보입니다. 이때 HEAD는 master 브랜치를 참조하고 있으므로 HEAD의 참조도 함께 변경되고, 이 때문에 Working Directory의 내용도 변경됩니다.

10.4 정리

> 브랜치(branch) : 저장소(repository) 내의 독립적인 관리 영역
>
> master 브랜치 : 저장소를 처음 생성할 때 만들어지는 브랜치
>
> master : 해당 브랜치의 끝(최신 커밋)을 참조하는 개체(Refs)
>
> HEAD의 주요 특징
>
> Working Directory의 내용은 HEAD가 참조하는 커밋의 내용
>
> master, origin 등과 달리 변경 불가능한 공식 명칭
>
> 커밋을 직접 참조할 수 있을 뿐만 아니라 Refs(다른 참조 개체)도 참조 가능

5장에서는 앞에서 생성한 로컬저장소와 원격저장소를 연계하여 이력 관리하는 방법을 소개합니다. 원격저장소는 Github의 계정을 활용합니다. 원격저장소를 연계하어 이력 관리를 할 때 얻게 되는 대표적인 장점에는 다음의 두 가지가 있습니다.

- 안전성 : 로컬저장소가 손상되었을 때 백업 저장소 역할
- 협업 : 원격저장소를 중심으로 다수의 개발자가 파일 시스템을 공유하고 협업 가능

이 중에서 협업과 관련된 부분은 다음 장에서 다룰 예정입니다. 5장에서는 Github 계정으로 원격저장소를 생성하고 지금까지 로컬 PC에서 작업했던 calculator 저장소와 연계하는 방법을 소개합니다. 그리고 작업 내용을 원격저장소에 업로드하는 방법, 원격저장소의 내용을 로컬저장소로 다운로드하는 방법을 실습합니다. 이 과정에서 유용하게 사용할 수 있는 Git 명령어도 함께 소개합니다.

5장

Github와 함께 사용하기

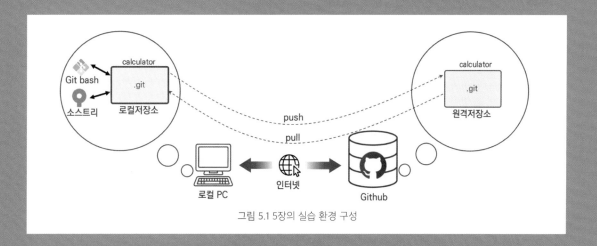

그림 5.1 5장의 실습 환경 구성

개발자 A는 지금까지 개발용(로컬) PC의 로컬저장소에서 프로그램을 관리해 왔다. 하지만 언젠가 PC에 문제가 생겨 그동안 만들어 온 프로그램을 복구하지 못하는 문제가 발생할 수도 있다. 이 상황에 대비해서 백업 저장소를 만들어 연계하기로 한다.

이번 절에서는 실습에 사용할 환경을 구축합니다. 개인 Github 계정을 통해 원격저장소를 생성하고, 지금까지 PC에서 작업해 온 로컬저장소 calculator를 연동합니다.

그림 5.2 실습 환경 구축 순서

1.1 원격저장소 생성하기

2장 1.1에서 실습한 방식과 비슷하게 개인 Github 계정에서 원격저장소를 생성합니다.

❶ 개인 Github 계정에 접속합니다. 화면 위쪽에 Repositories 탭을 선택한 후, New 버튼을 클릭하여 저장소 생성 단계로 진입합니다.

❷ 원격저장소 이름은 로컬저장소와 동일하게 calculator로 설정합니다.

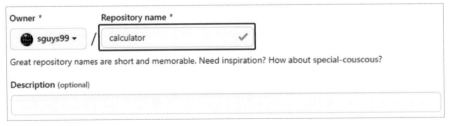

그림 5.3 저장소 이름 설정

❷ 나머지는 기본 설정으로 두고, 'Create repository' 버튼을 클릭하여 저장소 생성을 완료합니다.

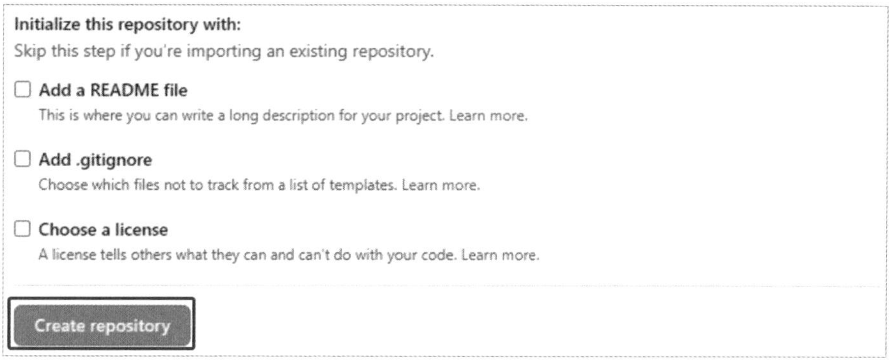

Initialize this repository with:
Skip this step if you're importing an existing repository.

☐ **Add a README file**
This is where you can write a long description for your project. Learn more.

☐ **Add .gitignore**
Choose which files not to track from a list of templates. Learn more.

☐ **Choose a license**
A license tells others what they can and can't do with your code. Learn more.

Create repository

그림 5.4 원격저장소 생성

빈 저장소를 만들었습니다. 저장소의 주소도 표시됩니다. calculator라는 이름으로 저장소를 만들었다면 저장소 주소 형식은 다음과 같습니다.

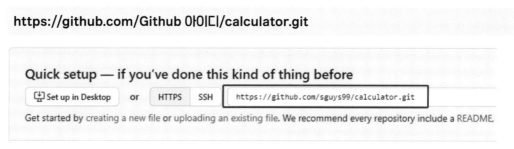

https://github.com/Github 아이디/calculator.git

Quick setup — if you've done this kind of thing before

⊞ Set up in Desktop   or   HTTPS   SSH   https://github.com/sguys99/calculator.git

Get started by creating a new file or uploading an existing file. We recommend every repository include a README.

그림 5.5 원격저장소 접근 주소

1.2 원격저장소 등록하기

2장 1.2에서 우리는 원격저장소를 로컬저장소에 복제(Clone)하는 방법으로 연동을 했습니다. 지금은 기존에 사용해 오던 로컬저장소를 원격저장소와 연동해야 하므로 다른 방법으로 진행하겠습니다. 4장 8.4까지 작업한 저장소를 사용해서 실습하겠습니다.

❶ 로컬저장소의 터미널에서 작업하겠습니다. 먼저 원격저장소를 등록하는 명령을 입력합니다. 명령 형식은 다음과 같습니다.

```
git remote add [원격저장소의 이름] [원격저장소 url]
```

원격저장소의 이름을 origin으로 설정합니다. 따라서 다음과 같이 입력합니다(실습에 사용된 제 Github 아이디는 sguys99입니다).

```
git remote add origin https://github.com/Github 아이디/calculator.git
```

```
kmyu@DESKTOP-N2FK7H0 MINGW64 /c/calculator (master)
$ git remote add origin https://github.com/sguys99/calculator.git

kmyu@DESKTOP-N2FK7H0 MINGW64 /c/calculator (master)
$
```

❷ git remote를 입력하면 현재 브랜치와 연결된 원격저장소의 리스트를 확인할 수 있습니다.

```
git remote
```

```
kmyu@DESKTOP-N2FK7H0 MINGW64 /c/calculator (master)
$ git remote
origin

kmyu@DESKTOP-N2FK7H0 MINGW64 /c/calculator (master)
$
```

❸ -v 또는 --verbose 옵션을 사용하면 원격저장소의 접근 주소도 확인할 수 있습니다.

```
git remote -v
```

```
kmyu@DESKTOP-N2FK7H0 MINGW64 /c/calculator (master)
$ git remote -v
origin  https://github.com/sguys99/calculator.git (fetch)
origin  https://github.com/sguys99/calculator.git (push)

kmyu@DESKTOP-N2FK7H0 MINGW64 /c/calculator (master)
$
```

두 개의 리스트가 출력되었습니다. 다운받는 경로(fetch)와 업로드하는 경로(push)입니다. 두 경로가 같으므로 같은 접근 주소가 표시됩니다.

❹ 원격저장소의 정보를 확인해 봅니다. 다음 명령으로 저장소의 상세 정보를 확인할 수 있습니다.

```
git remote show [원격저장소 이름]
```

앞에서 우리는 원격저장소 이름을 origin으로 설정했기 때문에 다음과 같이 입력합니다.

```
git remote show origin
```

```
kmyu@DESKTOP-N2FK7H0 MINGW64 /c/calculatortest (master)
$ git remote show origin
* remote origin
  Fetch URL: https://github.com/sguys99/calculator.git
  Push  URL: https://github.com/sguys99/calculator.git
  HEAD branch: master
  Remote branch:
    master new (next fetch will store in remotes/origin)
  Local ref configured for'git push':
    master pushes to master (local out of date)

kmyu@DESKTOP-N2FK7H0 MINGW64 /c/calculatortest (master)
$
```

아직은 연결 설정이 잘 되었는지 모르겠습니다.

❺ 업로드가 제대로 되는지 일단 진행해 봅니다.

```
git push
```

```
kmyu@DESKTOP-N2FK7H0 MINGW64 /c/calculator (master)
$ git push
fatal: The current branch master has no upstream branch.
To push the current branch and set the remote as upstream, use

    git push --set-upstream origin master

kmyu@DESKTOP-N2FK7H0 MINGW64 /c/calculator (master)
$
```

'The current branch master has no upstream branch.'라는 문구가 보입니다. 업스트림 브랜
치가 없다는 뜻입니다. 다음 실습에서 설정하겠습니다.

1.3 업스트림 설정하기

아직 연결이 완료된 것이 아닙니다. 로컬저장소 master에 원격저장소의 이름(origin)과 접근 주소 등록만 마친 상태입니다. 브랜치 간 상호 추적을 위한 업스트림(upstream) 설정을 해야 합니다.

❶ 로컬저장소의 파일을 원격저장소에 업로드하고, 동시에 업스트림 설정을 유지하는 방법이 있습니다. 바로 git push에 -u 또는 --set-upstream-to 옵션을 사용하는 방법입니다. 명령 형식은 다음과 같습니다.

```
git push -u [원격저장소의 이름] [로컬저장소의 브랜치 이름]
```

원격저장소의 이름은 origin이고, 우리가 작업 중인 로컬저장소의 브랜치 이름은 master입니다. 따라서 다음과 같이 입력합니다.

```
git push -u origin master
```

```
kmyu@DESKTOP-N2FK7H0 MINGW64 /c/calculator (master)
$ git push -u origin master
Enumerating objects: 13, done.
Counting objects: 100% (13/13), done.
Delta compression using up to 12 threads
Compressing objects: 100% (12/12), done.
Writing objects: 100% (13/13), 5.50 KiB |2.75 MiB/s, done.
Total 13(delta 3), reused 0(delta 0), pack-reused 0
remote: Resolving deltas: 100% (3/3), done.
To https://github.com/sguys99/calculator.git
 * [new branch]      master -> master
Branch 'master'set up to track remote branch 'master' from 'origin'.

kmyu@DESKTOP-N2FK7H0 MINGW64 /c/calculator (master)
$
```

출력문 맨 아래에 'Branch 'master' set up to track remote branch 'master' from 'origin'.' 라는 문구가 보입니다. 로컬저장소의 master 브랜치가 원격저장소 origin의 master 브랜치를 추적하도록 설정되었다는 뜻입니다.

❷ 원격저장소의 연결 상태를 다시 확인해 봅니다.

```
git remote show origin
```

```
kmyu@DESKTOP-N2FK7H0 MINGW64 /c/calculator (master)
$ git remote show origin
* remote origin
  Fetch URL: https://github.com/sguys99/calculator.git
  Push  URL: https://github.com/sguys99/calculator.git
  HEAD branch: master
  Remote branch:
    master tracked
  Local branch configured for 'git pull':
    master merges with remote master
  Local ref configured for 'git push':
    master pushes to master (up to date)

kmyu@DESKTOP-N2FK7H0 MINGW64 /c/calculator (master)
$
```

어떤 변화가 생겼나요? 업스트림 설정 내역이 보입니다. 원격저장소의 master 브랜치가 추적되고 있다는 내용도 보입니다(master tracked).

❸ ❶에서 사용한 git push는 로컬저장소의 파일을 원격저장소로 업로드하여 파일 상태를 동기화하는 명령입니다. 우리는 여기에 -u 옵션을 추가해 업스트림 설정도 함께했습니다. 웹 브라우저로 Github에 접속해서 원격저장소에 파일이 업로드되었는지 확인해 봅시다.

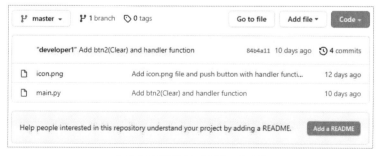

그림 5.6 원격저장소에 업로드된 파일

로컬저장소에 있던 파일들이 보입니다.

❹ 그렇다면 로컬저장소와 원격저장소의 파일이 같은 상태인지 어떻게 확인할 수 있을까요? 다시 로컬저장소로 돌아와서 로그를 확인하겠습니다.

```
kmyu@DESKTOP-N2FK7H0 MINGW64 /c/calculator (master)
$ git log --oneline
84b4a11 (HEAD -> master, origin/master) Add btn2(Clear) and handler function
3445087 Add text edit te1 and fix btn1 handler function
baacdb9 Add icon.png file and push button with handler functionin main.py
f7ccc67 Add main.py

kmyu@DESKTOP-N2FK7H0 MINGW64 /c/calculator (master)
$
```

최신 커밋에 참조 개체 origin/master가 추가되었습니다. origin/master는 원격저장소의 master 브랜치입니다. 로컬저장소의 master와 구분하기 위해 이처럼 표시됩니다.

그림 5.7 로그에 표시되는 마스터 브랜치

> **참고** **업스트림 설정 후 git push 사용법**
>
> 한번 업스트림 설정을 하면 각 저장소 브랜치의 참조를 계속 추적합니다. 따라서 다음부터 파일을 업로드할 때 git push origin master 대신 git push만 입력해도 됩니다.

소스트리에서 원격저장소 연동하기

워크스페이스 오른쪽 위의 설정(Settings) 아이콘을 클릭합니다. 저장소 설정 창이 실행되면 '추가' 버튼을 클릭하여 저장소 이름과 경로 등을 입력하고 확인 버튼을 클릭합니다.

그림 5.8 소스트리 원격저장소 연동 화면

설정이 완료되면 'History' 탭에서 원격저장소 브랜치의 참조를 확인할 수 있습니다.

그림 5.9 원격저장소 브랜치의 참조

실습 자료를 사용자의 원격저장소에 연동되도록 변경하려면?

이 책에서 제공되는 실습 자료는 제 원격저장소(**https://github.com/sguys99/calculator.git**)와 연동이 되어 있습니다. 실습 자료의 저장소를 여러분의 원격저장소와 연동하려면 다음 순서에 따라 연동 설정을 변경하면 됩니다.

❶ 현재 원격저장소 origin의 연결 설정을 삭제합니다.

```
git remote rm origin
```

❷ 사용자(독자)의 원격저장소를 등록합니다.

```
git remote add origin [원격저장소의 주소]
```

❸ 업스트림을 설정하고 로컬저장소의 파일을 업로드합니다.

```
git push -u origin master
```

1.4 정리

git remote : 현재 브랜치에 추가된 원격저장소 리스트 출력

git remote -v (--verbose) : 현재 브랜치에 추가된 원격저장소 리스트 출력(주소 포함)

git remote add [원격저장소 이름] [원격저장소 주소] : 해당 이름으로 원격저장소의 주소 등록

git remote rm [원격저장소 이름] : 해당 원격저장소를 등록 리스트에서 삭제

git push -u (--set-upstream-to) [원격저장소의 이름] [로컬저장소의 브랜치] :
로컬저장소의 브랜치가 원격저장소를 추적하도록 설정하고, 파일들을 원격저장소로 저장

2 push와 pull ① :
저장소로 업로드, 저장소에서 다운로드하기

로컬저장소에서 작업한 내용을 원격저장소로 업로드하는 명령어와, 반대로 원격저장소에 업데이트된
내용을 로컬저장소로 다운로드하는 Git 명령어는 무엇일까?

git add, commit은 로컬저장소 내부에서만 동작하는 명령입니다. 반면 git push, pull은 원격저장
소와 연동해서 동작합니다. 이번 절에서는 git push 로컬저장소에 내용을 업로드하고, git pull로
원격저장소의 변경 사항을 다운로드하겠습니다.

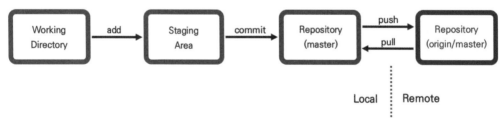

그림 5.10 git push와 git pull

1.3까지 작업한 저장소를 사용해서 실습하겠습니다.

2.1 로컬저장소의 파일 수정하기

실습 환경을 만들기 위해 main.py 파일을 수정합니다. main.py의 내용을 기능별로 분리해서 각각 다른 파일에 저장하려고 합니다. 아래 그림대로 하겠습니다.

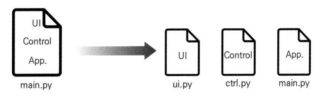

그림 5.11 main.py 파일 분리 방법

❶ ui.py 파일 작성 : VS Code로 저장소 폴더를 열어서 ui.py라는 이름으로 새 파일을 만듭니다. 그리고 다음과 같이 코드를 작성합니다.

```
# ch 5.2.1 ui.py
from PyQt5.QtWidgets import (QApplication,QWidget,QPushButton,QVBoxLayout,
                             QMessageBox, QPlainTextEdit, QHBoxLayout)
from PyQt5.QtGui import QIcon


class View(QWidget):

    def __init__(self):
        super().__init__()
        self.initUI()

    def initUI(self):
        self.te1 = QPlainTextEdit()
        self.te1.setReadOnly(True)

        self.btn1=QPushButton('Message',self)
        self.btn2=QPushButton('Clear',self)

        hbox = QHBoxLayout()
        hbox.addStretch(1)
        hbox.addWidget(self.btn1)
        hbox.addWidget(self.btn2)

        vbox=QVBoxLayout()
```

```
        vbox.addWidget(self.te1)
        vbox.addLayout(hbox)
        vbox.addStretch(1)

        self.setLayout(vbox)

        self.setWindowTitle('Calculator')
        self.setWindowIcon(QIcon('icon.png'))
        self.resize(256,256)
        self.show()

    def activateMessage(self):
        self.te1.appendPlainText("Button clicked!")

    def clearMessage(self):
        self.te1.clear()
```

기존 main.py의 Calculator 클래스에서 윈도 화면 정의, 초기화, 그리고 텍스트 에디트 화면 처리 부분만 분리한 것입니다.

❷ **ctrl.py 파일 작성** : ctrl.py 파일을 추가하고 다음과 같이 코드를 작성합니다.

```
# ch 5.2.1 ctrl.py
class Control:

    def __init__(self, view):
        self.view = view
        self.connectSignals()

    def connectSignals(self):
        self.view.btn1.clicked.connect(self.view.activateMessage)
        self.view.btn2.clicked.connect(self.view.clearMessage)
```

UI에서 입력되는 이벤트 처리나 UI 동작 제어와 관련된 내용을 포함합니다.

❸ **main.py 파일 수정** : main.py에는 Calculator 클래스 정의 부분은 제거하고 다음과 같이 정리합니다.

144

```
# ch 5.2.1 main.py
import sys
from ui import View # ui.py의 View 클래스 추가
from ctrl import Control # ctrl.py의 Control 클래스 추가
from PyQt5.QtWidgets import QApplication

def main(): # 프로그램 실행(Application) 관련 내용 함수화
    calc = QApplication(sys.argv)
    app=QApplication(sys.argv)
    view=View() # View 인스턴스 선언
    Control(view=view) # Control 인스턴스 선언
    sys.exit(app.exec_())

if __name__ =='__main__':
    main()
```

애플리케이션 실행과 관련된 부분을 main 함수로 정의하였습니다. main 함수를 호출하면 ❶, ❷에서 정의한 View, Control 인스턴스를 생성하고 프로그램을 실행합니다.

❹ 프로그램이 기존과 같이 동작하는지 확인해 볼까요? VS Code의 터미널에서 다음 명령을 입력합니다.

```
python main.py
```

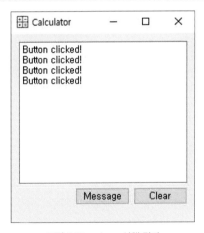

그림 5.12 main.py 실행 결과

2.2 수정 내용 커밋하기

프로그램 실행 결과는 이전과 같지만, 파일을 새로 생성하고 기존 파일을 수정했기 때문에 커밋을 해야 합니다.

❶ 저장소의 상태를 살펴봅니다.

```
kmyu@DESKTOP-N2FK7H0 MINGW64 /c/calculator (master)
$ git status
On branch master
Your branch is up to date with 'origin/master'.

Changes not staged for commit:
  (use "git add <file>..." to update what will be committed)
  (use "git restore <file>..." to discard changes in working directory)
        modified:   main.py

Untracked files:
  (use "git add <file>..." to include in what will be committed)
        ctrl.py
        ui.py

no changes added to commit (use "git add" and/or "git commit -a")

kmyu@DESKTOP-N2FK7H0 MINGW64 /c/calculator (master)
$
```

예상대로 main.py이 수정되고(modified), ctrl.py와 ui.py가 추가되었다고(Untracked) 표시됩니다.

❷ 이제 스테이징과 커밋을 진행합니다.

```
git add .
git commit -m "Refactor main.py to be implemented in ui.py and ctrl.py"
```

```
kmyu@DESKTOP-N2FK7H0 MINGW64 /c/calculator (master)
$ git add .
```

```
kmyu@DESKTOP-N2FK7H0 MINGW64 /c/calculator (master)
$ git commit -m "Refactor main.py to be implemented in ui.py and ctrl.py"
[master 33f1a0c] Refactor main.py to be implemented in ui.py and ctrl.py
 3 files changed, 24 insertions(+), 64 deletions(-)
 create mode 100644 ctrl.py
 rewrite main.py (94%)
 copy main.py => ui.py (73%)

kmyu@DESKTOP-N2FK7H0 MINGW64 /c/calculator (master)
$
```

❸ 로그를 확인해 봅니다.

```
kmyu@DESKTOP-N2FK7H0 MINGW64 /c/calculator (master)
$ git log --oneline
33f1aoc (HEAD -> master) Refactor main.py to be implemented in ui.py and ctrl.py
84b4a11 (origin/master) Add btn2(Clear) and handler function
3445087 Add text edit te1 and fix btn1 handler function
baacdb9 Add icon.png file and push button with handler functionin main.py
f7ccc67 Add main.py

kmyu@DESKTOP-N2FK7H0 MINGW64 /c/calculator (master)
$
```

로컬 브랜치(master)의 참조와 원격 브랜치(origin/master)의 참조가 달라졌습니다. 커밋을 해서 로컬저장소에는 최신 커밋이 추가되었지만, 원격저장소에는 반영되지 않았기 때문입니다.

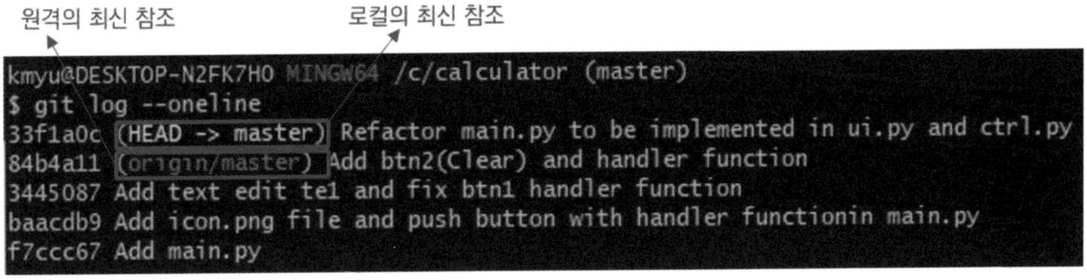

그림 5.13 커밋 이후 참조 변화

2.3 git push로 로컬저장소의 내용 업로드하기

❶ 로컬저장소의 master 브랜치에서 원격저장소의 orgin/master로 푸시(push)하는 명령 형식은 다음과 같습니다.

```
git push origin master
```

우리는 이미 이전에 업스트림 설정을 마쳤기 때문에 연결 정보를 생략해도 됩니다.

```
git push
```

```
kmyu@DESKTOP-N2FK7H0 MINGW64 /c/calculator (master)
$ git push
Enumerating objects: 7, done.
Counting objects: 100% (7/7), done.
Delta compression using up to 12 threads
Compressing objects: 100% (5/5), done.
Writing objects: 100% (5/5), 736 bytes |736.00 KiB/s, done.
Total 5(delta 1), reused 0(delta 0), pack-reused 0
remote: Resolving deltas: 100% (1/1), completed with 1local object.
To https://github.com/sguys99/calculator.git
    84b4a11..33f1aoc  master -> master

kmyu@DESKTOP-N2FK7H0 MINGW64 /c/calculator (master)
$
```

❷ 로그를 확인해 봅니다.

```
kmyu@DESKTOP-N2FK7H0 MINGW64 /c/calculator (master)
$ git log --oneline
33f1a0c (HEAD -> master, origin/master) Refactor main.py to be implemented
in ui.py and ctrl.py
84b4a11 Add btn2(Clear) and handler function
3445087 Add text edit te1 and fix btn1 handler function
baacdb9 Add icon.png file and push button with handler functionin main.py
f7ccc67 Add main.py

kmyu@DESKTOP-N2FK7H0 MINGW64 /c/calculator (master)
$
```

로컬 브랜치와 원격 브랜치의 참조가 같아졌습니다.

```
kmyu@DESKTOP-N2FK7HO MINGW64 /c/calculator (master)
$ git log --oneline
33f1a0c (HEAD -> master, origin/master) Refactor main.py to be implemented in ui.py
 and ctrl.py
84b4a11 Add btn2(Clear) and handler function
3445087 Add text edit te1 and fix btn1 handler function
baacdb9 Add icon.png file and push button with handler functionin main.py
f7ccc67 Add main.py
```

그림 5.14 푸시 이후 참조 변화

❸ 웹 브라우저로 Github 저장소에 접속하여 확인해 봅니다. 화면 위쪽에 최근에 추가된 커밋 메시지와 해시가 보입니다. 그 오른쪽에 commits 부분을 클릭하면 최근 커밋을 포함한 로그도 확인할 수 있습니다.

그림 5.15 푸시 이후 원격저장소 화면

2.4 원격저장소의 파일 수정하기

이번에는 git pull 명령 실습을 위해 원격저장소에 직접 파일을 추가해 봅니다.

❶ Github 저장소 화면에서 오른쪽 위에 있는 'Add file' 탭을 클릭하여 'Create new file' 항목을 선택합니다. 원격저장소에 새 파일을 추가하는 기능입니다.

그림 5.16 원격저장소에 새 파일 추가 선택

❷ 파일 추가 화면에서 파일 이름과 내용을 입력합니다. 여기서는 파일 이름을 'README.md'로, 파일 내용에는 '## calculator'를 입력하였습니다. 원격저장소에 남길 커밋 메시지는 기본값을 사용했습니다(Create README.md). 설정이 완료되면 'Commit new file' 버튼을 클릭합니다.

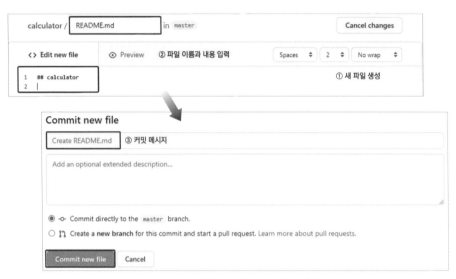

그림 5.17 원격저장소에 새 파일 추가 후 커밋

❸ 저장소에 파일이 추가된 것을 확인합니다. 아래쪽에 README.md 파일의 내용이 표시됩니다. 원격저장소에 README.md라는 이름으로 파일을 생성하고, 마크다운(Markdown) 언어로 내용을 추가하면, Github는 이것을 감지해서 저장소 화면에 표시해 줍니다. 저장소를 소개하는 내용을 기록해 두면 유용합니다.

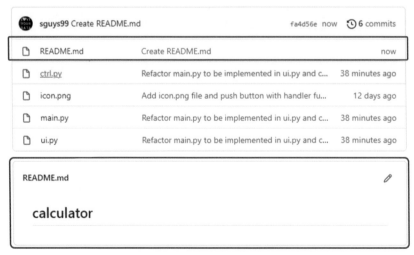

그림 5.18 README.md 파일 추가 결과

2.5 git pull로 원격저장소의 내용 가져오기

❶ 풀하기 전에 로그를 확인해 봅니다.

```
kmyu@DESKTOP-N2FK7H0 MINGW64 /c/calculator (master)
$ git log --oneline
33f1a0c (HEAD -> master) Refactor main.py to be implemented in ui.py and ctrl.py
84b4a11 Add btn2(Clear) and handler function
3445087 Add text edit te1 and fix btn1 handler function
baacdb9 Add icon.png file and push button with handler functionin main.py
f7ccc67 Add main.py

kmyu@DESKTOP-N2FK7H0 MINGW64 /c/calculator (master)
$
```

원격저장소의 참조가 보이지 않습니다. 로컬저장소에 없는 커밋을 참조하고 있기 때문입니다.

❷ 이제 git pull로 원격저장소의 내용을 받아옵니다.

```
git pull
```

```
kmyu@DESKTOP-N2FK7H0 MINGW64 /c/calculator (master)
$ git pull
Updating 33f1a0c..fa4d56e
Fast-forward
 README.md |1 +
 1 file changed, 1 insertion(+)
 create mode 100644 README.md

kmyu@DESKTOP-N2FK7H0 MINGW64 /c/calculator (master)
$
```

README.md 파일이 추가되었다는 문구가 출력되었습니다.

❸ 로그에 어떤 변화가 생겼는지 확인해 봅니다.

```
kmyu@DESKTOP-N2FK7H0 MINGW64 /c/calculator (master)
$ git log --oneline
fa4d56e (HEAD -> master, origin/master) Create README.md
```

```
33f1a0c Refactor main.py to be implemented in ui.py and ctrl.py
84b4a11 Add btn2(Clear) and handler function
3445087 Add text edit te1 and fix btn1 handler function
baacdb9 Add icon.png file and push button with handler functionin main.py
f7ccc67 Add main.py


kmyu@DESKTOP-N2FK7H0 MINGW64 /c/calculator (master)
$
```

로컬저장소에도 커밋이 추가되어 두 브랜치의 참조가 같아졌습니다. 두 저장소의 내용이 동기
화된 것입니다.

❹ 탐색기로 저장소를 확인해도 README.md 파일이 추가된 것을 볼 수 있습니다.

그림 5.19 로컬저장소 내부 파일 구성

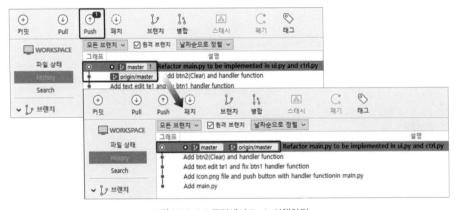

그림 5.20 소스트리에서 Push 실행하기

비슷하게 원격저장소의 내용을 로컬저장소에 내려받으려면 Pull 아이콘을 클릭하면 됩니다.

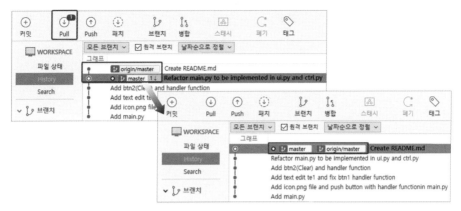

그림 5.21 소스트리에서 Pull 실행하기

2.6 정리

git push [원격저장소 이름] [로컬저장소 브랜치] : 로컬 브랜치의 변경사항을 원격 브랜치로 업로드

git push : upstream(-u) 설정 후 인자 생략 가능

git pull [원격저장소 이름] [로컬저장소 브랜치] :

원격저장소의 정보를 현재 로컬 브랜치에 가져와서 병합(fetch + merge)

'예를 들어 원격저장소의 브랜치가 origin/master이면, git pull origin master'

git pull : upstream(-u) 설정 후 인자 생략 가능

3 tag : 부가 정보 추가하기

개발자 A는 프로그램을 체계적으로 관리하기 위해 버전 정보를 활용할 생각이다(예: v.1.0.1, 1.0.2).
현재 사용 중인 Git 저장소는 해시와 메시지로 커밋을 식별하고 있다.
여기에 버전 정보를 추가하여 관리하는 방법은 없을까?

Git은 기본적으로 해시를 커밋 아이디로 사용하고 있습니다. Git에는 커밋을 알기 쉽고 직관적인 이름으로 참조할 수 있도록 하는 태그(tag) 기능이 있습니다. 자주 참조되거나 특별한 의미가 있는 커밋을 다른 이름표로 기록해 두면 편리할 것입니다. 개발자 A의 예에서는, 배포한 프로그램이 있는 커밋에 태그를 부여하고 버전 정보를 기록해 두면 될 것 같습니다. Git에서는 태그 이름을 참조 개체로 사용할 수도 있습니다.

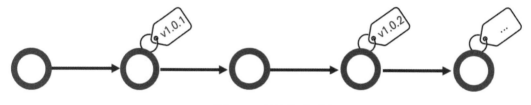

그림 5.22 git에서 태그의 개념

Git에서 관리하는 태그에는 다음 두 가지 종류가 있습니다.

Lightweight 태그 : 태그 이름만 기록
Annotated 태그 : 태그 이름과 함께 설명(메시지), 서명, 작성자 정보, 날짜 등의 정보 포함

Lightweight 태그는 특정 커밋을 참조하는 개체 역할만 합니다. 반면 Annotated 태그는 참조 외에 다양한 내용을 포함합니다. 따라서 Git 내부 데이터베이스에 정보가 저장됩니다. 어떤 상황에서 반드시 어느 태그를 써야 한다는 규정은 없습니다. 선호하는 것을 사용하거나 구성원과 협의하여 사용할 태그를 결정하면 됩니다. 일반적으로 임시로 사용하거나 부가 정보를 기록할 필요가 없을 때는 Lightweight 태그를, 그 외 일반적인 경우에는 Annotated 태그를 사용합니다. 이번 절에서는 두 가지 태그 모두 사용하는 방법을 소개합니다. 2.5까지 작업한 저장소를 사용해서 실습하겠습니다.

3.1 저장소 확인하기

❶ 지금까지 저장된 커밋을 로그로 확인해 봅니다.

```
kmyu@DESKTOP-N2FK7H0 MINGW64 /c/calculator (master)
$ git log --oneline
fa4d56e (HEAD -> master, origin/master) Create README.md
33f1a0c Refactor main.py to be implemented in ui.py and ctrl.py
84b4a11 Add btn2(Clear) and handler function
3445087 Add text edit te1 and fix btn1 handler function
baacdb9 Add icon.png file and push button with handler functionin main.py
f7ccc67 Add main.py

kmyu@DESKTOP-N2FK7H0 MINGW64 /c/calculator (master)
$
```

❷ 지금까지 기록된 6개의 커밋 중에 배포에 사용된 커밋이 baacdb9, 3445087, 33f1a0c 세 가지라고 가정하겠습니다. 그리고 이 커밋들에게 태그를 부여하기로 했습니다. 각 태그에 기록할 버전 정보는 v0.1.0, v0.2.0, v1.0.0입니다.

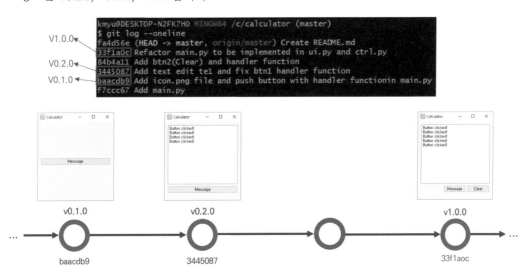

그림 5.23 태그를 부여할 커밋

3.2 Lightweight 태그 작성하기

앞에서 확인한 baacdb9 커밋에 Lightweight 태그를 작성하겠습니다. 형식은 다음과 같습니다.

```
git tag [태그 이름] [커밋 해시]
```

git tag 뒤에 태그 이름과 태그를 부여할 커밋을 입력하면 됩니다. 우리는 v0.1.0이라는 버전 정보를 태그로 사용할 것이기 때문에 다음과 같이 입력합니다.

```
git tag v0.1.0 baacdb9
```

```
kmyu@DESKTOP-N2FK7H0 MINGW64 /c/calculator (master)
$ git tag v0.1.0 baacdb9

kmyu@DESKTOP-N2FK7H0 MINGW64 /c/calculator
$
```

아무것도 나오지 않습니다. 계속해서 Annotation 태그를 작성하고 결과를 확인하겠습니다.

3.3 Annotated 태그 작성하기

3445087, 33f1a0c에는 Annotated 태그를 작성해 봅니다. Annotated 태그에는 커밋처럼 메시지를 추가할 수 있습니다.

❶ Annotated 태그를 작성하기 위해서는 git tag 뒤에 -a 또는 --annotated 옵션을 추가합니다.

```
git tag -a [태그 이름] [커밋 해시]
```

이제 3445087에 v0.2.0라는 태그를 부여해 봅니다.

```
git tag -a v0.2.0 3445087
```

```
kmyu@DESKTOP-N2FK7H0 MINGW64 /c/calculator (master)
$ git tag -a v0.2.0 3445087
```

❷ 입력 직후, vim 편집기가 실행됩니다. 태그 메시지를 편집하는 부분입니다. i키를 입력하여, 입력 모드(INSERT)로 전환한 후 메시지를 작성합니다. 여기서는 다음과 같이 메시지를 작성하였습니다.

```
Release version 0.2.0
```

```
Release version 0.2.0
#
# Write a message for tag:
#    v0.2.0
# Lines starting with '#' will be ignored.
~
~
~
~
~
C:/calculator/.git/TAG_EDITMSG[+] [unix] (21:50 14/02/2022)      5,22 All
-- INSERT --
```

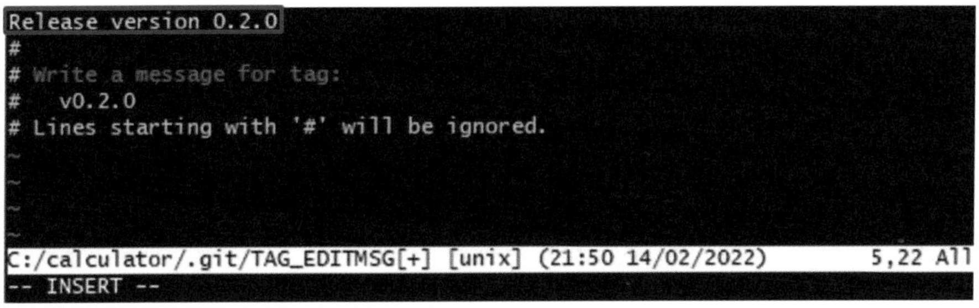

그림 5.24 태그 메시지 작성

메시지 작성 후, ESC키를 눌러 입력 모드를 해제합니다. 그리고 ':wq'를 순서대로 입력하여 편집을 저장하고 종료합니다.

❸ git commit처럼 git tag도 메시지를 명령과 함께 한 줄 입력할 수 있습니다. -m 옵션을 사용하면 됩니다.

```
git tag -a [태그 이름] -m "[태그 메시지]" [커밋 해시]
```

위 형식으로 33f1a0c에 v.1.0.0이라는 태그를 작성합니다. 메시지는 "Release version 1.0.0"으로 합니다.

```
git tag -a v1.0.0 -m "Release version 1.0.0" 33f1a0c
```

```
kmyu@DESKTOP-N2FK7H0 MINGW64 /c/calculator
$ git tag -a v1.0.0 -m "Release version 1.0.0" 33f1a0c

kmyu@DESKTOP-N2FK7H0 MINGW64 /c/calculator
$
```

3.4 태그 확인하기

❶ 저장소의 로그를 확인해 봅니다.

```
kmyu@DESKTOP-N2FK7H0 MINGW64 /c/calculator
$ git log --oneline
fa4d56e (HEAD -> master, origin/master) Create README.md
33f1a0c (tag: v1.0.0) Refactor main.py to be implemented in ui.py and ctrl.
py
84b4a11 Add btn2(Clear) and handler function
3445087 (tag: v0.2.0) Add text edit te1 and fix btn1 handler function
baacdb9 (tag: v0.1.0) Add icon.png file and push button with handler functionin
main.py
f7ccc67 Add main.py

kmyu@DESKTOP-N2FK7H0 MINGW64 /c/calculator
$
```

태그를 작성한 해시 옆에 태그 이름이 표시됩니다.

❷ 태그만 출력하는 명령도 있습니다. git tag 뒤에 -l 또는 --list 옵션을 추가하면 됩니다.

```
git tag -l
```

```
kmyu@DESKTOP-N2FK7H0 MINGW64 /c/calculator
$ git tag -l
v0.1.0
v0.2.0
v1.0.0

kmyu@DESKTOP-N2FK7H0 MINGW64 /c/calculator
$
```

-l 은 기본 옵션입니다. 따라서 git tag까지 입력해도 됩니다.

❸ 특정 조건을 만족하는 태그 이름만 선별해서 출력하려면 어떻게 해야 할까요? 와일드카드 문자
키를 사용하면 됩니다.

```
git -l "[텍스트 필터]"
```

158

예를 들어 v0으로 시작하는 태그만 출력하고 싶다면 다음과 같이 입력합니다.

```
git tag -l "v0*"
```

```
kmyu@DESKTOP-N2FK7H0 MINGW64 /c/calculator
$ git tag -l "v0*"
v0.1.0
v0.2.0


kmyu@DESKTOP-N2FK7H0 MINGW64 /c/calculator
$
```

❹ 앞에서 특정 커밋의 상세 정보를 확인하기 위해 git show [커밋 해시] 형태로 명령했습니다. 해시 대신 태그 이름을 사용할 수도 있습니다.

```
git show [태그 이름]
```

예를 들어 v0.2.0이라는 이름의 태그가 부여된 커밋의 상세 정보를 확인하고 싶다면 다음과 같이 입력합니다.

```
git show v0.2.0
```

```
kmyu@DESKTOP-N2FK7H0 MINGW64 /c/calculator (master)
$ git show v0.2.0
tag v0.2.0
Tagger: "developer1" <"dev1@email.com">
Date:   Mon Feb 1421:50:36 2022 +0900


Release version 0.2.0


commit 3445087cfa22741ae31f579fb883dadf28002f9d (tag: v0.2.0)
Author: "developer1" <"dev1@email.com">
Date:   Mon Jan 3117:44:53 2022 +0900


    Add text edit te1 and fix btn1 handler function


diff --git a/main.py b/main.py
index 0f93a7d..3d16e1f 100644
--- a/main.py
```

```
+++ b/main.py
--(생략)--
```

출력 맨 위에 태그 작성자(Tagger), 태그 메시지 등도 함께 표시됩니다. Annotated 태그로 작성된 것에만 표시되는 부분입니다.

3.5 태그로 체크아웃하기

눈치챘겠지만 태그도 참조 개체(Refs)처럼 기능합니다. 따라서 명령어에서 커밋 해시 대신 사용할 수 있습니다.

❶ 태그가 부여된 커밋으로 체크아웃하기 위해 다음과 같이 체크아웃 명령을 입력할 수 있습니다.

```
git checkout [태그 이름]
```

v0.1.0, v0.2.0 태그에 차례대로 체크아웃 합니다.

```
git checkout v0.1.0
git checkout v0.2.0
```

```
kmyu@DESKTOP-N2FK7H0 MINGW64 /c/calculator (master)
$ git checkout v0.1.0
Note: switching to 'v0.1.0'.


You are in'detached HEAD' state. You can look around, make experimental
...


--(생략)--


...
kmyu@DESKTOP-N2FK7H0 MINGW64 /c/calculator ((v0.1.0))
$ git checkout v0.2.0
Previous HEAD position was baacdb9 Add icon.png file and push button with
handler functionin main.py
HEAD is now at 3445087 Add text edit te1 and fix btn1 handler function

kmyu@DESKTOP-N2FK7H0 MINGW64 /c/calculator ((v0.2.0))
$
```

❷ 다음 실습을 위해 master로 체크아웃합니다.

```
git checkout master
```

```
kmyu@DESKTOP-N2FK7H0 MINGW64 /c/calculator ((v0.2.0))
$ git checkout master
Previous HEAD position was 3445087 Add text edit te1 and fix btn1 handler
function
Switched to branch 'master'
Your branch is up to date with 'origin/master'.

kmyu@DESKTOP-N2FK7H0 MINGW64 /c/calculator (master)
$
```

3.6 태그 삭제하기

❶ 태그를 삭제하려면 -d 또는 --delete 옵션을 사용합니다.

```
git tag -d [태그 이름]
```

앞에서 만든 v0.1.0 태그를 삭제해 봅니다.

```
git tag -d v0.1.0
```

```
kmyu@DESKTOP-N2FK7H0 MINGW64 /c/calculator (master)
$ git tag -d v0.1.0
Deleted tag 'v0.1.0'(was baacdb9)

kmyu@DESKTOP-N2FK7H0 MINGW64 /c/calculator (master)
$
```

❷ v0.1.0이 삭제되었는지 태그 리스트를 출력해 봅니다.

```
git tag
```

```
kmyu@DESKTOP-N2FK7H0 MINGW64 /c/calculator (master)
$ git tag
v0.2.0
```

```
v1.0.0

kmyu@DESKTOP-N2FK7H0 MINGW64 /c/calculator (master)
$
```

태그 리스트에 v0.1.0이 사라졌습니다.

❸ 다음 실습을 위해 다시 v0.1.0 태그를 추가해 두면 끝입니다.

```
git tag v0.1.0 baacdb9
```

```
kmyu@DESKTOP-N2FK7H0 MINGW64 /c/calculator (master)
$ git tag
v0.1.0
v0.2.0
v1.0.0

kmyu@DESKTOP-N2FK7H0 MINGW64 /c/calculator (master)
$
```

3.7 원격저장소에 태그 푸시하기

로컬저장소에 표시한 태그를 원격저장소에 기록하려면 태그를 푸시하겠다고 별도로 명령해야 합니다. git tag 관련 내용을 4장에 실을 수도 있었지만, 이 부분 때문에 특별히 5장에서 소개하게 되었습니다.

❶ 우선 git push를 입력하고 원격저장소에 접속하여 태그가 업로드되었는지 확인해 봅니다.

```
git push
```

```
kmyu@DESKTOP-N2FK7H0 MINGW64 /c/calculator (master)
$ git push
Everything up-to-date

kmyu@DESKTOP-N2FK7H0 MINGW64 /c/calculator (master)
$
```

원격저장소에 접속하여 상태를 확인해 보겠습니다. 화면 왼쪽 위에 'master' 탭을 클릭하고 'Tags' 항목을 보면, 로컬저장소의 태그 정보가 확인되지 않습니다. 태그를 푸시하지 않았기 때문입니다.

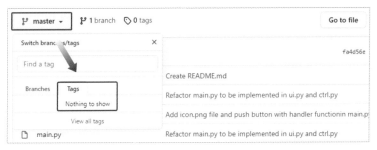

그림 5.25 원격저장소의 태그 목록(git push로 태그 업로드 안 됨)

❷ 다시 로컬저장소로 돌아옵니다. 로컬저장소의 태그를 원격저장소에 반영하기 위해 다음과 같이 명령을 입력합니다.

```
git push --tags
```

```
kmyu@DESKTOP-N2FK7H0 MINGW64 /c/calculator (master)
$ git push --tags
Enumerating objects: 2, done.
Counting objects: 100% (2/2), done.
Delta compression using up to 12 threads
Compressing objects: 100% (2/2), done.
Writing objects: 100% (2/2), 323 bytes |323.00 KiB/s, done.
Total 2(delta 0), reused 0(delta 0), pack-reused 0
To https://github.com/sguys99/calculator.git
 * [new tag]         v0.1.0 -> v0.1.0
 * [new tag]         v0.2.0 -> v0.2.0
 * [new tag]         v1.0.0 -> v1.0.0

kmyu@DESKTOP-N2FK7H0 MINGW64 /c/calculator (master)
$
```

다시 원격저장소에서 태그를 확인합니다. 이번에는 태그들이 모두 표시되었습니다.

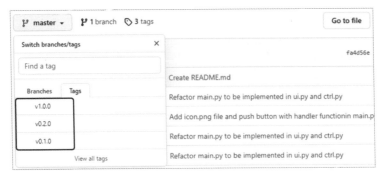

그림 5.26 원격저장소의 태그 목록

태그를 클릭하면 해당 태그가 붙은 커밋의 파일 상태를 표시합니다.

그림 5.27 원격저장소 태그의 파일 상태

참고 **소스트리에서 태그 관리하기**

❶ History 탭에서 태그를 부여할 커밋을 마우스로 선택한 후 오른쪽 버튼을 클릭합니다. 팝업에서 태그 항목을 선택하면 태그 설정 창이 실행됩니다. 태그 이름을 입력하고 Ligihtweight(가벼운) 태그로 작성할지를 체크합니다. 만약 설정과 동시에 원격저장소에도 푸시하려면 '태그 푸시' 항목을 체크합니다.

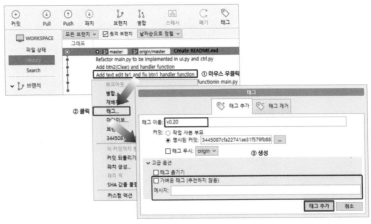

그림 5.28 소스트리에서 태그 추가하기

❷ 설정을 완료한 후 '태그 추가' 버튼을 클릭하면 로그에 태그가 표시됩니다.

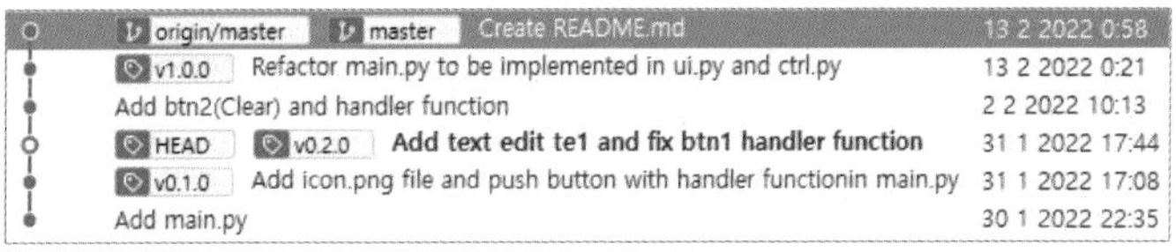

그림 5.29 태그 작성 결과

❸ 태그를 삭제하려면 왼쪽의 태그 탭에서 삭제할 태그를 선택한 후, 마우스 우클릭하여 삭제 항목을 클릭합니다.

∨ 🏷 태그		체크아웃 v1.0.0...
v0.1.0		세부 사항...
v0.2.0	➡	현 상태와 비교
v1.0.0		푸시 하기 >
		v1.0.0 삭제

그림 5.30 소스트리에서 태그 삭제

3.8 정리

git tag : 로컬저장소의 모든 태그를 조회

git tag [태그 이름] : 현재 커밋에 태그를 생성(Lightweight 태그)

git tag [태그 이름] [커밋 해시] : 해당 커밋에 태그를 생성(Lightweight 태그)

git tag –a [태그 이름] -m "[메시지]" [커밋 해시] : 메시지를 추가하여 태그 생성(Annotated tag)

git tag –am [태그 이름] "[메시지]" : 현재 커밋에 메시지를 추가하여 태그 생성(Annotated tag)

git show [태그 이름] : 해당 태그가 부착된 커밋의 상세 정보 확인

git push --tags : 생성된 전체 태그를 원격저장소에 푸시(= git push origin --tags)

git push [태그 이름] : 해당 태그를 원격 저장소에 푸시(= git push origin "[태그 이름]")

git tag –d [태그 이름] : 해당 태그 삭제

git push –d [태그 이름] : 원격저장소에서 해당 태그 삭제

4 revert : 푸시한 커밋 되돌리기

프로그램에 새로운 기능을 추가하고 커밋, 푸시까지 완료했다.
그런데 며칠 후 본사에서 연락이 왔다. 해당 기능을 삭제하기로 결정했다는 것이다.
새로 추가된 기능은 원격저장소에까지 업로드된 상태라 혼란스럽다.
원격저장소까지 업로드된 커밋을 취소하는 방법이 있을까?

위 상황에서 조치할 수 있는 방법은 다음 두 가지가 있습니다.

• 프로그램을 원래대로 복구하고 커밋, 푸시 추가하기
• git revert로 푸시한 커밋 되돌리기

만약 추가한 기능의 코드가 복잡하고 양이 많다면 첫 번째 방법이 번거로울 수도 있습니다. 이럴 때 git revert를 사용하면 코드 수정 없이 되돌릴 수 있습니다. 커밋이 어떤 방식으로 되돌려지는지 확인해 보겠습니다. 3.7까지 작업한 저장소를 사용해서 실습하겠습니다.

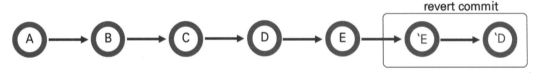

그림 5.31 git revert 명령 개념

4.1 로컬저장소의 파일 수정하기

ui.py에 기능을 추가하겠습니다. 다음 그림처럼 화면 아래에 오늘 날짜가 출력되도록 구현하겠습니다.

그림 5.32 수정된 저장소의 main.py 실행 결과

❶ VS Code로 저장소의 ui.py 파일을 열어서 아래와 같이 수정합니다. QLabel 위젯을 추가합니다. 그리고 이 위젯이 오늘 날짜를 출력하도록 설정합니다.

```python
# ch 5.4.1 ui.py
from PyQt5.QtWidgets import (QApplication,QWidget,QPushButton,QVBoxLayout,
                            QMessageBox, QPlainTextEdit, QHBoxLayout, QLabel)#
QLabel 추가
from PyQt5.QtGui import QIcon
from PyQt5.QtCore import QDate, Qt # 날짜와 주요 속성값 사용을 위해 추가


class View(QWidget):

    def __init__(self):
        super().__init__()
        self.date = QDate.currentDate() # 현재 날짜를 저장하기 위해 추가
        self.initUI()

    def initUI(self):
        self.lbl1 = QLabel(self.date.toString(Qt.DefaultLocaleLongDate), self) # 추가
        self.te1 = QPlainTextEdit()
        ...

        vbox=QVBoxLayout()
        vbox.addWidget(self.te1)
        vbox.addLayout(hbox)
        vbox.addWidget(self.lbl1) # 수정
...
```

ui.py 파일 편집 후, VS Code 터미널에서 python main.py를 입력하여 그림 5.32와 같은 결과가 나오는지 확인합니다.

4.2 수정한 내용 커밋, 푸시하기

앞에서 편집한 내용을 커밋, 푸시합니다.

❶ 먼저 터미널에서 커밋 명령을 입력합니다. -am 옵션으로 스테이징과 커밋을 한번에 진행합니다.

```
git commit -am "Add lbl1 in ui.py to print current date"
```

```
kmyu@DESKTOP-N2FK7H0 MINGW64 /c/calculator (master)
$ git commit -am "Add lbl1 in ui.py to print current date"
[master ddc9abf] Add lbl1 in ui.py to print current date
 1 file changed, 6 insertions(+), 2 deletions(-)

kmyu@DESKTOP-N2FK7H0 MINGW64 /c/calculator (master)
$ git log --oneline
ddc9abf (HEAD -> master) Add lbl1 in ui.py to print current date
fa4d56e (origin/master) Create README.md
33f1a0c (tag: v1.0.0) Refactor main.py to be implemented in ui.py and ctrl.
py
84b4a11 Add btn2(Clear) and handler function
3445087(tag: v0.2.0) Add text edit te1 and fix btn1 handler function
baacdb9 (tag: v0.1.0) Add icon.png file and push button with handler functionin
main.py
f7ccc67 Add main.py

kmyu@DESKTOP-N2FK7H0 MINGW64 /c/calculator (master)
$
```

로그도 함께 출력해 보았습니다. 참조의 변화를 잘 살펴보세요.

❷ 이어서 푸시합니다.

```
git push
```

```
kmyu@DESKTOP-N2FK7H0 MINGW64 /c/calculator (master)
$ git push
Enumerating objects: 5, done.
Counting objects: 100% (5/5), done.
Delta compression using up to 12 threads
```

```
Compressing objects: 100% (3/3), done.
Writing objects: 100% (3/3), 457 bytes |457.00 KiB/s, done.
Total 3(delta 2), reused 0(delta 0), pack-reused 0
remote: Resolving deltas: 100% (2/2), completed with 2local objects.
To https://github.com/sguys99/calculator.git
   fa4d56e..ddc9abf  master -> master


kmyu@DESKTOP-N2FK7H0 MINGW64 /c/calculator (master)
$ git log --oneline
ddc9abf (HEAD -> master, origin/master) Add lbl1 in ui.py to print current date
fa4d56e Create README.md
33f1a0c (tag: v1.0.0) Refactor main.py to be implemented in ui.py and ctrl.py
84b4a11 Add btn2(Clear) and handler function
3445087(tag: v0.2.0) Add text edit te1 and fix btn1 handler function
baacdb9 (tag: v0.1.0) Add icon.png file and push button with handler functionin
main.py
f7ccc67 Add main.py


kmyu@DESKTOP-N2FK7H0 MINGW64 /c/calculator (master)
$
```

❸ 마지막으로 원격저장소에 정상적으로 업로드되었는지 Github 계정 페이지에서 확인하겠습니다.

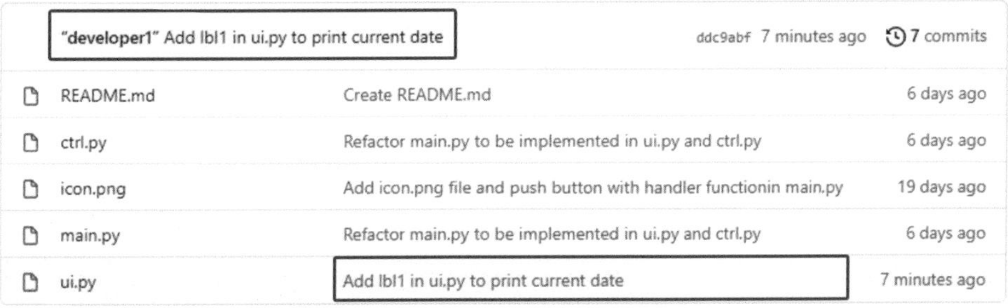

		"developer1" Add lbl1 in ui.py to print current date			ddc9abf 7 minutes ago	🕐 7 commits
🗋	README.md		Create README.md	6 days ago
🗋	ctrl.py		Refactor main.py to be implemented in ui.py and ctrl.py	6 days ago
🗋	icon.png		Add icon.png file and push button with handler functionin main.py	19 days ago
🗋	main.py		Refactor main.py to be implemented in ui.py and ctrl.py	6 days ago
🗋	ui.py		Add lbl1 in ui.py to print current date	7 minutes ago

그림 5.33 저장소 푸시 결과

이때 본사에서 연락이 와서 해당 기능을 제거해달라는 요청을 받았습니다. 로컬저장소에만 커밋되어 있다면 git reset을 사용하면 됩니다. 하지만 지금은 푸시까지 마친 상태라 상황이 다릅니다. 다음 절에서 커밋을 되돌려 보겠습니다.

4.3 git revert로 커밋 되돌리기

git reset은 master의 참조를 특정 커밋으로 되돌리는 명령입니다. 따라서 git reset 뒤에 master가 돌아갈 커밋을 지정했습니다. git revert의 경우는 개념이 다릅니다. 특정 커밋을 취소하는 내용의 새로운 커밋을 만드는 명령입니다. 따라서 git revert 뒤에 취소할(없던 일로 할) 커밋을 지정합니다.

정리하면 다음과 같습니다.

- git reset [커밋 해시] : 현재 브랜치의 참조 개체가 해당 커밋을 최신으로 참조하도록 되돌아감
- git revert [커밋 해시] : 해당 커밋의 작업 내용을 취소하도록 커밋을 작성

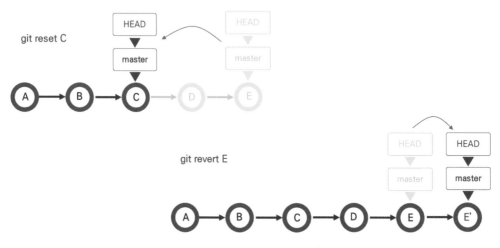

그림 5.34 git reset과 revert의 차이

개념을 잘 이해하고, 로그를 확인해 봅니다.

```
kmyu@DESKTOP-N2FK7HO MINGW64 /c/calculator (master)
$ git log --oneline
ddc9abf (HEAD -> master, origin/master) Add lbl1 in ui.py to print current date
fa4d56e Create README.md
33f1a0c (tag: v1.0.0) Refactor main.py to be implemented in ui.py and ctrl.py
84b4a11 Add btn2(Clear) and handler function
3445087 (tag: v0.2.0) Add text edit te1 and fix btn1 handler function
baacdb9 (tag: v0.1.0) Add icon.png file and push button with handler functionin
main.py
f7ccc67 Add main.py
```

그림 5.35 현재 저장소 로그

❶ 앞의 설명으로 git revert 명령 뒤에 커밋 해시를 입력한다는 것은 알았습니다.

```
git revert [커밋 해시]
```

여기에서는 어떤 커밋을 지정하면 될까요? 최근에 작성한 ddc9abf의 작업 내용을 되돌려야 하므로 이것을 지정해주면 됩니다. 앞에 배웠던 git reset과 혼동하지 않도록 개념을 잘 잡기 바랍니다.

```
git revert ddc9abf
```

```
kmyu@DESKTOP-N2FK7H0 MINGW64 /c/calculator (master)
$ git revert ddc9abf
```

```
Revert "Add lbl1 in ui.py to print current date"

This reverts commit ddc9abf8ba11edf5baf6caaf6df61b5a83bdedd4.

# Please enter the commit message for your changes. Lines starting
# with '#' will be ignored, and an empty message aborts the commit.
#
# On branch master
# Your branch is up to date with 'origin/master'.
#
# Changes to be committed:
#       modified:   ui.py
#
~
```

그림 5.36 커밋 메시지 입력 화면

명령을 입력하면 커밋 메시지를 편집할 수 있는 화면이 표시됩니다. Revert "Add lbl1 in ui.py to print current date"라는 기본 메시지가 작성되어 있습니다. 여기서는 기본 메시지를 그대로 사용합니다. :wq를 순서대로 입력하고 종료합니다.

❷ 제대로 취소되었는지 main.py 프로그램을 실행하여 확인하겠습니다.

그림 5.37 revert 후 main.py 실행 결과

위와 같이 날짜를 출력하는 부분이 보이지 않으면 제대로 된 것입니다.

❸ 로그를 확인해서 어떤 변화가 생겼는지 봅니다.

```
kmyu@DESKTOP-N2FK7H0 MINGW64 /c/calculator (master)
$ git log --oneline
9ea77e0 (HEAD -> master) Revert "Add lbl1 in ui.py to print current date"
ddc9abf (origin/master) Add lbl1 in ui.py to print current date
fa4d56e Create README.md
33f1a0c (tag: v1.0.0) Refactor main.py to be implemented in ui.py and ctrl.
py
84b4a11 Add btn2(Clear) and handler function
3445087(tag: v0.2.0) Add text edit te1 and fix btn1 handler function
baacdb9 (tag: v0.1.0) Add icon.png file and push button with handler functionin
main.py
f7ccc67 Add main.py


kmyu@DESKTOP-N2FK7H0 MINGW64 /c/calculator (master)
$
```

지정한 커밋(ddc9abf)이 삭제된 것이 아니라 새로운 커밋(9ea77e0)이 추가되었습니다.

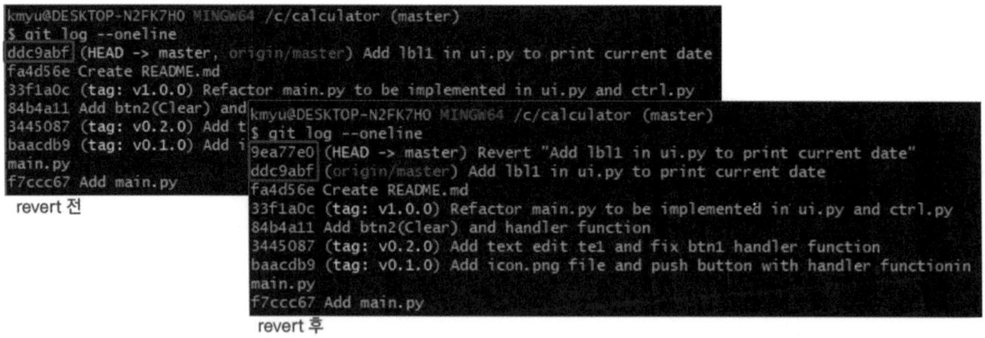

그림 5.38 revert 전과 후의 로그 비교

이해하셨나요? git revert는 브랜치의 참조를 특정 커밋으로 재설정하는 방식과 다릅니다. 커밋을 추가하고 지정한 커밋의 작업 내용을 되돌립니다.

172

참고 여러 구간을 한 번에 되돌리려면?

한 번의 명령으로 여러 구간을 되돌리려면 git revert 뒤에 구간을 지정해주면 됩니다.

```
git revert [커밋 해시1]..[커밋 해시2]
```

이때 커밋 해시1 은 되돌리기 대상에 포함되지 않습니다. 이 점을 유의하세요.

그림 5.39 여러 구간 git revert로 되돌리기

참고 파일 상태만 되돌리려면?

커밋하지 않은 채 파일 내용만 되돌리고 싶을 때도 있을 겁니다. 이때는 -n 또는 --no-commit 옵션을 사용하면 됩니다.

```
git revert -n [커밋 해시 1]
```

4.4 되돌린 내용을 푸시하기

git push로 로컬저장소에서 되돌리기 작업한 내용을 원격저장소에 업로드합니다.

```
kmyu@DESKTOP-N2FK7H0 MINGW64 /c/calculator (master)
$ git push
Enumerating objects: 5, done.
Counting objects: 100% (5/5), done.
Delta compression using up to 12 threads
Compressing objects: 100% (3/3), done.
Writing objects: 100% (3/3), 364 bytes |364.00 KiB/s, done.
Total 3(delta 2), reused 0(delta 0), pack-reused 0
remote: Resolving deltas: 100% (2/2), completed with 2 local objects.
To https://github.com/sguys99/calculator.git
   ddc9abf..9ea77e0  master -> master
```

```
kmyu@DESKTOP-N2FK7H0 MINGW64 /c/calculator (master)
$ git log --oneline
9ea77e0 (HEAD -> master, origin/master) Revert "Add lbl1 in ui.py to print current
date"
ddc9abf Add lbl1 in ui.py to print current date
fa4d56e Create README.md
---(생략)---
```

참고 **git reset을 사용해도 되지 않을까?**

git reset이 있는데 왜 git revert를 사용해야 하는지 의문을 가질 수 있습니다. 직접 보여드리겠습니다.

❶ git revert 대신 git reset으로 lbl1을 추가하기 전 상태로 되돌려 봅니다.

```
kmyu@DESKTOP-N2FK7H0 MINGW64 /c/calculator (master)
$ git log --oneline
9ea77e0 (HEAD -> master) Revert "Add lbl1 in ui.py to print current date"
ddc9abf (origin/master) Add lbl1 in ui.py to print current date
fa4d56e Create README.md
33f1a0c (tag: v1.0.0) Refactor main.py to be implemented in ui.py and ctrl.py
84b4a11 Add btn2(Clear) and handler function
3445087 (tag: v0.2.0) Add text edit te1 and fix btn1 handler function
baacdb9 (tag: v0.1.0) Add icon.png file and push button with handler functionin
main.py
f7ccc67 Add main.py
```

그림 5.40 리셋할 커밋

```
git reset --hard HEAD^^
```

```
kmyu@DESKTOP-N2FK7H0 MINGW64 /c/calculator (master)
$ git reset --hard HEAD^^
HEAD is now at fa4d56e Create README.md

kmyu@DESKTOP-N2FK7H0 MINGW64 /c/calculator (master)
$ git log --oneline
fa4d56e (HEAD -> master) Create README.md
33f1a0c (tag: v1.0.0) Refactor main.py to be implemented in ui.py and ctrl.py
84b4a11 Add btn2(Clear) and handler function
3445087(tag: v0.2.0) Add text edit te1 and fix btn1 handler function
baacdb9 (tag: v0.1.0) Add icon.png file and push button with handler functionin
main.py
f7ccc67 Add main.py
```

❷ 이제 원격저장소로 푸시해 봅니다.

```
git push
```

```
kmyu@DESKTOP-N2FK7H0 MINGW64 /c/calculator (master)
$ git push
To https://github.com/sguys99/calculator.git
 ! [rejected]        master -> master (non-fast-forward)
error: failed to push some refs to 'https://github.com/sguys99/calculator.git'
hint: Updates were rejected because the tip of your current branch is behind
hint: its remote counterpart. Integrate the remote changes (e.g.
hint: 'git pull ...') before pushing again.
hint: See the 'Note about fast-forwards'in'git push --help'for details.

kmyu@DESKTOP-N2FK7H0 MINGW64 /c/calculator (master)
$
```

git push 명령이 거절되었습니다(rejected). 이유가 무엇일까요? hint 항목에 설명되어 있습니다.

```
hint: Updates were rejected because the tip of your current branch is behind
```

로컬저장소의 master는 git reset으로 과거의 커밋으로 돌아갔습니다. 따라서 로컬저장소의 master가 참조하는 커밋은 원격저장소의 origin/master가 참조하는 커밋보다 이전의 것이 되었습니다. Git은 내부적으로 뒤처진 커밋이 최신 상태를 덮어쓰지 못하도록 막아두고 있기 때문에 에러 메시지를 출력하면서 push되지 않는 것입니다(물론 git push --force 옵션을 사용하면 강제로 밀어 넣기가 됩니다).

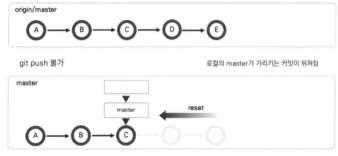

그림 5.41 git reset 이후 저장소 상태

따라서 push까지 완료한 상태에서 작업 내용을 되돌리려면 git revert를 사용해야 합니다. 물론 push까지 마치지 않은 상태라면 git reset을 사용해서 해결 가능합니다.

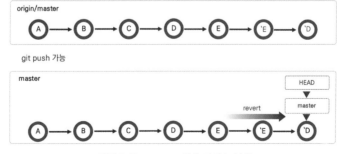

그림 5.42 git revert 이후 저장소 상태

❸ 다음 실습을 위해서 git pull로 리셋한 내용을 복원해 둡니다.

```
git pull
```

```
kmyu@DESKTOP-N2FK7H0 MINGW64 /c/calculator (master)
$ git pull
Updating fa4d56e..9ea77e0
Fast-forward

kmyu@DESKTOP-N2FK7H0 MINGW64 /c/calculator (master)
$ git log --oneline
9ea77e0 (HEAD -> master, origin/master) Revert "Add lbl1 in ui.py to print current
date"
ddc9abf Add lbl1 in ui.py to print current date
fa4d56e Create README.md
33f1a0c (tag: v1.0.0) Refactor main.py to be implemented in ui.py and ctrl.
py
84b4a11 Add btn2(Clear) and handler function
3445087(tag: v0.2.0) Add text edit te1 and fix btn1 handler function
baacdb9 (tag: v0.1.0) Add icon.png file and push button with handler functionin
main.py
f7ccc67 Add main.py

kmyu@DESKTOP-N2FK7H0 MINGW64 /c/calculator (master)
$
```

참고 · **소스트리에서 git revert 실행하기**

History 탭의 로그 화면에서 되돌리게 할 커밋을 선택하고 마우스 오른쪽 버튼을 클릭합니다. 팝업 항목 중에서 커밋 되돌리기 항목을 선택하면 Revert 커밋과 메시지가 자동으로 생성됩니다.

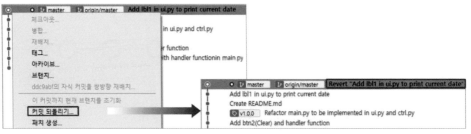

그림 5.43 소스트리에서 git revert 실행하기

4.5 정리

git revert [커밋 해시] : 해당 커밋을 되돌리기

git revert --no-edit [커밋 해시] : 커밋 메시지 수정 없이 기본 메시지로 되돌리기

git revert -n [커밋 해시] : 커밋하지 않고 스테이징 상태로만 되돌리기

git revert [커밋 해시1]..[커밋 해시2] : 해당 구간만큼 커밋 되돌리기. 커밋 해시1은 되돌려 지지 않음

5장에서는 한 개의 로컬저장소에 원격저장소를 연계하여 푸시(Push), 풀(Pull)과 같은 명령을 실습했습니다. 6장에서는 여러분이 실무를 할 때와 더 비슷한 환경을 만들어서 실습해 보겠습니다. 다수의 개발자가 원격저장소를 중심으로 협업하는 상황을 모의하기 위해 두 개의 로컬저장소를 원격저장소에 연동합니다. 그리고 협업하면서 발생하는 상황에서 요긴하게 사용될 수 있는 명령어와 팁들을 소개합니다.

6장

Github로 협업하기

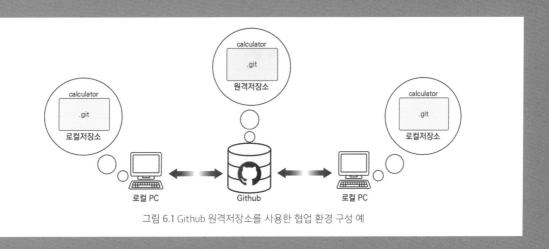

그림 6.1 Github 원격저장소를 사용한 협업 환경 구성 예

1 clone : 원격저장소 복제하기

개발자 A 혼자서 진행해 오던 calculator 프로젝트에 개발자 B가 참여하게 되었다. 우선 개발자 B의
로컬 PC에 저장소를 생성해야 한다. 지금까지 작업해 온 내용을 개발자 B의 PC에 복제하여 로컬저장
소를 만들고, 원격저장소와 연결하는 간편한 방법이 있을까?

첫 번째 절에서는 5장에 구축한 환경에서 로컬저장소를 추가 생성하여 원격저장소와 연동하는 작
업을 합니다. 즉, 개발자 B의 로컬저장소를 만들고 기존 원격저장소에 연결합니다. 실무에서는 그림
6.1처럼 개별 PC에 각각 로컬저장소를 생성하고 원격저장소에 연결하여 협업 환경을 구성하지만,
여기서는 실습임을 감안하여 한 대의 로컬 PC 안에 두 개의 저장소를 구성하겠습니다.

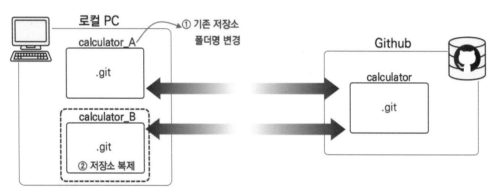

그림 6.2 협업을 위한 실습 환경 구축 순서

실제 환경은 그림 6.1과 같지만 실습할 때는 두 개의 로컬저장소가 서로 다른 PC로 서로 다른 사용
자에 의해 관리된다고 생각해 주세요.

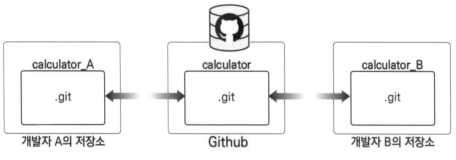

그림 6.3 실습할 때의 가정

1.1 기존 로컬저장소 이름 수정하기

5장에서 사용했던 개발자 A의 저장소 폴더 이름을 calculator_A로 수정합니다. 반드시 해야 하는 과정은 아닙니다. 같은 PC에 두 개의 저장소를 만들고 운영하기 때문에, 두 저장소를 쉽게 구분하기 위함입니다.

그림 6.4 개발자 A의 저장소 이름 수정

> **참고** 소스트리의 저장소 다시 추가하기
>
> 저장소 폴더 이름을 변경하면 소스트리에서 저장소를 다시 추가해야 합니다. 파일–복제 / 생성 탭 또는 + 아이콘을 클릭합니다. 저장소 추가 화면에서 Add 아이콘을 선택하여 기존 저장소 추가 단계로 진입합니다(Add a repository). 여기에 calculator_A 저장소의 경로를 지정한 후, 추가 버튼을 클릭합니다.
>
> | Local | Remote | | Clone | Add | Create |
>
> ## Add a repository
> Choose a working copy repository folder to add to Sourcetree
>
> C:\calculator_A   탐색
> 저장소 종류: ❓ Git 저장소 입니다
>
> calculator_A
>
> Local Folder:
> [루트]
>
> 추가
>
> 그림 6.5 저장소 이름 변경 후 소스트리에서 다시 추가하기

1.2 git clone으로 원격저장소 내용 복제하기

이제 원격저장소의 파일을 복세해서 로컬저장소에 개발자 B의 저장소를 만들어 보겠습니다.

❶ 웹브라우저로 Github의 calculator 원격저장소에 접속합니다. 그리고 접근 주소를 확인합니다.

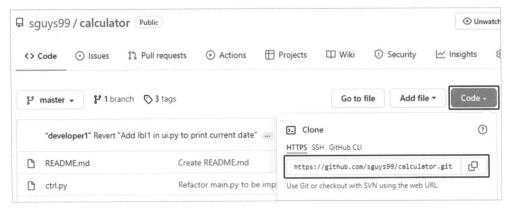

그림 6.6 원격저장소 접근 주소 확인

calculator 저장소의 접근 주소는 다음과 같습니다.

https://github.com/Github 아이디/calculator.git

❷ 이제 로컬 PC에서 Git bash 터미널을 열고 git clone으로 저장소를 복제해 오겠습니다. 명령 형식은 다음과 같습니다.

```
git clone [원격저장소 주소] [로컬저장소 폴더 이름]
```

우리는 개발자 B의 로컬저장소 폴더 이름을 calculator_B로 만들 예정입니다. 따라서 다음과 같이 입력합니다(여기서는 저장소를 C:₩ 경로에 복제하였습니다).

```
git clone https://github.com/Github 아이디/calculator.git calculator_B
```

```
kmyu@DESKTOP-N2FK7H0 MINGW64 ~
$ cd c:

kmyu@DESKTOP-N2FK7H0 MINGW64 /c
$ git clone https://github.com/sguys99/calculator.git calculator_B
Cloning into 'calculator_B'...
remote: Enumerating objects: 27, done.
remote: Counting objects: 100% (27/27), done.
```

```
remote: Compressing objects: 100% (19/19), done.
remote: Total 27(delta 7), reused 24(delta 6), pack-reused 0
Receiving objects: 100% (27/27), 7.65 KiB |2.55 MiB/s, done.
Resolving deltas: 100% (7/7), done.

kmyu@DESKTOP-N2FK7H0 MINGW64 /c
$
```

❸ 제대로 복제되었는지 확인하기 위해 calculator_B 폴더로 진입해서 로그를 확인합니다.

```
cd calculator_B
git log --oneline
```

```
kmyu@DESKTOP-N2FK7H0 MINGW64 /c
$ cd calculator_B

kmyu@DESKTOP-N2FK7H0 MINGW64 /c/calculator_B (master)
$ git log --oneline
9ea77e0 (HEAD -> master, origin/master, origin/HEAD) Revert "Add lbl1 in ui.py to
print current date"
ddc9abf Add lbl1 in ui.py to print current date
fa4d56e Create README.md
33f1a0c (tag: v1.0.0) Refactor main.py to be implemented in ui.py and ctrl.py
84b4a11 Add btn2(Clear) and handler function
3445087(tag: v0.2.0) Add text edit te1 and fix btn1 handler function
baacdb9 (tag: v0.1.0) Add icon.png file and push button with handler functionin
main.py
f7ccc67 Add main.py

kmyu@DESKTOP-N2FK7H0 MINGW64 /c/calculator_B (master)
$
```

저장소 폴더로 진입했더니 경로 오른쪽에 (master)가 표시됩니다. Git 저장소로 인식하기 때문입니다. 로그를 출력해보면 원격저장소의 내용과 같습니다. 원격저장소에 업로드했던 태그 정보도 그대로 확인됩니다.

❹ 리모트, 업스트림 설정도 확인해 봅니다.

```
kmyu@DESKTOP-N2FK7H0 MINGW64 /c/calculator_B (master)
$ git remote
origin

kmyu@DESKTOP-N2FK7H0 MINGW64 /c/calculator_B (master)
$ git remote show origin
* remote origin
  Fetch URL: https://github.com/sguys99/calculator.git
  Push  URL: https://github.com/sguys99/calculator.git
  HEAD branch: master
  Remote branch:
    master tracked
  Local branch configured for'git pull':
    master merges with remote master
  Local ref configured for'git push':
    master pushes to master (up to date)

kmyu@DESKTOP-N2FK7H0 MINGW64 /c/calculator_B (master)
$
```

따로 업스트림 설정을 하지 않았는데 이미 원격저장소와 연결되었습니다. git clone하면 원격저장소에서 저장소 복제와 동시에 업스트림도 설정됩니다(당연히 원격저장소와 로컬저장소의 주인이 같아야 합니다. 필요에 따라 Github에서 아이디와 패스워드를 물어볼 수도 있습니다).

❺ 탐색기로 calculator_B 저장소 안의 파일도 확인해 봅니다.

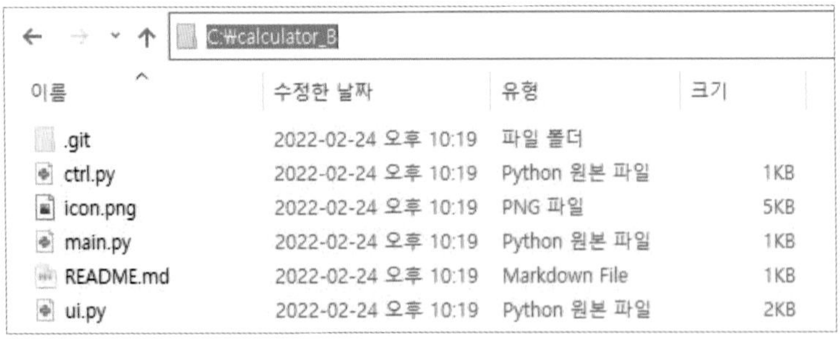

그림 6.7 calculator_B 저장소 파일 확인

참고 이 책에서 제공되는 실습 자료를 내 원격저장소에 연동되도록 변경하려면?

5장 1.3 참고의 변경 순서를 보고 calculator_A, calculator_B의 연결 설정을 수정해 주면 됩니다.

1.3 calculator_B 저장소 사용자 설정하기

마지막 순서로 calculator_B 저장소의 사용자 정보를 개발자 B에 맞게 수정합니다.

❶ 사용자 이름은 developer2, 그리고 이메일 계정은 dev2@email.com으로 설정합니다.

```
git config user.name "developer2"
git config user.email "dev2@email.com"
```

```
kmyu@DESKTOP-N2FK7H0 MINGW64 /c/calculator_B (master)
$ git config user.name "developer2"

kmyu@DESKTOP-N2FK7H0 MINGW64 /c/calculator_B (master)
$ git config user.email "dev2@email.com"

kmyu@DESKTOP-N2FK7H0 MINGW64 /c/calculator_B (master)
$
```

❷ 사용자 정보가 제대로 설정되었는지 확인해 봅니다.

```
git config --get [설정 항목]
```

```
kmyu@DESKTOP-N2FK7H0 MINGW64 /c/calculator_B (master)
$ git config --get user.name
developer2

kmyu@DESKTOP-N2FK7H0 MINGW64 /c/calculator_B (master)
$ git config --get user.email
dev2@email.com

kmyu@DESKTOP-N2FK7H0 MINGW64 /c/calculator_B (master)
$
```

소스트리에서 원격저장소 복제(clone)하기

파일 – 복제 / 생성 항목을 선택하거나 + 버튼을 클릭해서 탭 추가 창을 실행합니다. Clone 아이콘을 선택하면 저장소 복제 설정 화면이 표시됩니다. 여기에 원격저장소 주소, 로컬저장소 경로를 입력한 후 Clone 버튼을 클릭하면 됩니다.

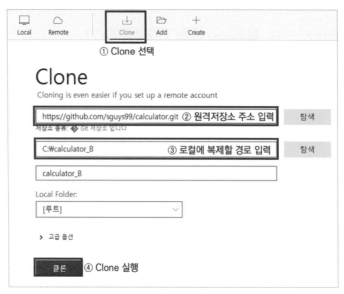

그림 6.8 소스트리에서 원격저장소 복제

사용자 정보를 수정하려면 오른쪽 위에 있는 설정 아이콘을 클릭합니다. 그리고 저장소 설정 창에서 고급 탭을 선택하여 이름과 이메일 주소를 수정하면 됩니다.

그림 6.9 소스트리에서 사용자 정보 수정

참고 **서로 다른 계정으로 원격저장소를 공유하는 방법**

여러분이 실제와 더 비슷한 환경에서 실습을 원한다면 여분의 PC에 로컬저장소를 구축할 수도 있습니다. 이 경우, 각 로컬저장소의 Github 계정을 다르게 구성할 수 있습니다.

그림 6.10 서로 다른 Github 계정으로 구성한 실습 환경

예를 들어 원격저장소는 개발자 A의 계정 또는 개발자 B의 계정, 아니면 제3의 계정의 저장소를 사용할 수 있습니다. 여기서는 개발자 A의 원격저장소에 연계하는 방법을 기준으로 설명합니다. 개발자 B의 Github 계정은 이미 만들었다고 가정합니다.

❶ 개발자 A의 Github 계정으로 calculator 원격저장소에 접속합니다. 원격저장소 화면 위쪽에 Settings 아이콘을 클릭해서 설정 화면으로 진입합니다.

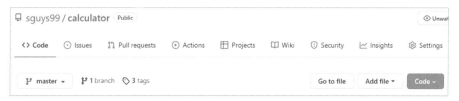

그림 6.11 Settings 아이콘 선택

❷ 협업할 작업자 추가를 위해 왼쪽에 있는 Collaborators 탭을 클릭합니다. 그리고 'Add people' 버튼을 클릭합니다. 사용자 검색을 위한 팝업에서 추가할 협업자의 Github 계정 아이디나 이메일 주소를 검색합니다. 해당 아이디나 이메일로 Github에 가입된 사용자가 있으면 아래에 표시됩니다.

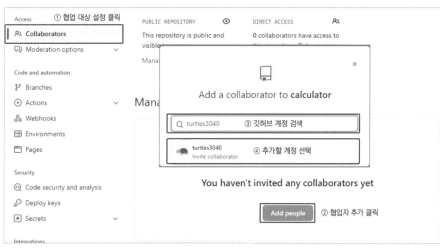

그림 6.12 협업자 계정 추가

❸ 추가할 협업자의 계정을 선택하면 Manage access 항목에 해당 계정이 표시됩니다.

그림 6.13 Manage access 항목 표시

❹ 아직 끝나지 않았습니다. 추가한 계정 아래에 'Awaiting 계정 이름's response'라는 문구가 표시됩니다. 추가한(초대된) 협업자의 승인을 받아야 합니다. 협업자의 이메일로 관련 초대 메일이 발송됩니다.

❺ 초대를 받은 협업자는 메일에서 View invitation 버튼을 클릭하면 원격저장소로 접속됩니다. 여기서 초대 승인을 위해 'Accept invitation' 버튼을 클릭하면 협업자 추가가 완료됩니다.

① 협업자의 초대 메일에서 View invitation 클릭

② 초대 승인

그림 6.14 저장소 초대 승인

❻ 이제 calculator 저장소의 주인(개발자 A) 계정으로 저장소에 접근하여 'Manage access' 항목을 확인해보면 협업자의 상태가 Collaborator로 변경되어 있을 것입니다.

그림 6.15 협업자 추가 결과

1.4 정리

git clone [원격저장소 주소] : 원격저장소의 내용을 복제. 폴더 이름은 원격저장소 이름과 동일

git clone [원격저장소 주소] [폴더 이름] : 해당 폴더 이름으로 원격저장소의 내용을 복제

2 push와 pull② :
협업 환경에서 작업 내용 업데이트하기

개발자 A와 B가 함께 calculator 프로그램을 개발할 수 있는 협업 환경이 완성되었다. 개발자 A는 화면 구성과 관련된 부분을(ui.py), 개발자 B는 컨트롤과 관련된 부분(ctrl.py)을 담당하기로 한다. 각자 개발한 내용을 어떤 방식으로 공유하면 될까?

앞 절에서 협업을 위한 저장소 생성과 연계를 모두 마쳤습니다. 원격저장소에 로컬저장소 2개를 연결 했었는데, 물론 그 이상의 로컬저장소 작업자를 연결할 수도 있습니다. Git은 저장소 복제로 다수의 로컬저장소를 연결하여 분산 관리 환경을 구축할 수 있습니다.

이번 절에서는 각 로컬저장소에서 파일을 수정하고 커밋을 기록한 뒤, 서로의 작업 내용을 공유하는 실습을 합니다. 실습하며 Git을 활용한 협업 환경의 효과를 체험할 것입니다. 6.1에서 구축한 저장소에서 실습하겠습니다.

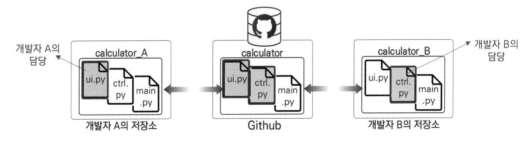

그림 6.16 개발자 A, B의 담당 영역

2.1 개발자 A : ui.py 수정, 커밋, 푸시하기

먼저 개발자 A의 저장소인 calculator_A 폴더에서 작업합니다. 개발자 A는 계산기 프로그램에 위젯을 추가하는 작업을 합니다.

그림 6.17 개발자 A의 저장소에서 ui.py 파일 수정 결과

❶ VS Code에서 ui.py를 다음과 같이 수정합니다.

```
# ch 6.2.1 ui.py
from PyQt5.QtWidgets import (QApplication, QWidget, QPushButton, QVBoxLayout,
                             QMessageBox, QPlainTextEdit, QHBoxLayout,
                             QLineEdit, QComboBox) # QLineEdit, QComboBox 추가
from PyQt5.QtGui import QIcon
from PyQt5 import QtCore # 모듈 추가


class View(QWidget):
    ...
    def initUI(self):
        ...

        self.le1=QLineEdit('0',self) # 라인 에디트1 추가
        self.le1.setAlignment(QtCore.Qt.AlignRight) # 라인 에디트1 문자열 배치 설정

        self.le2=QLineEdit('0',self) # 라인 에디트2 추가
        self.le2.setAlignment(QtCore.Qt.AlignRight) # 라인 에디트2 문자열 배치 설정

        self.cb = QComboBox(self) # 콤보 박스 추가
        self.cb.addItems(['+', '-', '*', '/']) # 콤보 박스 항목 추가(연산자로 사용)
```

```
        hbox_formular = QHBoxLayout() # 새로 정의한 위젯을 QHBoxLayout에 배치
        hbox_formular.addWidget(self.le1)
        hbox_formular.addWidget(self.cb)
        hbox_formular.addWidget(self.le2)
        ...

        vbox=QVBoxLayout()
        vbox.addWidget(self.te1)
        vbox.addLayout(hbox_formular) # hbox_formular 배치
        vbox.addLayout(hbox)
        vbox.addStretch(1)
        ...
```

파일을 수정한 후 터미널에서 python main.py를 입력했을 때 그림 6.17과 같은 결과가 실행되면 올바르게 작업한 것입니다.

❷ 수정한 내용을 커밋합니다.

```
git commit -am "Modify ui.py to add le1, le2 and cb widgets"
```

```
kmyu@DESKTOP-N2FK7H0 MINGW64 /c/calculator_A (master)
$ git commit -am "Modify ui.py to add le1, le2 and cb widgets"
[master 0c79bd0] Modify ui.py to add le1, le2 and cb widgets
 1 file changed, 18 insertions(+), 1 deletion(-)

kmyu@DESKTOP-N2FK7H0 MINGW64 /c/calculator_A (master)
$ git log --oneline
0c79bd0 (HEAD -> master) Modify ui.py to add le1, le2 and cb widgets
9ea77e0 (origin/master) Revert "Add lbl1 in ui.py to print current date"
ddc9abf Add lbl1 in ui.py to print current date
fa4d56e Create README.md
---(생략)---
```

개발자 A 내용이 0c79bd0에 기록되었습니다.

지금까지의 상태를 그림으로 표현해 보았습니다. 다음 그림의 붉은색 영역으로 표시한 것처럼 개발자 A의 저장소에만 파일의 변경 사항이 기록(커밋)되었습니다.

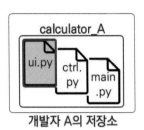
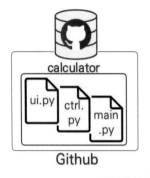
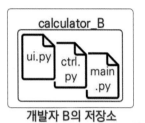

calculator_A

개발자 A의 저장소

calculator

Github

calculator_B

개발자 B의 저장소

그림 6.18 현재 저장소 상태

❸ 개발자 A가 커밋한 내용을 푸시합니다.

```
git push
```

```
kmyu@DESKTOP-N2FK7H0 MINGW64 /c/calculator_A (master)
$ git push
Enumerating objects: 5, done.
Counting objects: 100% (5/5), done.
Delta compression using up to 12 threads
Compressing objects: 100% (3/3), done.
Writing objects: 100% (3/3), 547 bytes |273.00 KiB/s, done.
Total 3(delta 2), reused 0(delta 0), pack-reused 0
remote: Resolving deltas: 100% (2/2), completed with 2local objects.
To https://github.com/sguys99/calculator.git
   9ea77e0..0c79bd0  master -> master

kmyu@DESKTOP-N2FK7H0 MINGW64 /c/calculator_A (master)
$ git log --oneline
0c79bd0 (HEAD -> master, origin/master) Modify ui.py to add le1, le2 and cb widgets
9ea77e0 Revert "Add lbl1 in ui.py to print current date"
ddc9abf Add lbl1 in ui.py to print current date
fa4d56e Create README.md
---(생략)---
```

로그에서 origin/master가 참조하는 커밋을 보면 로컬저장소의 master가 참조하는 것과 같습니다. 작성한 커밋 0c79bd0이 원격저장소에 반영된 것을 의미합니다.

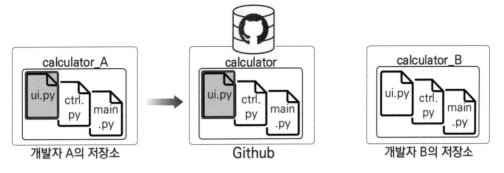

그림 6.19 푸시 후 저장소의 상태

개발자 A의 작업이 마무리되었습니다. 다음부터는 개발자 B가 지금까지의 작업 내용을 공유받고 작업하는 과정을 따라해 보겠습니다.

2.2 개발자 B : ctrl.py 수정, 커밋, 푸시하기

이제 개발자 B의 저장소인 calculator_B 폴더에서 작업을 계속하겠습니다. 개발자 B는 지금까지의 작업 내용을 공유받고, ctrl.py를 수정해야 합니다.

❶ 원격저장소의 내용, 즉 개발자 A가 작업한 내용을 git pull로 다운로드합니다.

```
git pull
```

```
kmyu@DESKTOP-N2FK7H0 MINGW64 /c/calculator_B (master)
$ git pull
Updating 9ea77e0..0c79bd0
Fast-forward
 ui.py |19 +++++++++++++++++-
 1 file changed, 18 insertions(+), 1 deletion(-)

kmyu@DESKTOP-N2FK7H0 MINGW64 /c/calculator_B (master)
$ git log --oneline
0c79bd0 (HEAD -> master, origin/master, origin/HEAD) Modify ui.py to add le1, le2
and cb widgets
9ea77e0 Revert "Add lbl1 in ui.py to print current date"
ddc9abf Add lbl1 in ui.py to print current date
fa4d56e Create README.md
---(생 략)---
```

개발자 B의 로컬저장소의 로그에도 개발자 A가 작성한 커밋 0c79bd가 추가되었습니다.

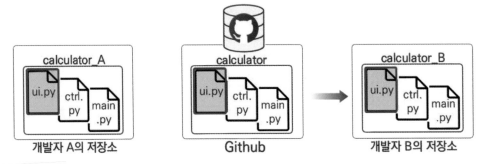

그림 6.20 calculator_B에서 풀(Pull) 후 저장소의 상태

❷ 이제 VS Code로 개발자 B의 저장소 calculator_B 폴더를 열어 파일을 수정합니다. 개발자 B는
컨트롤과 관련된 ctrl.py의 내용을 다음과 같이 수정합니다.

```
# ch 6.2.2 ctrl.py
class Control:

    def __init__(self, view):
        self.view = view
        self.connectSignals()

    def calculate(self): # calculate 메서드 추가. 내용은 추후에 작성
        pass

    def connectSignals(self):
        self.view.btn1.clicked.connect(self.calculate) # 버튼1 연결을 변경
        self.view.btn2.clicked.connect(self.view.clearMessage)
```

ui.py에 정의된 버튼 위젯 btn1을 클릭하면 계산하도록 구현하기 위해 클릭 연결을 calculate
함수로 변경하였습니다. calculate 함수는 정의만 해 두었고 아직 내용은 입력하지 않았습니다.

❸ calculator_B에서 작업한 내용을 커밋합니다.

```
git commit -am "Modify ctrl.py to connect btn1 to calculate method"
```

```
kmyu@DESKTOP-N2FK7H0 MINGW64 /c/calculator_B (master)
$ git commit -am "Modify ctrl.py to connect btn1 to calculate method"
[master 0991940] Modify ctrl.py to connect btn1 to calculate method
```

194

```
 1 file changed, 4 insertions(+), 1 deletion(-)


kmyu@DESKTOP-N2FK7H0 MINGW64 /c/calculator_B (master)
$ git log --oneline
0991940(HEAD -> master) Modify ctrl.py to connect btn1 to calculate method
0c79bd0 (origin/master, origin/HEAD) Modify ui.py to add le1, le2 and cb widgets
9ea77e0 Revert "Add lbl1 in ui.py to print current date"
ddc9abf Add lbl1 in ui.py to print current date
fa4d56e Create README.md
---(생 략)---
```

현재 저장소의 상태를 정리하면 다음과 같습니다.

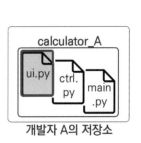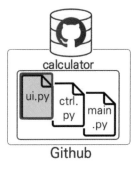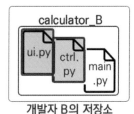

그림 6.21 calculator_B에서 커밋 후 저장소 상태

❹ calculator_B의 작업 내용을 원격저장소에 푸시합니다.

```
git push
```

```
kmyu@DESKTOP-N2FK7H0 MINGW64 /c/calculator_B (master)
$ git push
Enumerating objects: 5, done.
Counting objects: 100% (5/5), done.
Delta compression using up to 12 threads
Compressing objects: 100% (3/3), done.
Writing objects: 100% (3/3), 342 bytes |342.00 KiB/s, done.
Total 3(delta 2), reused 0(delta 0), pack-reused 0
remote: Resolving deltas: 100% (2/2), completed with 2local objects.
To https://github.com/sguys99/calculator.git
   0c79bd0..0991940  master -> master

kmyu@DESKTOP-N2FK7H0 MINGW64 /c/calculator_B (master)
$ git log --oneline
```

```
0991940(HEAD -> master, origin/master, origin/HEAD) Modify ctrl.py to connect
btn1 to calculate method
0c79bd0 Modify ui.py to add le1, le2 and cb widgets
9ea77e0 Revert "Add lbl1 in ui.py to print current date"
ddc9abf Add lbl1 in ui.py to print current date
fa4d56e Create README.md
---(생략)---
```

개발자 B의 내용과 원격저장소의 내용이 같아졌습니다.

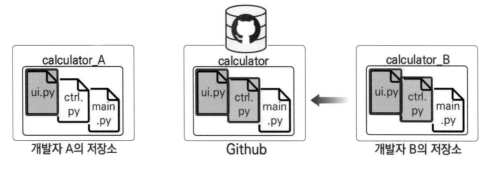

그림 6.22 calculator_B에서 푸시 후 저장소 상태

2.3 개발자 A : 원격저장소의 내용을 가져와서 병합하기

아직 개발자 A의 저장소에는 개발자 B가 작업한 내용이 반영되지 않았습니다. 다시 개발자 A의 저장소 calculator_A로 돌아와서 원격저장소에 업데이트된 내용을 가져와서 병합하겠습니다.

❶ calculator_A 저장소의 터미널에서 원격저장소의 내용을 풀합니다.

```
git pull
```

```
kmyu@DESKTOP-N2FK7H0 MINGW64 /c/calculator_A (master)
$ git pull
Updating 0c79bd0..0991940
Fast-forward
 ctrl.py |5 ++++-
 1 file changed, 4 insertions(+), 1 deletion(-)
kmyu@DESKTOP-N2FK7H0 MINGW64 /c/calculator_A (master)
$ git log --oneline
0991940(HEAD -> master, origin/master) Modify ctrl.py to connect btn1 to calculate
method
```

```
0c79bd0 Modify ui.py to add le1, le2 and cb widgets
9ea77e0 Revert "Add lbl1 in ui.py to print current date"
ddc9abf Add lbl1 in ui.py to print current date
fa4d56e Create README.md
---(생략)---
```

개발자 B가 작성한 커밋 0991940이 개발자 A의 저장소에도 반영되었습니다.

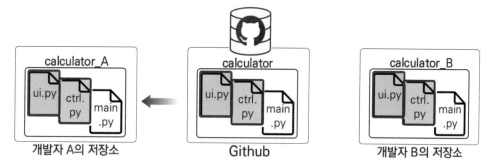

그림 6.23 calculator_A에서 풀 후 저장소 상태

2.4 정리

이번 절에서는 두 개의 로컬저장소 작업자(개발자 A, B)가 Github 원격저장소를 중심으로 작업 내용을 공유해 가며 협업하는 과정에 따라 실습해 보았습니다. 사용한 명령어는 앞에서 이미 배웠던 커밋, 푸시, 풀이 전부입니다.

푸시, 풀 명령을 사용했을 때, 별다른 문제 없이 작업 내용이 저장소에 잘 반영되었습니다. 특히 git pull 했을 때 상대방의 작업 내용이 자동으로 병합(merge)되었습니다. 각 작업자가 작업할 파일을 미리 분리해두었고(ui, ctrl, main), 업무 분장을 해 두어서 담당하는 파일만 수정해서 푸시, 풀했기 때문입니다. 하지만 실무에서는 다양한 변수가 존재합니다. 같은 파일을 여러 작업자가 작업할 수도 있고, 이로 인해서 작업 내용의 병합이 원활하지 않을 수도 있습니다.

다음 절에서는 협업 과정에서 발생할 수 있는 충돌(conflict) 문제를 소개하고, 이를 해결하는 방법에 대한 설명을 이어나가겠습니다.

3 충돌 해결하기

본사에서 calculator 프로그램에 화면 기능을 추가해 달라는 요청이 왔다. 개발자 B는 요청 사항을 반영하여 커밋, 푸시를 마쳤다. 그런데 휴가에서 돌아온 개발자 A는 해당 내용을 전달받지 못했다. 개발자 A는 추가된 기능이 반영되지 않은 저장소에서 또 다른 화면 기능을 위한 작업을 이어 나갔고 커밋까지 완료했다. 개발자 A는 원격저장소에 업로드된 개발자 B 내용을 뒤늦게 확인하고 자신의 로컬저장소로 풀(Pull)하였다. 하지만 이 과정에서 개발자 B 내용이 자동 병합되지 못하고 충돌이 발생하였다. 충돌을 어떤 식으로 해결해야 할까?

git pull은 원격저장소의 파일 내용을 가져오는 기능(fetch)과 이를 병합하는 과정(merge)을 한꺼번에 진행합니다. 병합 단계에서 Git은 파일의 수정된 부분을 확인해서 로컬저장소의 파일에 자동으로 반영해 줍니다. 하지만 Git이 어떤 부분을 반영해야 할지 스스로 판단하지 못하는 경우도 있습니다. 이럴 때는 작업자가 직접 파일의 내용을 수정하고 병합을 마무리해 줘야 합니다. 자동 병합이 실패한 상태에서 작업자가 직접 개입하여 병합할 내용을 수정, 정리하는 과정을 충돌(conflict) 해결하기라고 합니다. 이번 절에서는 임의로 충돌이 발생하는 상황을 만들고, 이를 처리하는 과정을 실습합니다. 2.3까지 작업한 저장소를 사용해서 실습하겠습니다.

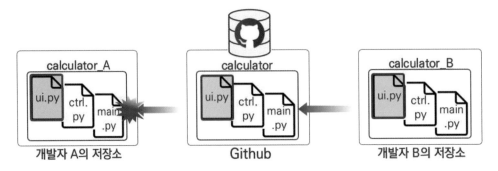

그림 6.24 실습에서 처리할 충돌 상황

3.1 개발자 B : ui.py 수정, 커밋, 푸시하기

본사에서 화면 기능 수정 요청이 왔습니다. 요청 사항은 다음 세 가지입니다.

1 btn1 버튼의 이름을 Calc로 변경할 것

2 프로그램을 시작할 때 le1에 포커스를 설정할 것

3 activateMessage 메서드 이름을 setDisplay로 변경할 것

개발자 B의 저장소인 calculator_B 폴더에서 작업하겠습니다.

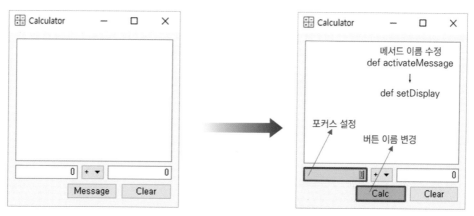

그림 6.25 개발자 B 작업 예정 목록

❶ VS Code로 calculator_B 폴더를 열고 ui.py 파일을 다음과 같이 수정합니다.

```
# ch 6.3.1 ui.py
...


class View(QWidget):
    ...
    def initUI(self):
        ...

        self.btn1=QPushButton('Calc',self) # 버튼 이름 변경
        self.btn2=QPushButton('Clear',self)

        self.le1=QLineEdit('0',self)
        self.le1.setAlignment(QtCore.Qt.AlignRight)
        self.le1.setFocus(True) # 포기스 설정
        self.le1.selectAll() # 텍스트 전체 선택
        ...

    def setDisplay(self): # 메서드 이름 변경
        self.te1.appendPlainText("Button clicked!")
        ...
```

❷ 수정한 내용을 커밋합니다. 수정 항목별로 커밋하는 것이 좋겠지만, 편의상 모두 작업한 후 한 번에 커밋합니다.

```
git commit -am "Modify btn1, le1 and method name to setDisplay in ui.py"
```

```
kmyu@DESKTOP-N2FK7H0 MINGW64 /c/calculator_B (master)
$ git commit -am "Modify btn1, le1 and method name to setDisplay in ui.py"
[master d0241db] Modify btn1, le1 and method name to setDisplay in ui.py
 1 file changed, 4 insertions(+), 2 deletions(-)


kmyu@DESKTOP-N2FK7H0 MINGW64 /c/calculator_B (master)
$ git log --oneline
d0241db (HEAD -> master) Modify btn1, le1, and method name to setDisplay in ui.py
0991940(origin/master, origin/HEAD) Modify ctrl.py to connect btn1 to calculate
method
0c79bd0 Modify ui.py to add le1, le2 and cb widgets
9ea77e0 Revert "Add lbl1 in ui.py to print current date"
ddc9abf Add lbl1 in ui.py to print current date
fa4d56e Create README.md
---(생략)---
```

❸ 작업한 내용을 원격저장소로 푸시합니다.

```
git push
```

```
kmyu@DESKTOP-N2FK7H0 MINGW64 /c/calculator_B (master)
$ git push
Enumerating objects: 5, done.
Counting objects: 100% (5/5), done.
Delta compression using up to 12 threads
Compressing objects: 100% (3/3), done.
Writing objects: 100% (3/3), 390 bytes |390.00 KiB/s, done.
Total 3(delta 2), reused 0(delta 0), pack-reused 0
remote: Resolving deltas: 100% (2/2), completed with 2local objects.
To https://github.com/sguys99/calculator.git
   0991940..d0241db  master -> master


kmyu@DESKTOP-N2FK7H0 MINGW64 /c/calculator_B (master)
$ git log --oneline
d0241db (HEAD -> master, origin/master, origin/HEAD) Modify btn1, le1, and method
name to setDisplay in ui.py
```

```
0991940 Modify ctrl.py to connect btn1 to calculate method
0c79bd0 Modify ui.py to add le1, le2 and cb widgets
9ea77e0 Revert "Add lbl1 in ui.py to print current date"
ddc9abf Add lbl1 in ui.py to print current date
fa4d56e Create README.md
---(생 략)---
```

지금까지 작업한 내용은 다음 그림과 같습니다. calculator_B 저장소에서 ui.py를 수정하고 커밋, 푸시를 완료했습니다.

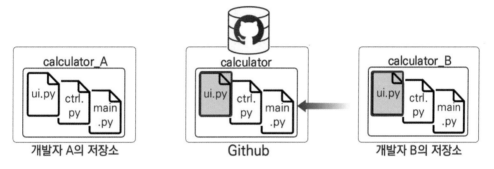

그림 6.26 개발자 B의 저장소에서 커밋, 푸시 후 상태

3.2 개발자 A : ui.py 수정, 커밋, 푸시하기

개발자 A가 휴가에서 돌아왔습니다. 개발자 A는 개발자 B가 ui.py에 작업한 내용을 모르고 있습니다. 개발자 B가 작업한 내용이 반영되지 않은 calculator_A 저장소에서 작업하여 개발자 A의 저장소에 있는 ui.py 파일에는 버튼 이름, 포커스 수정이 반영되어 있지 않습니다. 그리고 activateMessage라는 메서드 이름이 그대로 있습니다. 이와 별개로 개발자 A가 ui.py 파일에 작업할 내용은 다음과 같습니다.

• activateMessage 함수를 수정하여 인자로 받은 text를 te1에 출력하도록 할 것

❶ VS Code로 calculator_A 폴더를 열어서 ui.py의 activateMessage 함수 부분을 다음과 같이 수정합니다.

```
# ch 6.3.2 ui.py
...

class View(QWidget):
    ...
```

```
    def initUI(self):
        ...


    def activateMessage(self, text):
        self.te1.appendPlainText(text)
        ...
```

❷ 수정한 내용을 개발자 A의 저장소에서 커밋합니다.

```
git commit -am "Modify activateMessage function to add an argument"
```

```
kmyu@DESKTOP-N2FK7H0 MINGW64 /c/calculator_A (master)
$ git commit -am "Modify activateMessage function to add an argument"
[master 5c59696] Modify activateMessage function to add an argument
 1 file changed, 2 insertions(+), 2 deletions(-)

kmyu@DESKTOP-N2FK7H0 MINGW64 /c/calculator_A (master)
$ git log --oneline
5c59696 (HEAD -> master) Modify activateMessage function to add an argument
0991940 Modify ctrl.py to connect btn1 to calculate method
0c79bd0 Modify ui.py to add le1, le2 and cb widgets
9ea77e0 Revert "Add lbl1 in ui.py to print current date"
ddc9abf Add lbl1 in ui.py to print current date
fa4d56e Create README.md
---(생략)---
```

로그에서 origin/master가 사라졌습니다. 개발자 B가 커밋한 master를 참조하고 있기 때문입니다. 어쨌든 개발자 A는 이 상황을 모르고 있습니다.

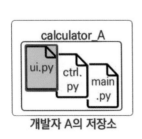
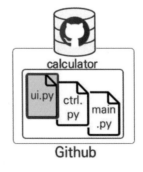
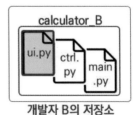

그림 6.27 개발자 A의 저장소 커밋 후 상태

❸ 개발자 A가 작업한 내용을 푸시해 봅니다.

```
git push
```

```
kmyu@DESKTOP-N2FK7H0 MINGW64 /c/calculator_A (master)
$ git push
To https://github.com/sguys99/calculator.git
 ! [rejected]        master -> master (non-fast-forward)
error: failed to push some refs to 'https://github.com/sguys99/calculator.git'
hint: Updates were rejected because the tip of your current branch is
behind
hint: its remote counterpart. Integrate the remote changes (e.g.
hint: 'git pull ...') before pushing again.
hint: See the 'Note about fast-forwards'in'git push --help'for details.

kmyu@DESKTOP-N2FK7H0 MINGW64 /c/calculator_A (master)
$
```

에러 메시지가 발생했습니다. 힌트에 따르면 에러가 발행한 이유는 개발자 A의 브랜치 내용이 원격저장소의 origin 브랜치 내용보다 뒤처져 있기 때문입니다(Updates were rejected because the tip of your current branch is behind). 곧이어 팁을 알려줍니다(Integrate the remote changes (e.g. hint: 'git pull ...') before pushing again). 푸시하기 전에 git pull로 원격 장소의 내용을 병합하라는 코멘트입니다. 다음 실습에서 git pull을 입력했을 때 어떤 상황이 발생하는지 살펴보세요.

3.3 개발자 A : git pull 그리고 충돌 해결하기

개발자 A의 저장소에서 계속 작업하겠습니다.

❶ 원격저장소에 업로드된 개발자 B 내용을 병합하기 위해 풀합니다.

```
git pull
```

```
kmyu@DESKTOP-N2FK7H0 MINGW64 /c/calculator_A (master)
$ git pull
Auto-merging ui.py
CONFLICT (content): Merge conflict in ui.py
Automatic merge failed; fix conflicts and then commit the result.
```

```
kmyu@DESKTOP-N2FK7H0 MINGW64 /c/calculator_A (master|MERGING)
$
```

원격저장소의 내용이 자동으로 병합되지 못하고 충돌 메시지가 출력되었습니다. Git은 파일 내용을 자동 병합하지 못하면 충돌 메시지를 발생시키고 충돌 해결 단계로 진입합니다. 저장소 오른쪽의 참조가 (master|MERGING)로 변경되었는데, 충돌 해결 단계로 진입했음을 뜻합니다.

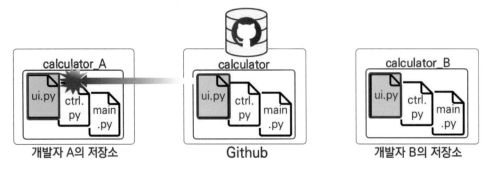

그림 6.28 풀 후 개발자 A의 저장소 상태(충돌 발생)

충돌이 발생하기 전 단계, 그러니까 git pull을 입력하기 전으로 돌아가려면 어떻게 할까요? 4.8에서 설명한대로 git reset하여 풀하기 전 상태로 돌아가거나(git reset --hard), 다음 명령으로 병합을 종료하면 됩니다.

```
git merge --abort
```

충돌을 직접 해결하려면 개발자가 소스 코드상에 충돌이 발생한 지점을 찾아서 수정하고 커밋까지 완료해야 합니다. 충돌 메시지를 읽어보면 병합(merging) 과정에서 ui.py에 충돌이 발생했다고 알려주고 있습니다. ui.py를 수정하면 될 것 같습니다. VS Code로 ui.py를 열어 봅니다.

```
# ch 6.3.3 ui.py
...

<<<<<<< HEAD
    def activateMessage(self, text):
        self.te1.appendPlainText(text)
=======
    def setDisplay(self):
        self.te1.appendPlainText("Button clicked!")
>>>>>>> d0241dbd4e06b4dd7370bc700aaa98f7c0fd8546

...
```

개발자 B는 3.1에서 세 가지를 작업했습니다. 그중에 버튼 이름 변경과 포커스를 위한 코드는 자동으로 병합되었습니다.

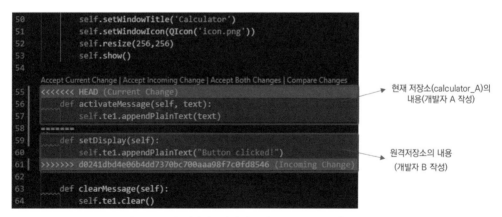

```
14        def initUI(self):
15            self.te1 = QPlainTextEdit()
16            self.te1.setReadOnly(True)
17
18            self.btn1=QPushButton('Calc',self)
19            self.btn2=QPushButton('Clear',self)
20
21            self.le1=QLineEdit('0',self)
22            self.le1.setAlignment(QtCore.Qt.AlignRight)
23            self.le1.setFocus(True)
24            self.le1.selectAll()
```

개발자 B의 작업 내용

그림 6.29 풀 후 개발자 A의 저장소 안 ui.py 소스 코드(자동 병합 부분)

그런데 개발자 B가 메서드 이름을 activateMessage에서 setDisplay로 변경한 작업은 병합 과정에서 충돌을 발생시켰습니다. 개발자 B가 작업한 부분과 개발자 A가 수정한 부분이 중복되어 자동 병합이 불가능하기 때문입니다. 다행히 Git이 자동 병합하지 못한 부분을 표시해 두었습니다. 충돌 부분 중에서 '<<<<< HEAD...'와 '====...' 사이의 내용이 현재 저장소의 HEAD가 참조하고 있는 내용, 즉 개발자 A가 작성한 내용입니다. '====...'와 '>>>>' 사이의 내용은 원격저장소의 master가 참조하고 있는 내용, 즉 개발자 B가 작성한 내용입니다. 충돌 해결이란 작업자(개발자 A)가 이 부분을 의도한 방향으로 수정하는 과정입니다.

```
50            self.setWindowTitle('Calculator')
51            self.setWindowIcon(QIcon('icon.png'))
52            self.resize(256,256)
53            self.show()
54
   Accept Current Change | Accept Incoming Change | Accept Both Changes | Compare Changes
55    <<<<<<< HEAD (Current Change)
56        def activateMessage(self, text):
57            self.te1.appendPlainText(text)
58    =======
59        def setDisplay(self):
60            self.te1.appendPlainText("Button clicked!")
61    >>>>>>> d0241dbd4e06b4dd7370bc700aaa98f7c0fd8546 (Incoming Change)
62
63        def clearMessage(self):
64            self.te1.clear()
```

현재 저장소(calculator_A)의 내용(개발자 A 작성)

원격저장소의 내용(개발자 B 작성)

그림 6.30 풀 후 개발자 A의 저장소 안 ui.py 소스 코드(충돌 발생 부분)

개발자 A는 인자(argument) text를 입력받아 텍스트 에디트(te1)에 메시지를 출력하도록 함수를 수정하려고 했습니다. 여기에 함수 이름을 수정하려고 했던 개발자 B의 의도를 반영하여 코드를 수정하면 됩니다.

❷ VS Code로 calculator_A 폴더를 열어서 ui.py의 충돌 부분을 아래와 같이 수정합니다.

```python
# ch 6.3.3 ui.py
...


class View(QWidget):

    def __init__(self):
        super().__init__()
        self.initUI()

    def initUI(self):

        ...

        self.setWindowTitle('Calculator')
        self.setWindowIcon(QIcon('icon.png'))
        self.resize(256,256)
        self.show()

    def setDisplay(self, text): # 함수명 변경
        self.te1.appendPlainText(text)

    def clearMessage(self):
        self.te1.clear()

...
```

❸ 커밋하기 전에 저장소의 상태를 확인해 봅니다.

```
git status
```

```
kmyu@DESKTOP-N2FK7H0 MINGW64 /c/calculator_A (master|MERGING)
$ git status
On branch master
Your branch and 'origin/master' have diverged,
and have 1 and 1 different commits each, respectively.
  (use "git pull" to merge the remote branch into yours)


You have unmerged paths.
  (fix conflicts and run "git commit")
```

```
  (use "git merge --abort" to abort the merge)


Unmerged paths:
  (use "git add <file>..." to mark resolution)
        both modified:   ui.py


no changes added to commit (use "git add" and/or "git commit -a")


kmyu@DESKTOP-N2FK7H0 MINGW64 /c/calculator_A (master|MERGING)
$
```

충돌 부분의 코드를 수정했다고 병합이 끝난 것이 아닙니다. 메시지에도 같은 내용이 표시됩니다(You have unmerged paths……).

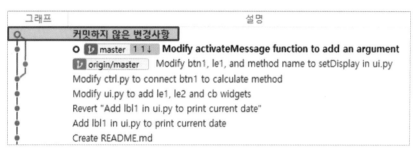

그림 6.31 충돌 부분 수정 후 로그 상태(소스트리, 병합 완료 안 됨)

충돌 해결을 마무리 지으려면 수정한 내용의 커밋까지 완료해야 합니다.

❹ 충돌 부분을 수정하고 병합한 내용을 커밋합니다. 커밋 메시지는 "Merge origin/master"로 작성했습니다.

```
git commit -am "Merge origin/master"
```

```
kmyu@DESKTOP-N2FK7H0 MINGW64 /c/calculator_A (master|MERGING)
$ git commit -am "Merge origin/master"
[master 9faf97f] Merge origin/master


kmyu@DESKTOP-N2FK7H0 MINGW64 /c/calculator_A (master)
$ git log --oneline
9faf97f (HEAD -> master) Merge origin/master
5c59696 Modify activateMessage function to add an argument
d0241db (origin/master) Modify btn1, le1, and method name to setDisplay in ui.py
```

```
0991940 Modify ctrl.py to connect btn1 to calculate method
0c79bd0 Modify ui.py to add le1, le2 and cb widgets
9ea77e0 Revert "Add lbl1 in ui.py to print current date"
ddc9abf Add lbl1 in ui.py to print current date
fa4d56e Create README.md
---(생략)---
```

커밋도 무사히 마무리되었습니다. 저장소 경로 오른쪽에 참조도 master로 돌아왔습니다. 로그에 따르면 개발자 A의 저장소에 커밋이 두 개가 추가되었습니다. 하나는 개발자 A가 처음에 작업한 내용, 나머지 하나는 충돌 해결 과정에서 작성한 커밋입니다. 이것을 사용자가 직접 코드를 수정하여 병합하였다고 하여, 머지(merge) 커밋이라고 합니다.

그림 6.32 충돌 해결 후 개발자 A의 저장소(calculator_A) 로그

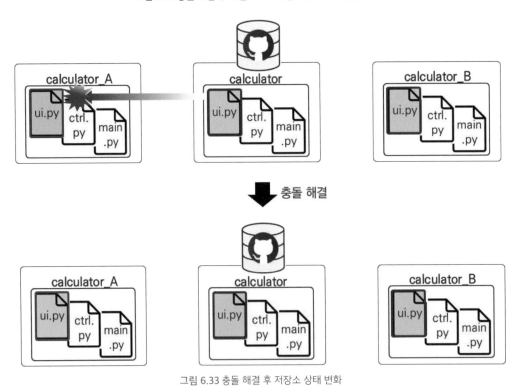

그림 6.33 충돌 해결 후 저장소 상태 변화

❺ 원격저장소와 개발자 B의 저장소(calculator_B)에는 개발자 A가 작성한 커밋이 반영되어 있지 않습니다. 지금까지의 내용을 원격저장소로 푸시해 줍니다.

```
git push
```

```
kmyu@DESKTOP-N2FK7H0 MINGW64 /c/calculator_A (master)
$ git push
Enumerating objects: 10, done.
Counting objects: 100% (10/10), done.
Delta compression using up to 12 threads
Compressing objects: 100% (6/6), done.
Writing objects: 100% (6/6), 646 bytes |646.00 KiB/s, done.
Total 6(delta 4), reused 0(delta 0), pack-reused 0
remote: Resolving deltas: 100% (4/4), completed with 3local objects.
To https://github.com/sguys99/calculator.git
   d0241db..9faf97f  master -> master

kmyu@DESKTOP-N2FK7H0 MINGW64 /c/calculator_A (master)
$
```

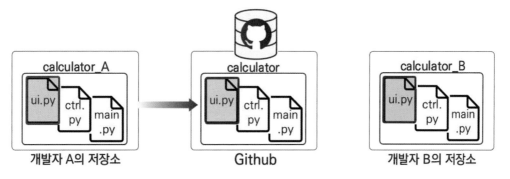

그림 6.34 개발자 A의 저장소에서 푸시 후 상태 변화

3.4 개발자 B : git pull로 원격저장소의 내용 병합하기

원격저장소에 업데이트된 충돌 해결 관련 내용이 개발자 B의 저장소에는 반영되지 않았습니다. 마지막으로 개발자 B의 저장소 calculator_B에 내용을 업데이트해서 전체 저장소의 내용을 동일하게 유지하겠습니다.

❶ 개발자 B의 저장소 calculator_B에서 원격저장소의 내용을 풀합니다.

```
git pull
```

```
kmyu@DESKTOP-N2FK7H0 MINGW64 /c/calculator_B (master)
$ git pull
Updating d0241db..9faf97f
Fast-forward
 ui.py |4 ++--
 1 file changed, 2 insertions(+), 2 deletions(-)

kmyu@DESKTOP-N2FK7H0 MINGW64 /c/calculator_B (master)
$
```

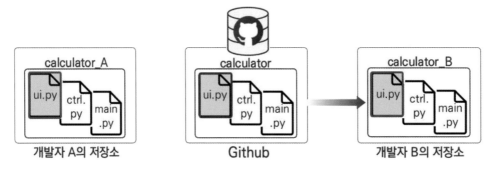

그림 6.35 개발자 B의 저장소에서 풀 후 상태 변화

❷ 충돌 해결과 병합 로그를 확인하기 위해 git log에 --graph 옵션을 붙여 입력합니다.

```
git log --oneline --graph
```

```
kmyu@DESKTOP-N2FK7H0 MINGW64 /c/calculator_B (master)
$ git log --oneline --graph
*     9faf97f (HEAD -> master, origin/master, origin/HEAD) Merge origin/
master
|\
| * d0241db Modify btn1, le1, and method name to setDisplay in ui.py
* | 5c59696 Modify activateMessage function to add an argument
|/
* 0991940 Modify ctrl.py to connect btn1 to calculate method
* 0c79bd0 Modify ui.py to add le1, le2 and cb widgets
* 9ea77e0 Revert "Add lbl1 in ui.py to print current date"
```

```
* ddc9abf Add lbl1 in ui.py to print current date
* fa4d56e Create README.md
---(생략)---
```

작업 내용의 차이가 발생해서 분기된 부분을 확인할 수 있습니다. 그리고 충돌을 해결하고 수동으로 개발자 A가 병합한 부분이 직관적으로 표시되어 있습니다.

실무에서 충돌 상황은 빈번하게 발생할 수 있습니다. 충돌 상황을 처음 접하게 되면 당황하기 마련이지만, 연습하다 보면 능숙하게 대처할 수 있게 될 것입니다.

3.5 정리

git diff origin/master master : origin/master와 로컬저장소의 master 차이 비교

git merge --abort : 병합(merging) 작업 종료

git log --oneline --graph : 저장소의 커밋 이력을 한 줄로, 그래프를 추가하여 출력

fetch와 merge

> 개발자 B는 입사한 지 얼마 되지 않은 주니어 개발자이다. 개발자 A는 개발자 B가 원격저장소에 푸시한 내용을 검토한 뒤에 자신의 로컬저장소로 병합하고 싶다.

앞에서 우리는 git pull을 사용해서 원격저장소의 내용을 가져오고(fetch), 가져온 내용을 자동 병합하는(merge) 과정을 한꺼번에 진행했습니다. 그리고 Git이 자동 병합하지 못하고 충돌이 발생하면(conflict) 파일을 직접 수정하여 해결하는 방법도 알아보았습니다. 그런데 꼭 한꺼번에 해야하는 것은 아닙니다. 오히려 git pull 대신 fetch와 merge 두 과정으로 나누는 게 나을 때도 있습니다. 예를 들어 원격저장소의 작업 내용을 확인하고 병합하고 싶다면 두 단계로 나누어 작업해야 합니다. 이번 절에서는 개발자 B가 원격저장소로 업로드한 내용을 개발자 A 측에서 fetch와 merge 두 단계로 나누어 반영하는 과정을 실습해 보겠습니다. 3.4까지 작업한 저장소를 사용해서 실습하겠습니다.

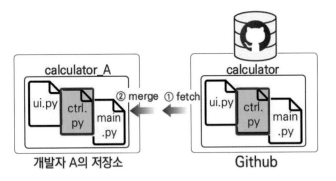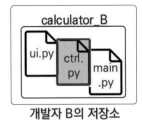

그림 6.36 fetch, merge의 개념

4.1 개발자 B : ctrl.py 수정, 커밋, 푸시하기

개발자 B는 계산기의 덧셈 기능에 사용할 sum 함수를 구현할 계획입니다.

❶ VS Code로 calculator_B 폴더를 열어서 ctrl.py에 다음과 같이 sum 함수를 추가합니다.

```
# ch 6.4.1 ctrl.py
class Control:

    def __init__(self, view):
        self.view = view
        self.connectSignals()

    def calculate(self):
        pass

    def connectSignals(self):
        self.view.btn1.clicked.connect(self.calculate)
        self.view.btn2.clicked.connect(self.view.clearMessage)

    def sum(self, a, b): # 덧셈 함수 추가
        return a+b
```

❷ 수정한 내용을 개발자 B의 저장소에서 커밋합니다.

```
git commit -am "Add sum function in ctrl.py"
```

```
kmyu@DESKTOP-N2FK7H0 MINGW64 /c/calculator_B (master)
$ git commit -am "Add sum function in ctrl.py"
[master 354a5b9] Add sum functionin ctrl.py
 1 file changed, 4 insertions(+), 1 deletion(-)


kmyu@DESKTOP-N2FK7H0 MINGW64 /c/calculator_B (master)
$ git log --oneline
354a5b9 (HEAD -> master) Add sum functionin ctrl.py
9faf97f (origin/master, origin/HEAD) Merge origin/master
5c59696 Modify activateMessage function to add an argument
d0241db Modify btn1, le1, and method name to setDisplay in ui.py
0991940 Modify ctrl.py to connect btn1 to calculate method
0c79bd0 Modify ui.py to add le1, le2 and cb widgets
9ea77e0 Revert "Add lbl1 in ui.py to print current date"
ddc9abf Add lbl1 in ui.py to print current date
---(생략)---
```

정상적으로 작업 내용이 기록되었습니다.

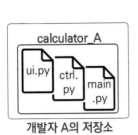 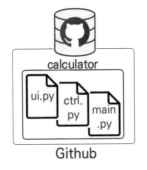 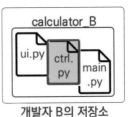

그림 6.37 커밋 후 저장소 상태 변화

❸ 로컬저장소의 상태를 원격저장소로 업로드합니다.

```
git push
```

```
kmyu@DESKTOP-N2FK7H0 MINGW64 /c/calculator_B (master)
$ git push
Enumerating objects: 5, done.
Counting objects: 100% (5/5), done.
Delta compression using up to 8 threads
Compressing objects: 100% (3/3), done.
Writing objects: 100% (3/3), 329 bytes |329.00 KiB/s, done.
Total 3(delta 2), reused 0(delta 0), pack-reused 0
remote: Resolving deltas: 100% (2/2), completed with 2local objects.
To https://github.com/sguys99/calculator.git
   9faf97f..354a5b9  master -> master

kmyu@DESKTOP-N2FK7H0 MINGW64 /c/calculator_B (master)
$
```

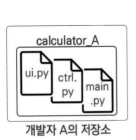 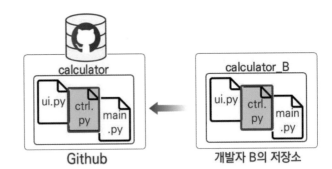

그림 6.38 푸시 후 저장소 상태 변화

4.2 개발자 A : git fetch로 원격저장소의 정보 가져오기

이제 개발자 A의 저장소 calculator_A에서 작업합니다. 개발자 A는 원격저장소에 업로드된 내용을 일단 가져와서 확인하려고 합니다.

❶ 우선 저장소의 로그를 확인해 봅니다.

```
git log --oneline
```

```
kmyu@DESKTOP-N2FK7H0 MINGW64 /c/calculator_A (master)
$ git log --oneline
9faf97f (HEAD -> master) Merge origin/master
5c59696 Modify activateMessage function to add an argument
d0241db Modify btn1, le1, and method name to setDisplay in ui.py
0991940 Modify ctrl.py to connect btn1 to calculate method
0c79bd0 Modify ui.py to add le1, le2 and cb widgets
9ea77e0 Revert "Add lbl1 in ui.py to print current date"
ddc9abf Add lbl1 in ui.py to print current date
---(생 략)---
```

현재 원격저장소(origin)의 참조는 확인되고 있지 않은 점을 유의하세요.

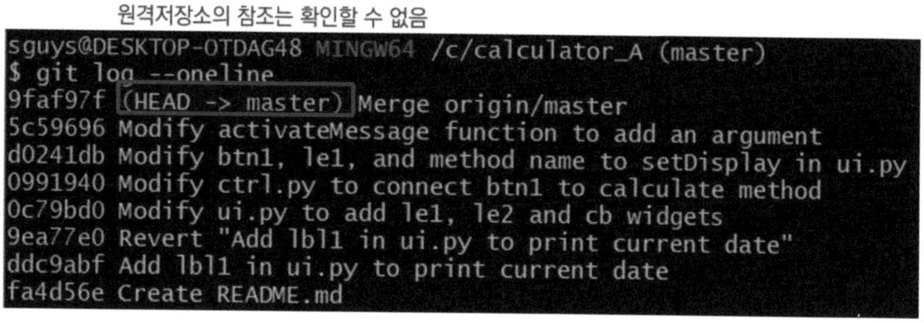


```
sguys@DESKTOP-OTDAG48 MINGW64 /c/calculator_A (master)
$ git log --oneline
9faf97f (HEAD -> master) Merge origin/master
5c59696 Modify activateMessage function to add an argument
d0241db Modify btn1, le1, and method name to setDisplay in ui.py
0991940 Modify ctrl.py to connect btn1 to calculate method
0c79bd0 Modify ui.py to add le1, le2 and cb widgets
9ea77e0 Revert "Add lbl1 in ui.py to print current date"
ddc9abf Add lbl1 in ui.py to print current date
fa4d56e Create README.md
```

그림 6.39 calculator_A 저장소의 로그

❷ 이제 원격저장소의 내용을 가져옵니다. git fetch 명령 형식은 다음과 같습니다.

```
git fetch [브랜치 이름]
```

브랜치 이름 자리에는 내용을 가져올 저장소의 브랜치 이름을 입력합니다. 우리는 원격저장소의 master 브랜치, 즉 origin이라는 이름을 가진 브랜치의 내용을 가져와야 하므로 다음과 같이 입력합니다.

```
kmyu@DESKTOP-N2FK7H0 MINGW64 /c/calculator_A (master)
$ git fetch origin

kmyu@DESKTOP-N2FK7H0 MINGW64 /c/calculator_A (master)
$ git log --oneline
9faf97f (HEAD -> master) Merge origin/master
5c59696 Modify activateMessage function to add an argument
d0241db Modify btn1, le1, and method name to setDisplay in ui.py
0991940 Modify ctrl.py to connect btn1 to calculate method
0c79bd0 Modify ui.py to add le1, le2 and cb widgets
9ea77e0 Revert "Add lbl1 in ui.py to print current date"
ddc9abf Add lbl1 in ui.py to print current date
---(생략)---
```

git log --oneline 옵션으로 명령을 입력하면 변화가 확인되지 않습니다. --all 옵션을 추가해서 다시 출력해 봅니다.

```
kmyu@DESKTOP-N2FK7H0 MINGW64 /c/calculator_A (master)
$ git log --all --oneline
354a5b9 (origin/master) Add sum functionin ctrl.py
9faf97f (HEAD -> master) Merge origin/master
5c59696 Modify activateMessage function to add an argument
d0241db Modify btn1, le1, and method name to setDisplay in ui.py
0991940 Modify ctrl.py to connect btn1 to calculate method
0c79bd0 Modify ui.py to add le1, le2 and cb widgets
9ea77e0 Revert "Add lbl1 in ui.py to print current date"
ddc9abf Add lbl1 in ui.py to print current date
---(생략)---
```

원격저장소의 참조가 확인됩니다. 하지만 로컬저장소 master의 참조는 기존 상태를 유지하고 있습니다. git pull하면 로컬저장소 master의 참조가 원격저장소의 참조와 같아집니다. 차이점을 기억하시기 바랍니다.

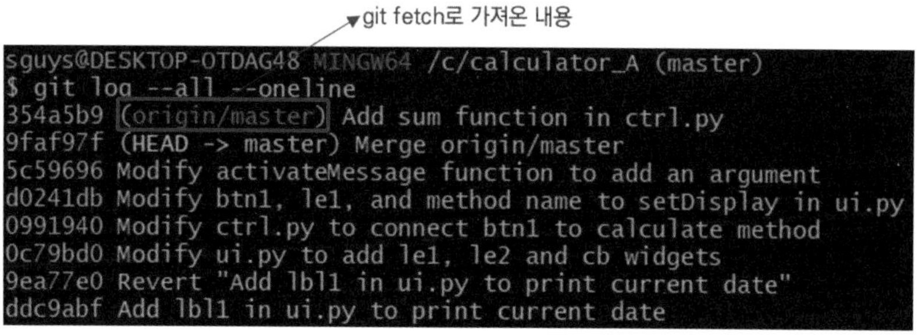

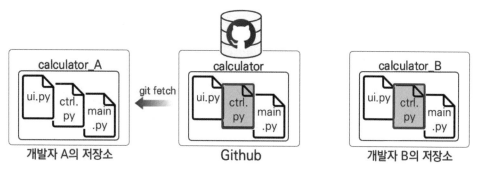

그림 6.40 fetch 후 calculator_A 저장소 로그

그림 6.41 fetch 후 저장소 상태 변화

❸ git diff로 로컬저장소, 원격저장소 파일 내용의 차이를 확인하겠습니다.

```
git diff [로컬저장소 브랜치 이름] [원격저장소 브랜치 이름]
```

위 형식을 참고해서 로컬저장소의 master와 원격저장소의 master의 내용을 비교해 봅니다.

```
git diff master origin/master
```

```
kmyu@DESKTOP-OTDAG48 MINGW64 /c/calculator_A (master)
$ git diff master origin/master
diff --git a/ctrl.py b/ctrl.py
index 6a9805d..3e47307 100644
--- a/ctrl.py
+++ b/ctrl.py
@@ -8,4 +8,7 @@ class Control:

    def connectSignals(self):
        self.view.btn1.clicked.connect(self.calculate)
-        self.view.btn2.clicked.connect(self.view.clearMessage)
\ No newline at end of file
+        self.view.btn2.clicked.connect(self.view.clearMessage)
```

```
+
+    def sum(self, a, b):
+        return a+b
\ No newline at end of file


kmyu@DESKTOP-OTDAG48 MINGW64 /c/calculator_A (master)
$
```

개발자 B가 작업한 sum 함수가 확인됩니다.

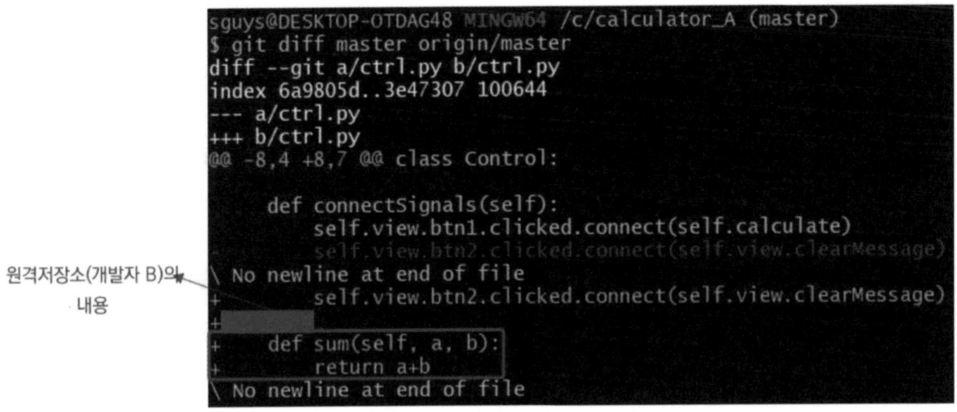

그림 6.42 git diff 결과

4.3 개발자 A : git merge로 원격저장소의 내용 병합하기

개발자 A는 개발자 B가 구현한 sum 함수를 확인한 결과, 수정할 필요가 있다고 판단했습니다. 개발자 A는 다음 두 가지 방법을 생각해냈습니다.

• sum 함수 작성자인 개발자 B에게 코드를 수정한 후 다시 푸시하도록 요청하기
• 일단 병합한 후 개발자 A가 직접 수정하고 커밋, 푸시하기

개발자 A는 두 번째 방법인 병합한 후 직접 수정하는 방법으로 결정했습니다.

❶ 먼저 원격저장소의 내용을 병합합니다. git merge 명령 형식을 사용합니다.

```
git merge [브랜치 이름]
```

여기서 [브랜치 이름]은 현재 브랜치에 가져와서 병합할 브랜치를 뜻합니다. 우리는 origin/master 브랜치의 내용을 병합할 계획이므로 다음과 같이 입력합니다.

```
git merge origin/master
```

```
kmyu@DESKTOP-N2FK7H0 MINGW64 /c/calculator_A (master)
$ git merge origin/master
Updating 9faf97f..354a5b9
Fast-forward
 ctrl.py |5 ++++-
 1 file changed, 4 insertions(+), 1 deletion(-)


kmyu@DESKTOP-N2FK7H0 MINGW64 /c/calculator_A (master)
$ git log --oneline
354a5b9 (HEAD -> master, origin/master) Add sum functionin ctrl.py
9faf97f Merge origin/master
5c59696 Modify activateMessage function to add an argument
d0241db Modify btn1, le1, and method name to setDisplay in ui.py
0991940 Modify ctrl.py to connect btn1 to calculate method
0c79bd0 Modify ui.py to add le1, le2 and cb widgets
9ea77e0 Revert "Add lbl1 in ui.py to print current date"
ddc9abf Add lbl1 in ui.py to print current date
---(생략)---
```

로그를 확인해보면 로컬저장소와 원격저장소의 참조가 같아진 것을 알 수 있습니다.

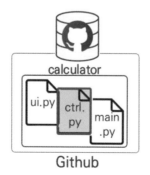

그림 6.43 git merge 후 로그

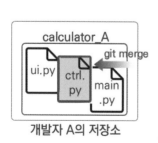 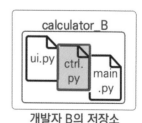

그림 6.44 git merge 후 저장소 상태 변화

4.4 개발자 A : ctrl.py 파일의 sum 함수 수정 후 커밋, 푸시

개발자 A는 sum 함수에 결함을 발견했습니다. 현재 sum 함수는 숫자가 아닌 다른 타입(예: 문자열)이 인자로 입력되면 제대로 동작하지 않습니다. 개발자 A는 숫자가 아닌 다른 타입의 인자가 입력되면 예외 처리하는 구문을 추가합니다.

❶ VS Code로 calculator_A 폴더를 열어서 ctrl.py 파일의 sum 함수를 다음과 같이 수정합니다.

```
# ch 6.4.4 ctrl.py
class Control:
    ...

    def sum(self, a, b): # 예외 처리 기능 추가
        try:
            return str(a+b)
        except:
            return "Calculation Error"
```

❷ 수정한 내용을 커밋합니다.

```
git commit -am "Modify sum function in ctrl.py"
```

```
kmyu@DESKTOP-N2FK7H0 MINGW64 /c/calculator_A (master)
$ git commit -am "Modify sum function in ctrl.py"
[master 121e863] Modify sum functionin ctrl.py
 1 file changed, 4 insertions(+), 1 deletion(-)

kmyu@DESKTOP-N2FK7H0 MINGW64 /c/calculator_A (master)
$ git log --oneline
121e863 (HEAD -> master) Modify sum functionin ctrl.py
354a5b9 (origin/master) Add sum functionin ctrl.py
9faf97f Merge origin/master
5c59696 Modify activateMessage function to add an argument
d0241db Modify btn1, le1, and method name to setDisplay in ui.py
0991940 Modify ctrl.py to connect btn1 to calculate method
0c79bd0 Modify ui.py to add le1, le2 and cb widgets
9ea77e0 Revert "Add lbl1 in ui.py to print current date"
---(생략)---
```

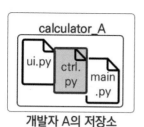

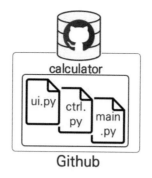

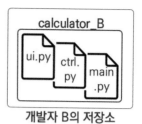

그림 6.45 커밋 후 저장소 상태 변화

❸ 원격저장소에 푸시합니다.

```
git push
```

```
kmyu@DESKTOP-N2FK7H0 MINGW64 /c/calculator_A (master)
$ git push
Enumerating objects: 5, done.
Counting objects: 100% (5/5), done.
Delta compression using up to 8 threads
Compressing objects: 100% (3/3), done.
Writing objects: 100% (3/3), 356 bytes |178.00 KiB/s, done.
Total 3(delta 2), reused 0(delta 0), pack-reused 0
remote: Resolving deltas: 100% (2/2), completed with 2local objects.
To https://github.com/sguys99/calculator.git
   354a5b9..121e863  master -> master


kmyu@DESKTOP-N2FK7H0 MINGW64 /c/calculator_A (master)
$ git log --oneline
121e863 (HEAD -> master, origin/master) Modify sum functionin ctrl.py
354a5b9 Add sum functionin ctrl.py
9faf97f Merge origin/master
5c59696 Modify activateMessage function to add an argument
d0241db Modify btn1, le1, and method name to setDisplay in ui.py
0991940 Modify ctrl.py to connect btn1 to calculate method
0c79bd0 Modify ui.py to add le1, le2 and cb widgets
9ea77e0 Revert "Add lbl1 in ui.py to print current date"
ddc9abf Add lbl1 in ui.py to print current date
---(생략)---
```

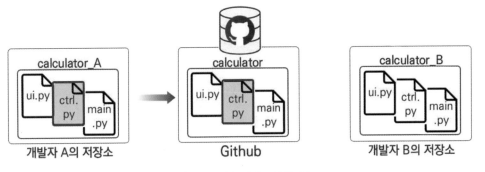

그림 6.46 푸시 후 저장소 상태 변화

4.5 개발자 B : 원격저장소의 내용 풀하기

개발자 B의 저장소에서 개발자 A가 수정한 sum 함수의 내용을 가져와 합치겠습니다.

❶ 개발자 B의 저장소 calculator_B에서 원격저장소의 내용을 풀합니다.

```
git pull
```

```
kmyu@DESKTOP-N2FK7H0 MINGW64 /c/calculator_B (master)
$ git pull
Updating 354a5b9..121e863
Fast-forward
 ctrl.py |5 ++++-
 1 file changed, 4 insertions(+), 1 deletion(-)

kmyu@DESKTOP-N2FK7H0 MINGW64 /c/calculator_B (master)
$ git log --oneline
121e863 (HEAD -> master, origin/master, origin/HEAD) Modify sum functionin ctrl.py
354a5b9 Add sum functionin ctrl.py
9faf97f Merge origin/master
5c59696 Modify activateMessage function to add an argument
d0241db Modify btn1, le1, and method name to setDisplay in ui.py
0991940 Modify ctrl.py to connect btn1 to calculate method
0c79bd0 Modify ui.py to add le1, le2 and cb widgets
9ea77e0 Revert "Add lbl1 in ui.py to print current date"
ddc9abf Add lbl1 in ui.py to print current date
---(생략)---
```

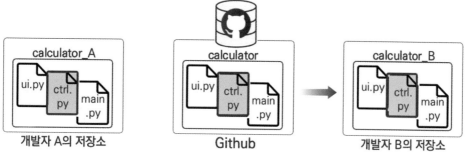

그림 6.47 풀 후 저장소 상태 변화

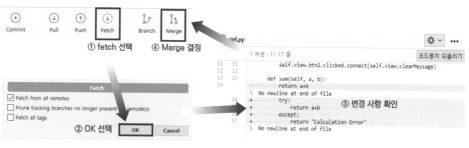
4.6 정리

git fetch [브랜치 이름] : 해당 브랜치에 기록된 커밋(작업 내용)을 가져오기

git merge [브랜치 이름] : 해당 브랜치의 작업 내용을 현재 브랜치에 병합하기

5 blame : 코드의 수정 내역 확인하기

> 어느 날 개발자 A는 저장소의 ctrl.py 파일에 작성된 코드의 각 부분을 누가 작성했는지 궁금해졌다.
> 소스 코드의 라인별 수정 내역을 상세하게 확인하는 방법은 없을까?

앞에서 우리는 저장소에 기록된 커밋의 상세 정보를 확인하는 다양한 명령들을 살펴보았습니다. git log는 저장소에 기록된 커밋 히스토리를 확인하는 명령이고, git show는 특정 커밋의 상세 정보를 확인하는 데 도움이 되는 명령입니다. 그리고 git diff는 커밋, 또는 브랜치 간 파일의 변경 사항을 확인하는 데 유용하게 사용되는 명령입니다.

이번 절에서는 여기에 추가로 git blame에 대해 살펴봅니다. git blame은 특정 파일의 수정 내역을 라인 단위로 설명해 줍니다. 4.5의 개발자 A의 저장소로 실습하겠습니다.

5.1 git blame으로 소스 코드 수정 내역 확인하기

개발자 A의 저장소 calculator_A에서 작업하겠습니다. 개발자 A는 저장소에 있는 ctrl.py 파일의 코드 라인 단위별로 작성자를 확인하고 싶어졌습니다.

❶ 먼저 저장소의 로그를 확인해 봅니다.

```
kmyu@DESKTOP-N2FK7H0 MINGW64 /c/calculator_A (master)
$ git log --oneline
121e863 (HEAD -> master, origin/master, origin/HEAD) Modify sum functionin ctrl.py
354a5b9 Add sum functionin ctrl.py
9faf97f Merge origin/master
5c59696 Modify activateMessage function to add an argument
d0241db Modify btn1, le1, and method name to setDisplay in ui.py
0991940 Modify ctrl.py to connect btn1 to calculate method
0c79bd0 Modify ui.py to add le1, le2 and cb widgets
9ea77e0 Revert "Add lbl1 in ui.py to print current date"
ddc9abf Add lbl1 in ui.py to print current date
---(생 략)---
```

❷ 특정 파일에 기록된 코드의 작성자를 확인하고 싶다면 다음과 같은 형식으로 명령을 입력합니다.

```
git blame [파일 이름]
```

개발자 A는 ctrl.py 파일의 수정 내역에 관심 있으므로 다음과 같이 입력합니다.

```
git blame ctrl.py
```

```
kmyu@DESKTOP-N2FK7H0 MINGW64 /c/calculator_A (master)
$ git blame ctrl.py
33f1a0cf ("developer1" 2022-02-13 00:21:11 +0900  1) class Control:
33f1a0cf ("developer1" 2022-02-13 00:21:11 +0900  2)     def __init__(self, view):
33f1a0cf ("developer1" 2022-02-13 00:21:11 +0900  3)         self.view = view
33f1a0cf ("developer1" 2022-02-13 00:21:11 +0900  4)         self.connectSignals()
33f1a0cf ("developer1" 2022-02-13 00:21:11 +0900  5)
0991940a (developer2   2022-03-13 09:12:17 +0900  6)     def calculate(self):
0991940a (developer2   2022-03-13 09:12:17 +0900  7)         pass


---(생략)---


354a5b98 (developer2   2022-04-04 20:34:26 +0900 12)
354a5b98 (developer2   2022-04-04 20:34:26 +0900 13)     def sum(self, a, b):
121e863d ("developer1" 2022-04-04 23:02:52 +0900 14)         try:
121e863d ("developer1" 2022-04-04 23:02:52 +0900 15)             return a+b
121e863d ("developer1" 2022-04-04 23:02:52 +0900 16)         except:
121e863d ("developer1" 2022-04-04 23:02:52 +0900 17)             return"Calcu-
lation Error"

kmyu@DESKTOP-OTDAG48 MINGW64 /c/calculator_A (master)
$
```

ctrl.py에 작성된 코드의 라인 단위로 커밋, 작성자 이름, 작성 일시가 출력됩니다.

❸ 특정 커밋에서 파일의 작성 내역을 확인할 수도 있습니다. 커밋 해시를 추가해 주면 됩니다.

```
git blame [커밋 해시] [파일 이름]
```

예를 들어 커밋 354a5b9를 기록할 당시의 ctrl.py의 작성 내역을 확인하고 싶다면 아래처럼 입력합니다.

```
git blame 354a5b9 ctrl.py
```

```
kmyu@DESKTOP-N2FK7H0 MINGW64 /c/calculator_A (master)
$ git blame 354a5b98 ctrl.py
33f1a0cf ("developer1" 2022-02-13 00:21:11 +0900  1) class Control:
33f1a0cf ("developer1" 2022-02-13 00:21:11 +0900  2)     def __init__(self, view):
33f1a0cf ("developer1" 2022-02-13 00:21:11 +0900  3)         self.view = view
33f1a0cf ("developer1" 2022-02-13 00:21:11 +0900  4)         self.connectSignals()
33f1a0cf ("developer1" 2022-02-13 00:21:11 +0900  5)
0991940a (developer2   2022-03-13 09:12:17 +0900  6)     def calculate(self):
0991940a (developer2   2022-03-13 09:12:17 +0900  7)         pass


---(생략)---


354a5b98 (developer2   2022-04-04 20:34:26 +0900 12)
354a5b98 (developer2   2022-04-04 20:34:26 +0900 13)     def sum(self, a, b):
354a5b98 (developer2   2022-04-04 20:34:26 +0900 14)         return a+b


kmyu@DESKTOP-OTDAG48 MINGW64 /c/calculator_A (master)
$
```

❹ 파일 내부의 코드가 길어서 일부만 확인하고 싶다면 -L 옵션을 사용해서 출력할 범위를 지정하면 됩니다.

```
git blame -L [시작 라인], [끝 라인] [파일 이름]
```

```
 9      def connectSignals(self):
10          self.view.btn1.clicked.connect(self.calculate)
11          self.view.btn2.clicked.connect(self.view.clearMessage)
12
13      def sum(self, a, b):
14          try:
15              return str(a+b)
16          except:
17              return "Calculation Error"
```

그림 6.49 VS Code에서 확인한 ctrl.py의 코드 일부

만약 ctrl.py의 코드 중에 13~17번째 라인만 확인하고 싶다면 다음과 같이 입력합니다.

```
git blame -L 13,17 ctrl.py
```

```
kmyu@DESKTOP-N2FK7H0 MINGW64 /c/calculator_A (master)
$ git blame -L 13,17 ctrl.py
354a5b98 (developer2   2022-04-04 20:34:26 +0900 13)    def sum(self, a, b):
121e863d ("developer1" 2022-04-04 23:02:52 +0900 14)        try:
121e863d ("developer1" 2022-04-04 23:02:52 +0900 15)            return a+b
121e863d ("developer1" 2022-04-04 23:02:52 +0900 16)        except:
121e863d ("developer1" 2022-04-04 23:02:52 +0900 17)            return"Calcu-
lation Error"

kmyu@DESKTOP-OTDAG48 MINGW64 /c/calculator_A (master)
$
```

특정 라인 이후, 또는 특정 라인까지 출력하려면 그 지점을 지정하면 됩니다.

```
git blame -L [시작 라인], [파일 이름]
git blame -L, [끝 라인] [파일 이름]
```

❺ -e 옵션을 사용하면 작성자 이름 대신 이메일 정보가 출력됩니다.

```
git blame -e [파일 이름]
```

예를 들어 13~17번째 라인 작성자의 이메일 주소를 확인하고 싶다면 다음과 같이 입력합니다.

```
git blame -e -L 13,17 ctrl.py
```

```
kmyu@DESKTOP-N2FK7H0 MINGW64 /c/calculator_A (master)
$ git blame -e -L 13,17 ctrl.py
354a5b98 (<dev2@gmail.com>   2022-04-04 20:34:26 +0900 13)    def sum(self, a, b):
121e863d (<"dev1@email.com"> 2022-04-04 23:02:52 +0900 14)        try:
121e863d (<"dev1@email.com"> 2022-04-04 23:02:52 +0900 15)            return a+b
121e863d (<"dev1@email.com"> 2022-04-04 23:02:52 +0900 16)        except:
121e863d (<"dev1@email.com"> 2022-04-04 23:02:52 +0900 17)            return"Cal-
culation Error"

kmyu@DESKTOP-OTDAG48 MINGW64 /c/calculator_A (master)
$
```

❻ 커밋 해시만 표시하고 싶다면 -s 옵션을 사용합니다.

```
git blame -s [파일 이름]
```

```
kmyu@DESKTOP-N2FK7H0 MINGW64 /c/calculator_A (master)
$ git blame -s ctrl.py
33f1a0cf  1) class Control:
33f1a0cf  2)     def __init__(self, view):
33f1a0cf  3)         self.view = view
33f1a0cf  4)         self.connectSignals()
33f1a0cf  5)
0991940a  6)     def calculate(self):
0991940a  7)         pass
0991940a  8)
33f1a0cf  9)     def connectSignals(self):
0991940a 10)         self.view.btn1.clicked.connect(self.calculate)
354a5b98 11)         self.view.btn2.clicked.connect(self.view.clearMessage)
354a5b98 12)
354a5b98 13)     def sum(self, a, b):
121e863d 14)         try:
121e863d 15)             return a+b
121e863d 16)         except:
121e863d 17)             return"Calculation Error"


kmyu@DESKTOP-OTDAG48 MINGW64 /c/calculator_A (master)
$
```

History 탭에서 확인할 커밋을 선택합니다. 그리고 해당 커밋에 파일을 선택하고 마우스 우클릭으로 'Blame Selected' 항목을 선택합니다.

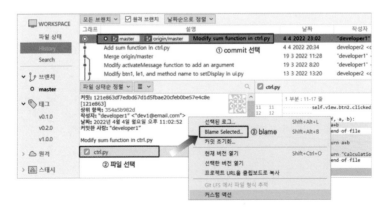

그림 6.50 소스트리에서 git blame 실행 과정

228

이후 팝업 창이 실행되고 그 창 안에 파일의 코드 작성 내역이 출력됩니다.

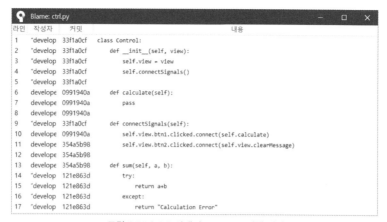

그림 6.51 소스트리에서 git blame 실행 결과

5.2 정리

git blame [파일 이름] : 파일의 작성자 정보 확인

git blame [커밋 해시] [파일 이름] : 해당 커밋에서 파일의 작성자 정보 확인

git blame -L [시작 라인], [끝 라인] [파일 이름] : 파일 안의 특정 구간의 작성자 정보만 출력

git blame -e [파일 이름] : 작성자 이름 대신 이메일 정보 표시

git blame -s [파일 이름] : 커밋 해시만 표시

6 stash : 작업 내용 임시 저장하기

개발자 B는 ctrl.py 파일에 계산기의 연산기능을 구현하고 있다. 그런데 선배인 개발자 A에게서 연락이 왔다.

"방금 ui.py 파일에 새로운 기능을 추가했는데, 지금 풀(pull)해서 기능 점검을 해주세요."

개발자 B는 당황스럽다. ctrl.py 수정이 끝나지 않아 커밋할 여건이 되지 못한다. 그렇다고 지금까지 작성한 내용을 모두 삭제하고 풀을 하자니 비효율적이다. 개발자 B가 지금까지 작업한 내용을 임시 저장하는 방법은 없을까?

협업을 통해 소프트웨어를 개발하다 보면 작업 중인 내용을 임시 저장해야 하는 상황이 빈번하게 발생합니다. 예를 들어 개발자 B의 사례처럼 커밋을 작성할 여건이 안되는 상황에서 급한 작업을 우선 진행해야 하는 경우가 발생할 수도 있습니다. 이때 작업하던 내용을 임시 저장할 수 있으면 작업 전환이 수월할 것입니다. 임시 저장이 필요한 또 다른 예를 들어볼까요? 실수로 다른 브랜치에서 작업하고 있다가 뒤늦게 알아차렸을 때, 임시 저장 기능이 있다면 원래 작업해야 하는 브랜치로 작업 내용을 안전하게 이동시킬 수 있습니다.

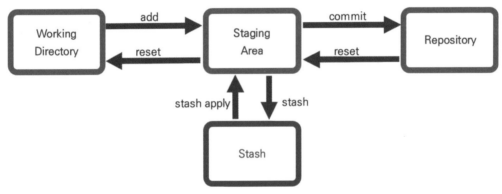

그림 6.52 Git의 4번째 영역, Stash

3장에서 git이 관리하는 3가지 영역에 관해 설명한 바 있습니다. 바로 Working directory, Staging area, Repository가 그것입니다. 그런데 사실 한 가지 영역이 더 있습니다. 바로 임시 저장 공간인 Stash 영역입니다. Stash의 사전적 의미는 '(무언가를) 안전하게 저장한다'입니다. git에는 Working directory의 작업 내용을 별도 공간에 임시 저장, 추출하는 git stash가 있습니다. 이번 절에서는 개발자 B가 개발자 A가 작업한 내용을 급하게 풀기 위해 작업 중이던 내용을 임시 저장해야 하는 상황을 만들어서 git stash를 사용해 보겠습니다. 4.5까지 작업한 저장소를 사용해서 실습하겠습니다.

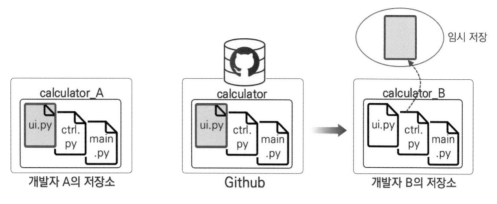

그림 6.53 git stash 실습 환경

6.1 개발자 A : ui.py 수정, 커밋, 푸시하기

개발자 A는 계산기 화면에 연산자 콤보 박스에 거듭제곱(Power) 연산 기호 ^를 추가하기 위해 ui.py를 수정해야 합니다. 수정한 내용은 커밋, 푸시한 후, 개발자 B에게 수정한 화면이 정상적으로 표시되는지 테스트를 요청할 예정입니다.

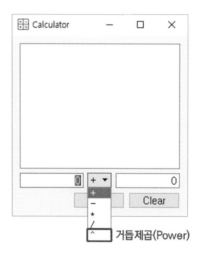

그림 6.54 개발자 A 작업 후 프로그램 실행 결과

❶ VS Code로 calculator_A 폴더를 열어서 ui.py의 콤보 박스 설정 부분을 다음과 같이 수정합니다.

```
# ch 6.6.1 ui.py

...

class View(QWidget):
```

```
    def __init__(self):
        super().__init__()
        self.initUI()

    def initUI(self):
        ...
        self.cb = QComboBox(self)
        self.cb.addItems(['+', '-', '*', '/', '^'])  # 거듭제곱 연산자 추가
        ...
```

❷ 작업한 내용을 커밋, 푸시합니다.

```
git commit -am "Add power operator to combobox"
git push
```

```
kmyu@DESKTOP-N2FK7H0 MINGW64 /c/calculator_A (master)
$ git commit -am "Add power operator to combobox"
[master 4514069] Add power operator to combobox
 1 file changed, 1 insertion(+), 1 deletion(-)

kmyu@DESKTOP-N2FK7H0 MINGW64 /c/calculator_A (master)
$ git push
Enumerating objects: 5, done.
Counting objects: 100% (5/5), done.
Delta compression using up to 8 threads
Compressing objects: 100% (3/3), done.
Writing objects: 100% (3/3), 321 bytes |107.00 KiB/s, done.
Total 3(delta 2), reused 0(delta 0), pack-reused 0
remote: Resolving deltas: 100% (2/2), completed with 2local objects.
To https://github.com/sguys99/calculator.git
   121e863..4514069  master -> master

kmyu@DESKTOP-N2FK7H0 MINGW64 /c/calculator_A (master)
$ git log --oneline
4514069(HEAD -> master, origin/master) Add power operator to combobox
121e863 Modify sum functionin ctrl.py
354a5b9 Add sum functionin ctrl.py
9faf97f Merge origin/master
---(생략)---
```

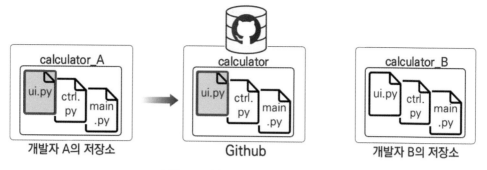

그림 6.55 커밋, 푸시 후 저장소 상태 변화

6.2 개발자 B : ctrl.py 수정하기

개발자 B는 ctrl.py 파일을 수정하여 프로그램의 화면상에서 값을 입력하고 Calc 버튼을 클릭하면 덧셈 결과가 화면에 출력되도록 구현할 계획입니다. 이를 위해 다음 두 함수를 수정할 예정입니다.

• calculate 함수
• connectSignals 함수

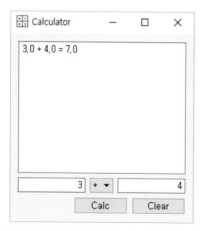

그림 6.56 개발자 B가 작업한 프로그램의 실행 결과

❶ VS Code로 calculator_B 저장소를 엽니다. ctrl.py 파일을 열고 아무것도 정의되지 않았던 calculate 함수를 다음과 같이 수정합니다.

```
# ch 6.6.2 ctrl.py
class Control:
```

```
    def __init__(self, view):
        self.view = view
        self.connectSignals()

    def calculate(self):
        num1 = float(self.view.le1.text()) # 첫 번째 라인 에디트에 입력된 숫자를 읽어옴
        num2 = float(self.view.le2.text()) # 두 번째 라인 에디트에 입력된 숫자를 읽어옴
        operator =self.view.cb.currentText() # 콤보 박스에 선택된 연산자 확인

        if operator =='+':   # 연산자가 '+'이면 덧셈 결과를 문자열로 리턴
            return f'{num1} + {num2} = {self.sum(num1, num2)}'

        else:
            return "Calculation Error"
        ...
```

❷ 저장소의 상태를 확인합니다.

git status

```
kmyu@DESKTOP-N2FK7H0 MINGW64 /c/calculator_B (master)
$ git status
On branch master
Your branch is behind 'origin/master' by 1 commit, and can be fast-forwarded.
  (use "git pull" to update your local branch)

Changes not staged for commit:
  (use "git add <file>..." to update what will be committed)
  (use "git restore <file>..." to discard changes in working directory)
        modified:   ctrl.py

no changes added to commit (use "git add" and/or "git commit -a")

kmyu@DESKTOP-N2FK7H0 MINGW64 /c/calculator_B (master)
$
```

ctrl.py 파일이 modified 상태입니다. 두 번째 작업, connectSignals 함수를 마저 수정하려는
찰나에 개발자 A로부터 연락이 왔습니다.

234

💬 "내일 시연에 사용할 기능을 추가하여 원격저장소에 올려놓았으니 풀하여 검증해주세요."

개발자 B는 난감합니다. 아직 connnectSignals 함수를 수정하는 작업이 완료되지 않았기 때문입니다. 더군다나 수정한 calculate 함수의 검증도 완료되지 않았습니다. 이 때문에 당장 커밋을 할 수 없는 상황입니다. 커밋을 하더라도 개발자 A가 작업한 내용을 풀하는 과정에서 개발자 B가 작업한 미완성 코드가 시연용 코드에 딸려 들어갈 수도 있습니다.

6.3 개발자 B : git stash로 작업 내용 임시 저장하기

개발자 B는 git stash로 지금까지 작업한 내용을 임시 저장하기로 결정했습니다.

❶ 개발자 B의 저장소 calculator_B에서 현재 작업 내용(modified)을 임시 저장하는 명령을 입력합니다. 일단 아무런 옵션 없이 git stash만 입력합니다.

```
git stash
```

```
kmyu@DESKTOP-N2FK7H0 MINGW64 /c/calculator_B (master)
$ git stash
Saved working directory and index state WIP on master: 121e863 Modify sum
function in ctrl.py

kmyu@DESKTOP-N2FK7H0 MINGW64 /c/calculator_B (master)
$
```

저장되었다는 메시지가 출력됩니다.

❷ 다시 calculator_B 저장소의 상태를 확인해 봅시다.

```
git status
```

```
kmyu@DESKTOP-N2FK7H0 MINGW64 /c/calculator_B (master)
$ git status
On branch master
Your branch is behind 'origin/master' by 1 commit, and can be fast-forwarded.
  (use "git pull" to update your local branch)
```

```
nothing to commit, working tree clean

kmyu@DESKTOP-N2FK7H0 MINGW64 /c/calculator_B (master)
$
```

저장소에 변경 사항이 없다는 메시지가 출력되었습니다(nothing to commit, working tree clean). 개발자 B가 작업한 내용이 임시 저장되었기 때문입니다.

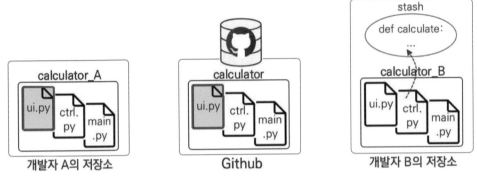

그림 6.57 git stash 명령 후 저장소 상태

❸ 실제 작업 내용이 사라졌는지 VS Code로 ctrl.py 파일을 열어서 calculate 함수를 확인합니다.

```
1  class Control:
2      def __init__(self, view):
3          self.view = view
4          self.connectSignals()
5
6      def calculate(self):
7          num1 = float(self.view.le1.text())
8          num2 = float(self.view.le2.text())
9          operator =self.view.cb.currentText()
10
11         if operator =='+':
12             return f'{num1} + {num2} = {self.sum(num1, num2)}'
13
14         else:
15             return "Calculation Error"
```
stash 전

```
1  class Control:
2      def __init__(self, view):
3          self.view = view
4          self.connectSignals()
5
6      def calculate(self):
7          pass
```
stash 후

그림 6.58 stash 전후 ctrl.py 내용 비교

6.4 git stash 살펴보기

개발자 B는 이참에 git stash의 다양한 기능과 옵션을 살펴보기로 했습니다. calculator_B 저장소에서 계속 이어 나갑니다.

임시 저장 내용은 앞에서 배웠던 태그(tag)와 유사하게 이름과 메시지를 남길 수가 있습니다. 옵션 없이 git stash만 입력하면 기본 이름인 WIP로 저장됩니다(앞에서 git stash 입력 후 Saved working directory and index state WIP on master라는 문구가 출력된 것이 이러한 이유 때문입니다).

임시 저장 이름을 설정하고 싶다면 다음과 같이 입력합니다.

```
git stash save [저장 이름]
```

메시지를 추가하여 저장하고 싶다면 -m 옵션을 사용하면 됩니다.

```
git stash -m [메시지]
```

❶ calculator_B 저장소에 test.txt라는 파일을 만들고 저장소 상태를 출력하여 untracked 파일이 감지되었는지 확인합니다.

```
kmyu@DESKTOP-N2FK7H0 MINGW64 /c/calculator_B (master)
$ touch test.txt

kmyu@DESKTOP-N2FK7H0 MINGW64 /c/calculator_B (master)
$ git status
On branch master
Your branch is behind 'origin/master' by 1 commit, and can be fast-forwarded.
  (use "git pull" to update your local branch)

Untracked files:
  (use "git add <file>..." to include in what will be committed)
        test.txt

nothing added to commit but untracked files present (use "git add" to track)

kmyu@DESKTOP-N2FK7H0 MINGW64 /c/calculator_B (master)
$
```

❷ 6.3에서처럼 git stash를 입력해 봅니다.

```
git stash
```

```
kmyu@DESKTOP-N2FK7H0 MINGW64 /c/calculator_B (master)
$ git stash
No local changes to save


kmyu@DESKTOP-N2FK7H0 MINGW64 /c/calculator_B (master)
$ git status
On branch master
Your branch is behind 'origin/master' by 1 commit, and can be fast-forwarded.
  (use "git pull" to update your local branch)

Untracked files:
  (use "git add <file>..." to include in what will be committed)
        test.txt

nothing added to commit but untracked files present (use "git add" to track)

kmyu@DESKTOP-N2FK7H0 MINGW64 /c/calculator_B (master)
$
```

'No local changes to save'라는 메시지가 출력되고, 임시 저장되지 않았습니다. 기본적으로 untracked 파일은 임시 저장하지 않기 때문입니다.

❸ untracked 파일을 임시 저장하려면 -u라는 옵션을 추가해야 합니다. 여기서는 test라는 저장 이름, 그리고 'Add test.txt'라는 메시지를 추가하여 untracked 파일(test.txt)을 임시 저장해 봅니다.

```
git stash save test -um "Add test.txt"
```

```
kmyu@DESKTOP-N2FK7H0 MINGW64 /c/calculator_B (master)
$ git stash save test -um "Add test.txt"
Saved working directory and index state On master: test


kmyu@DESKTOP-N2FK7H0 MINGW64 /c/calculator_B (master)
$ git status
On branch master
Your branch is behind 'origin/master' by 1 commit, and can be fast-forwarded.
  (use "git pull" to update your local branch)


nothing to commit, working tree clean
```

```
kmyu@DESKTOP-N2FK7H0 MINGW64 /c/calculator_B (master)
$
```

저장소 상태를 확인해보면 커밋할 사항이 없다고 출력됩니다. 임시 저장 공간으로 잘 이동한 것 같습니다.

❹ 그렇다면 임시 저장한 내역(리스트)은 어떻게 확인할 수 있을까요? git stash list를 사용하면 됩니다.

```
git stash list
```

```
kmyu@DESKTOP-N2FK7H0 MINGW64 /c/calculator_B (master)
$ git stash list
stash@{0}: On master: test
stash@{1}: WIP on master: 121e863 Modify sum functionin ctrl.py

kmyu@DESKTOP-N2FK7H0 MINGW64 /c/calculator_B (master)
$
```

마치 git reflog를 입력했을 때처럼 임시 저장 내역이 출력됩니다. git reflog와 비슷하게 stash@{0}, stash@{1}는 저장 내용에 접근할 수 있는 참조 개체입니다. 또 한 가지 비슷한 점이 있습니다. git reflog에서 HEAD가 참조 내역이 저장되는 순서와 비슷하게, stash 공간도 최근에 저장한 내용이 맨 위에 표시되고 작은 값으로 번호가 할당됩니다. 다시 말해 스택(Stack) 구조로 관리됩니다.

이외에 저장 내용 불러오기, 삭제 등은 개발자 B의 작업을 진행하며 설명하겠습니다.

6.5 개발자 B : 원격저장소의 내용 가져와서 확인하기

개발자 B가 작업 중이던 내용은 stash 공간에 잘 저장하였습니다. 이제 개발자 A가 작업한 내용을 원격저장소로부터 가져오겠습니다.

❶ 개발자 B의 저장소에서 원격저장소의 내용을 풀합니다.

```
git pull
```

```
kmyu@DESKTOP-N2FK7H0 MINGW64 /c/calculator_B (master)
$ git pull
Updating 121e863..4514069
Fast-forward
 ui.py |2 +-
 1 file changed, 1 insertion(+), 1 deletion(-)


kmyu@DESKTOP-N2FK7H0 MINGW64 /c/calculator_B (master)
$ git log --oneline
4514069(HEAD -> master, origin/master, origin/HEAD) Add power operator to combobox
121e863 Modify sum functionin ctrl.py
354a5b9 Add sum functionin ctrl.py
9faf97f Merge origin/master
---(생략)---
```

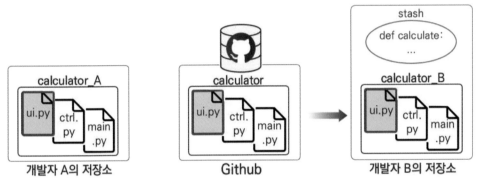

그림 6.59 풀 후 저장소 상태 변화

❷ 개발자 A의 요청 업무를 진행합니다. calculator_B 저장소에서 main.py를 실행해서 화면에 ^ 연산자가 표시되는지 확인합니다.

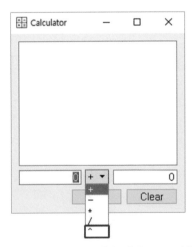

그림 6.60 풀 후 calculator_B 저장소에서 main.py 실행 결과

개발자 A가 작업한 내용이 정상적으로 동작합니다.

```
        self.le2=QLineEdit('0',self)
        self.le2.setAlignment(QtCore.Qt.AlignRight)

        self.cb = QComboBox(self)
        self.cb.addItems(['+', '-', '*', '/', '^'])

        hbox_formular = QHBoxLayout()
        hbox_formular.addWidget(self.le1)
        hbox_formular.addWidget(self.cb)
        hbox_formular.addWidget(self.le2)
```

그림 6.61 풀 후 calculator_B에 반영된 개발자 A의 작업 내용(ui.py)

이제 개발자 B는 임시 저장한 내용을 불러와서 작업을 이어 가면 됩니다.

6.6 개발자 B : 임시 저장한 내용 가져오기

개발자 A가 요청한 사항은 잘 마무리했습니다. 이제 개발자 B는 임시 저장한 내용을 현재 커밋(개발자 A 내용)에 가져와야 합니다.

❶ 먼저 stash 리스트를 확인해 봅니다.

```
git stash list
```

```
kmyu@DESKTOP-N2FK7H0 MINGW64 /c/calculator_B (master)
$ git stash list
stash@{0}: On master: ㅈ
stash@{1}: WIP on master: 121e863 Modify sum functionin ctrl.py

kmyu@DESKTOP-N2FK7H0 MINGW64 /c/calculator_B (master)
$
```

개발자 B가 ctrl.py의 calculate 함수에 작업한 내용은 stash@{1}에, 우리가 6.4에서 실습한 내용은 stash@{0}에 저장되어 있습니다. stash@{1}에 저장한 내용은 기본 이름으로 저장해서 식별이 어려웠습니다. 작업 내용을 저장할 때도 이름과 메시지를 신중히 기록해야 함을 눈치채셨을 겁니다.

❷ stash 영역에 저장된 내용을 가져오기 위해서 git stash apply를 사용합니다.

```
git stash apply [stash 인덱스]
```

개발자 B 내용은 stash@{1}에 저장되어 있으므로 다음과 같이 입력합니다.

```
git stash apply stash@{1}
```

```
kmyu@DESKTOP-N2FK7H0 MINGW64 /c/calculator_B (master)
$ git stash apply stash@{1}
On branch master
Your branch is up to date with 'origin/master'.

Changes not staged for commit:
  (use "git add <file>..." to update what will be committed)
  (use "git restore <file>..." to discard changes in working directory)
        modified:   ctrl.py

no changes added to commit (use "git add" and/or "git commit -a")

kmyu@DESKTOP-N2FK7H0 MINGW64 /c/calculator_B (master)
$
```

작업 내용을 가져와서 ctrl.py 파일이 modified 상태가 되었습니다.

앞에서 stash 저장 공간은 스택 구조를 따른다고 했습니다. 자료구조에서 스택은 선입후출
(First In, Last Out) 규칙을 따릅니다. 즉, 가장 먼저 입력된 것이 저장 공간의 맨 아래에 입력되
고, 가장 나중에 입력된 것이 가장 먼저 내보내집니다. 인덱스 지정 없이 git stash apply를 입력
하면 가장 최근에 저장한 내용이 내보내집니다. 위의 예에서는 'stash@{0}: On master: test'가
내보내지겠네요.

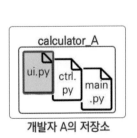
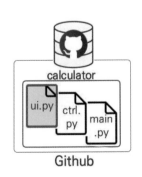
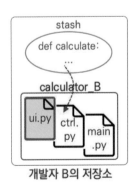

그림 6.62 git stash apply 후 저장소 상태 변화

❸ 마지막으로 작업 내용이 제대로 가져와졌는지 ctrl.py 파일을 열어서 확인해 봅니다.

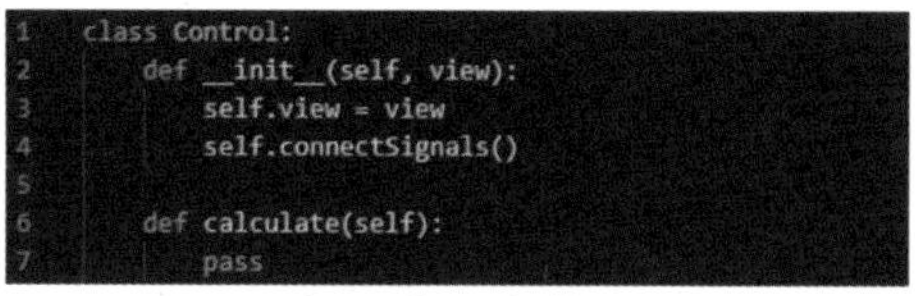

git stash apply 전

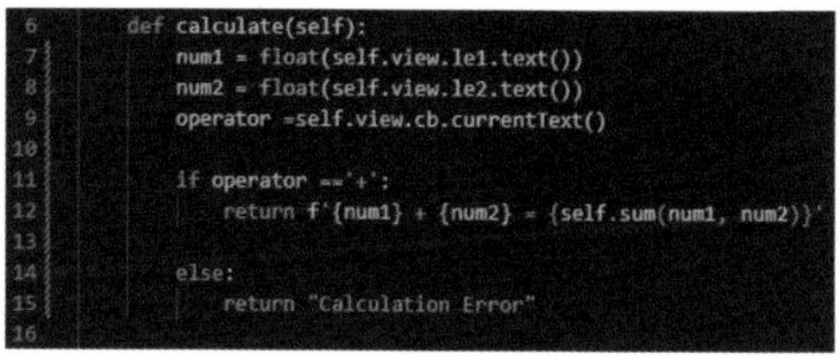

git stash apply 후

그림 6.63 git stash apply 전후 ctrl.py 내용 비교

> **참고** git stash apply 과정에서 충돌이 발생할 수 있다
>
> Git이 자동으로 판단하여 임시 저장 내용을 병합하지 못할 경우 충돌이 발생할 수 있습니다. 이때는 당황하지 말고 6.3의 충돌 해결하기에서 실습한 내용을 참고하여 코드를 정리한 뒤 작업하면 됩니다.

6.7 개발자 B : 작업 마무리하고 커밋, 푸시 하기

이제 개발자 B는 ctrl.py 수정 작업을 이어 나갑니다. 덧셈 연산 결과가 화면에 표시되도록 connectSignals 함수를 수정합니다.

❶ VS Code로 calculator_B 저장소를 열고 ctrl.py의 connectSignals 함수를 수정합니다. 그리고 sum 함수도 함께 수정합니다.

```
# ch 6.6.7 ctrl.py
class Control:

    def __init__(self, view):
        self.view = view
        self.connectSignals()
    ...

    def connectSignals(self): # btn1을 클릭하면 calculate 결과가 화면에 표시되도록 수정
        self.view.btn1.clicked.connect(lambda:\
                                        self.view.setDisplay(self.calculate()))
        self.view.btn2.clicked.connect(self.view.clearMessage)

    def sum(self, a, b): # 예외 처리 제거 : 향후 calculate 함수에서 처리하도록 구현 예정
            return a+b
```

프로그램을 실행하여 Calc 버튼을 눌렀을 때 덧셈 연산 결과가 출력되면 정상 작업된 것입니다.

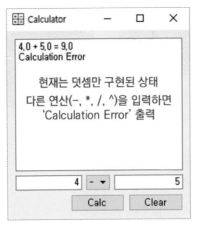

그림 6.64 ctrl.py 수정 후 프로그램 실행 결과

❷ 작업 내용을 커밋, 푸시합니다.

```
git commit -am "Modify ctrl.py to connect sum operation to display"
git push
```

```
kmyu@DESKTOP-N2FK7H0 MINGW64 /c/calculator_B (master)
$ git commit -am "Modify ctrl.py to connect sum operation to display"
[master b7f5e99] Modify ctrl.py to connect sum operation to display
 1 file changed, 11 insertions(+), 6 deletions(-)

kmyu@DESKTOP-N2FK7H0 MINGW64 /c/calculator_B (master)
$ git push
Enumerating objects: 5, done.
Counting objects: 100% (5/5), done.
Delta compression using up to 8 threads
Compressing objects: 100% (3/3), done.
Writing objects: 100% (3/3), 556 bytes |278.00 KiB/s, done.
Total 3(delta 1), reused 0(delta 0), pack-reused 0
remote: Resolving deltas: 100% (1/1), completed with 1local object.
To https://github.com/sguys99/calculator.git
   4514069..b7f5e99  master -> master

kmyu@DESKTOP-N2FK7H0 MINGW64 /c/calculator_B (master)
$ git log --oneline
```

```
b7f5e99 (HEAD -> master, origin/master, origin/HEAD) Modify ctrl.py to connect
sum operation to display
4514069 Add power operator to combobox
121e863 Modify sum functionin ctrl.py
354a5b9 Add sum functionin ctrl.py
---(생 략)---
```

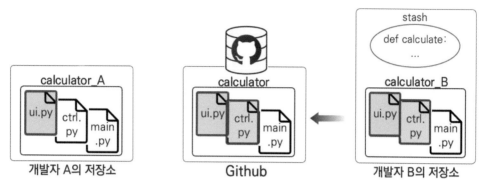

그림 6.65 커밋, 푸시 후 저장소 상태 변화

6.8 개발자 B : 저장 내용 삭제하기

git stash apply로 작업 내용을 가져온 후에도 stash 영역에는 작업 내용이 그대로 남아 있습니다. 더이상 사용하지 않는 임시 저장 내용은 삭제할 수 있습니다.

❶ 먼저 stash 리스트를 살펴봅니다.

```
git stash list
```

```
kmyu@DESKTOP-N2FK7H0 MINGW64 /c/calculator_B (master)
$ git stash list
stash@{0}: On master: test
stash@{1}: WIP on master: 121e863 Modify sum functionin ctrl.py

kmyu@DESKTOP-N2FK7H0 MINGW64 /c/calculator_B (master)
$
```

❷ 저장 내용을 삭제하는 명령은 git stash drop입니다. stash 인덱스를 지정하지 않으면 가장 최근에 저장한 내용이 삭제됩니다. 여기서는 6.4에서 저장한 test가 삭제됩니다.

```
git stash drop
```

```
kmyu@DESKTOP-N2FK7H0 MINGW64 /c/calculator_B (master)
$ git stash drop
Dropped refs/stash@{0}(aeea24ffb32d48815f839fd0a7f6e684370a0372)

kmyu@DESKTOP-N2FK7H0 MINGW64 /c/calculator_B (master)
$ git stash list
stash@{0}: WIP on master: 121e863 Modify sum functionin ctrl.py

kmyu@DESKTOP-N2FK7H0 MINGW64 /c/calculator_B (master)
$
```

예상대로 stash@{0}으로 참조되던 test 작업 내용이 삭제되었습니다. 그리고 개발자 B의 임시 저장 내용 WIP는 stash@{0}이 참조하도록 변경되었습니다.

❸ 특정 저장 내용을 삭제하려면 stash 인덱스를 지정하면 됩니다.

```
git stash drop [stash 인덱스]
```

개발자 B가 작업한 내용을 삭제하기 위해 다음과 같이 입력합니다.

```
git stash drop stash@{0}
```

```
kmyu@DESKTOP-N2FK7H0 MINGW64 /c/calculator_B (master)
$ git stash drop stash@{0}
Dropped stash@{0}(afac79b11b35921411a8c1a951950f913221737c)

kmyu@DESKTOP-N2FK7H0 MINGW64 /c/calculator_B (master)
$ git stash list

kmyu@DESKTOP-N2FK7H0 MINGW64 /c/calculator_B (master)
$
```

stash 영역의 모든 내용이 삭제되었습니다. git stash list를 입력하면 아무 내역도 출력되지 않습니다.

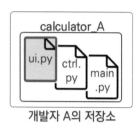
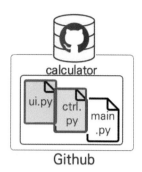
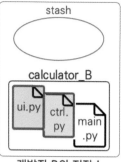

그림 6.66 git stash drop 후 stash 영역 상태 변화

stash 영역의 모든 인덱스를 삭제하려면 clear 명령을 사용하면 됩니다.

```
git stash clear
```

6.9 개발자 A : 원격저장소의 내용을 저장하기

아직 개발자 A의 저장소에는 개발자 B가 작업한 내용이 반영되지 않았습니다. 원격저장소의 내용을 가져와서 전체 저장소의 내용이 같아지도록 동기화시킵니다.

❶ 개발자 A의 저장소 calculator_A의 위치까지 터미널로 들어가서 풀합니다.

```
kmyu@DESKTOP-N2FK7H0 MINGW64 /c/calculator_A (master)
$ git pull
Updating 4514069..b7f5e99
Fast-forward
 ctrl.py |17 +++++++++++------
```

```
 1 file changed, 11 insertions(+), 6 deletions(-)


kmyu@DESKTOP-N2FK7H0 MINGW64 /c/calculator_A (master)
$ git log --oneline
b7f5e99 (HEAD -> master, origin/master, origin/HEAD) Modify ctrl.py to connect
sum operation to display
4514069 Add power operator to combobox
121e863 Modify sum functionin ctrl.py
354a5b9 Add sum functionin ctrl.py
---(생략)---
```

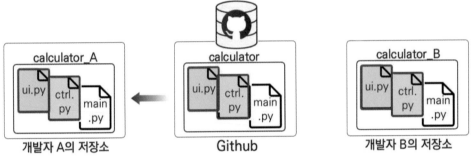

그림 6.67 풀 후 저장소 상태 변화

참고 **소스트리에서 stash 영역 사용하기**

소스트리에서 현재 작업 내용을 임시 저장하기 위해서 화면 위에 있는 Stash 아이콘을 클릭합니다. 팝업 창이 뜨면 메시지를 입력하고 확인 버튼을 클릭합니다. 이렇게 하면 작업 내용이 임시 저장됩니다. 작업 내용을 가져오려면 화면 왼쪽에 있는 Stash 항목에서 가져올 내용을 마우스 우클릭으로 선택한 뒤 적용을 선택합니다. 저장 내용을 삭제하려면 Stash 항목에서 마우스 우클릭으로 선택한 뒤 삭제를 선택합니다.

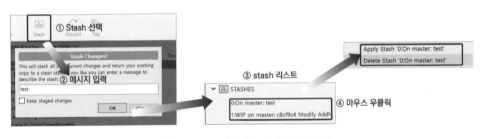

그림 6.68 소스트리에서 stash 영역 사용하기

실무에서 Git을 사용하다 보면 다양한 변수가 발생할 수 있습니다. 앞의 예에서처럼 작업 중에 급한 요청이 들어와 우선 처리해야 하는 상황이 발생할 수도 있습니다. 우리는 이때 stash 영역이 유용하게 사용될 수 있음을 확인했습니다. stash 영역은 이뿐 아니라 다양한 상황에서 활용 가능합니다. 지금 우리는 master 브랜치에서만 실습을 진행하고 있지만 현업에서는 한 저장소 안에 여러 개의 브랜치를 구성하여 작업을 진행하는 경우가 많습니다. 그러다 보면 엉뚱한 브랜치에서 작업을 하는 상황도 종종 발생합니다. 이때 당황하지 말고 stash 영역을 활용하면 쉽게 해결할 수 있습니다. 이미 커밋을 해버렸다면 작업 내용을 소프트 리셋하고, 커밋을 하지 않았다면 바로 작업한 내용을 stash 영역으로 이동시킵니다. 그러면 브랜치에서 작업한 내용도 사라집니다. 저장소 안의 모든 브랜치는 공통의 stash 영역을 사용하기 때문에 원래 작업하려고 했던 브랜치로 전환해서 작업 내용을 가져올 수 있습니다. stash 영역을 잘 활용하면 골치 아픈 일들을 잘 해결할 수 있습니다.

6.10 정리

git stash : 인덱스 영역에 트래킹되는 파일을 임시 영역에 저장하고, modified 부분을 Working directory에서 제거. 기본 명칭 WIP로 저장됨

git stash -u : 새롭게 추가된 파일(untracked)도 함께 임시 영역에 저장

git stash save [저장 이름] : 저장 이름을 부여해서 저장

git stash -m "[메시지]" : 메시지를 기록하여 저장

git stash list : stash 기록 확인

git stash apply : 가장 최근의 작업 내용 불러오기

git stash apply [stash 인덱스] : 해당 인덱스에 해당하는 저장 내용 반영

git stash drop : 가장 최근의 stash 제거

git stash drop [stash 인덱스] : 해당 인덱스의 stash 삭제

git stash pop : 가장 최근의 작업 내용을 불러오고, stash 영역에서 삭제

git stash pop [stash 인덱스] : 해당 인덱스의 작업 내용을 불러오고, stash 영역에서 삭제

git stash clear : stash 영역의 모든 내용 삭제

브랜치는 저장소 안에서 독립적으로 존재하는 작업 관리 영역으로, 한 저장소 안에서 여러 개의 브랜치를 만들어 서로 다른 작업을 할 수 있습니다. 또한 필요하다면 두 브랜치의 내용을 병합하여 한 브랜치에 한 브랜치에 정리할 수도 있습니다. 사실 우리는 이미 저장소를 생성할 때 기본으로 만들어지는 브랜치를 사용해 왔습니다. 바로 master 브랜치입니다. 여기에 용도에 따라 브랜치를 추가로 생성하여 프로그램의 관리와 유지보수를 효율적으로 할 수 있습니다. 이번 장에서는 브랜치의 생성, 관리, 조작하는 방법을 자세하게 배워 봅니다. 브랜치를 잘 사용하면 한 단계 높은 수준의 프로젝트 관리가 가능해집니다. 이번 장의 내용을 배우며 Git을 사용한 소스 코드 관리의 진수를 경험해 보시기 바랍니다.

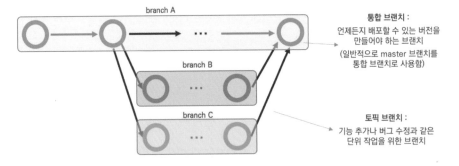

그림 7.1 브랜치를 활용한 저장소 관리 예

7장

브랜치

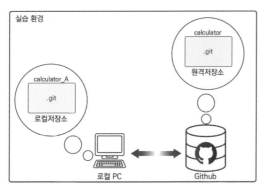

그림 7.2 이번 장의 실습환경

git branch와 checkout :
브랜치 생성과 전환

> 덧셈 기능만 포함된 calculator 프로그램 2.0.0 버전이 출시되었다. 개발자 A는 곧이어 뺄셈, 곱셈,
> 나눗셈 연산 등이 포함된 2.1.0 버전 개발에 착수했다. 이제부터는 브랜치를 사용하여 체계적인 작업
> 관리를 할 생각이다. 하지만 master 브랜치에서만 커밋을 이어나가면 프로그램 관리가 어려우므로
> master 브랜치에는 배포용 버전 프로그램만 커밋하기로 한다. 새로운 기능을 추가할 때는 브랜치를
> 생성하여 개발을 진행하고, 작업이 완료되면 master 브랜치에 병합할 생각이다.

브랜치를 사용하면 저장소를 따로 만들 필요 없이 한 저장소 안에서 기능 추가, 디버그, 테스트 등의
작업을 동시에 할 수 있으며, 저장소를 안정적이면서도 유연하게 운영할 수 있습니다. 이번 절에서는
저장소의 특정 커밋을 기준으로 브랜치를 생성하고, 새롭게 만든 브랜치의 영역으로 전환하여 작업
하는 방법을 소개합니다. 6.8까지 작업한 저장소를 사용해서 실습하겠습니다.

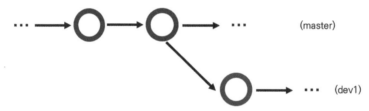

그림 7.3 브랜치의 시각적 표현

브랜치는 특정 지점의 커밋에서 분기해서 커밋을 이어 나가는 모습이 마치 나무의 가지가 뻗어 나
가는 것과 비슷하다고 하여 붙여진 이름입니다. 이번 절에서는 새롭게 만든 브랜치에서 각종 연산
함수를 작성하고 커밋을 기록하는 실습을 해 봅니다.

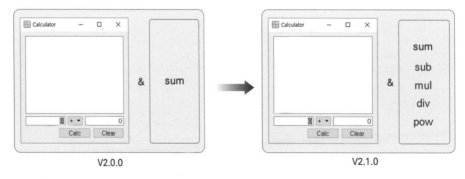

그림 7.4 새 브랜치에서 할 작업

1.1 git branch로 브랜치 생성, 삭제하기

지금까지 우리는 calculator_A 저장소를 생성할 때 기본으로 만들어진 master 브랜치에서만 작업했습니다. 이 저장소에 브랜치를 추가로 만들고 삭제해 보겠습니다.

❶ 우선 현재 커밋에 v2.0.0이라는 태그를 달아 줍니다. 현재 프로그램의 배포 버전을 표시하기 위함입니다.

```
git tag -a v.2.0.0 -m "Release version 2.0.0"
```

```
kmyu@DESKTOP-N2FK7H0 MINGW64 /c/calculator_A (master)
$ git tag -a v.2.0.0 -m "Release version 2.0.0"

kmyu@DESKTOP-N2FK7H0 MINGW64 /c/calculator_A (master)
$ git log --oneline
b7f5e99 (HEAD -> master, tag: v.2.0.0, origin/master) Modify ctrl.py to
connect sum operation to display
4514069 Add power operator to combobox
121e863 Modify sum function in ctrl.py
354a5b9 Add sum function in ctrl.py
9faf97f Merge origin/master
---(생략)---
```

❷ 브랜치를 생성하는 명령은 다음과 같습니다.

```
git branch [브랜치 이름]
```

예를 들어 test1이라는 이름의 브랜치를 생성하고 싶다면 다음과 같이 입력합니다.

```
git branch test1
```

```
kmyu@DESKTOP-N2FK7H0 MINGW64 /c/calculator_A (master)
$ git branch test1

kmyu@DESKTOP-N2FK7H0 MINGW64 /c/calculator_A (master)
$
```

별다른 메시지가 출력되지 않습니다. test2라는 이름의 브랜치를 하나 더 만들어 보겠습니다.

```
git branch test2
```

```
kmyu@DESKTOP-N2FK7H0 MINGW64 /c/calculator_A (master)
$ git branch test2

kmyu@DESKTOP-N2FK7H0 MINGW64 /c/calculator_A (master)
$
```

❸ 생성된 브랜치 리스트를 확인하려면 git branch를 입력하면 됩니다.

```
git branch
```

```
kmyu@DESKTOP-N2FK7H0 MINGW64 /c/calculator_A (master)
$ git branch
* master
  test1
  test2

kmyu@DESKTOP-N2FK7H0 MINGW64 /c/calculator_A (master)
$
```

master 브랜치와 함께 앞에서 만든 브랜치들이 표시됩니다. master 앞에 '*' 표시는 현재 작업 중인 브랜치를 나타냅니다. 브랜치를 만들기만 했을 뿐 작업 중인 브랜치는 여전히 master입니다.

❹ 브랜치 이름을 변경할 수도 있습니다. -m 또는 --move 옵션을 사용합니다.

```
git branch -m [기존 브랜치 이름] [변경할 브랜치 이름]
```

예를 들어 test2 브랜치를 new_test2라는 이름으로 변경하고 싶다면 다음과 같이 입력합니다.

```
git branch -m test2 new_test2
```

```
kmyu@DESKTOP-N2FK7H0 MINGW64 /c/calculator_A (master)
$ git branch -m test2 new_test2

kmyu@DESKTOP-N2FK7H0 MINGW64 /c/calculator_A (master)
$ git branch
* master
  new_test2
  test1
```

```
kmyu@DESKTOP-N2FK7H0 MINGW64 /c/calculator_A (master)
$
```

❺ 브랜치를 삭제하려면 -d 옵션을 사용합니다.

```
git branch -d [브랜치 이름]
```

master 브랜치를 제외한 나머지 브랜치 모두 삭제해 보겠습니다.

```
git branch -d test1
git branch -d new_test2
```

```
kmyu@DESKTOP-N2FK7H0 MINGW64 /c/calculator_A (master)
$ git branch -d test1
Deleted branch test1 (was b7f5e99).

kmyu@DESKTOP-N2FK7H0 MINGW64 /c/calculator_A (master)
$ git branch -d new_test2
Deleted branch new_test2 (was b7f5e99).

kmyu@DESKTOP-N2FK7H0 MINGW64 /c/calculator_A (master)
$ git branch
* master

kmyu@DESKTOP-N2FK7H0 MINGW64 /c/calculator_A (master)
$
```

❻ 이제 개발자 A가 작업할 브랜치를 만들어 봅니다. 브랜치 이름은 dev1로 합니다.

```
git branch dev1
```

```
kmyu@DESKTOP-N2FK7H0 MINGW64 /c/calculator_A (master)
$ git branch dev1

kmyu@DESKTOP-N2FK7H0 MINGW64 /c/calculator_A (master)
$ git branch
  dev1
* master
```

```
kmyu@DESKTOP-N2FK7H0 MINGW64 /c/calculator_A (master)
$ git log --oneline
b7f5e99 (HEAD -> master, tag: v.2.0.0, origin/master, dev1) Modify ctrl.py to
connect sum operation to display
4514069 Add power operator to combobox
121e863 Modify sum function in ctrl.py
354a5b9 Add sum function in ctrl.py
---(생략)---
```

앞에서 브랜치를 저장소 안에 위치하는 독립적인 작업 영역이라고 소개했습니다. 이 브랜치 안에서 가장 최근에 작성된 커밋은 해당 브랜치의 이름으로 참조되고 있습니다. master 브랜치에서 작업한 최신 커밋을 master라는 개체가 참조하고 있는 것을 생각하면 됩니다.

브랜치를 새로 생성하면 같은 브랜치 이름으로 참조 개체가 추가됩니다. 앞에서는 master의 최신 커밋에서 dev1이라는 브랜치를 생성했습니다. 저장소의 참조 형태는 아래 그림과 같을 것입니다.

그림 7.5 dev1 브랜치 생성 후 참조 개체 변화

dev1 추가 후 함께 만들어진 참조 개체는 로그를 통해서도 확인됩니다.

```
sguy5@DESKTOP-OTDAG48 MINGW64 /c/calculator_A (master)
$ git log --oneline
b7f5e99 (HEAD -> master, tag: v.2.0.0, origin/master, dev1) Modify ctrl.py to connect sum operation to display
4514069 Add power operator to combobox
121e863 Modify sum function in ctrl.py
354a5b9 Add sum function in ctrl.py
```

그림 7.6 로그에서 확인한 dev1

dev1 브랜치를 생성했지만 HEAD가 참조하고 있는 브랜치는 여전히 master입니다. 따라서 현재 작업 영역은 master 브랜치입니다. HEAD가 참조하는 브랜치가 변경되면, 비로소 작업 브랜치가 전환됩니다.

1.2 git checkout으로 브랜치 전환하기

작업 브랜치를 전환하기 위해서 git checkout 명령을 사용합니다. 우리는 이미 4장에서 git checkout으로 HEAD의 참조를 특정 커밋으로 변경해서 Working directory의 내용을 커밋을 기록할 때의 상태로 되돌렸습니다. git checkout으로 브랜치 전환도 가능합니다. 개념은 같습니다.

❶ git checkout 뒤에 브랜치 이름을 지정하면 해당 브랜치로 전환됩니다.

```
git checkout [브랜치 이름]
```

앞에서 만든 dev1 브랜치로 전환해봅니다.

```
git checkout dev1
```

```
kmyu@DESKTOP-N2FK7H0 MINGW64 /c/calculator_A (master)
$ git checkout dev1
Switched to branch 'dev1'

kmyu@DESKTOP-N2FK7H0 MINGW64 /c/calculator_A (dev1)
$ git branch
* dev1
  master

kmyu@DESKTOP-N2FK7H0 MINGW64 /c/calculator_A (dev1)
$ git log --oneline
b7f5e99 (HEAD -> dev1, tag: v.2.0.0, origin/master, master) Modify ctrl.py
to connect sum operation to display
4514069 Add power operator to combobox
121e863 Modify sum function in ctrl.py
354a5b9 Add sum function in ctrl.py
---(생략)---
```

경로 오른쪽의 작업 브랜치 이름이 master에서 dev1로 변경되었습니다. 브랜치 리스트를 출력하면 현재 작업 브랜치를 표시하는 * 마크가 dev1 앞에 있습니다.

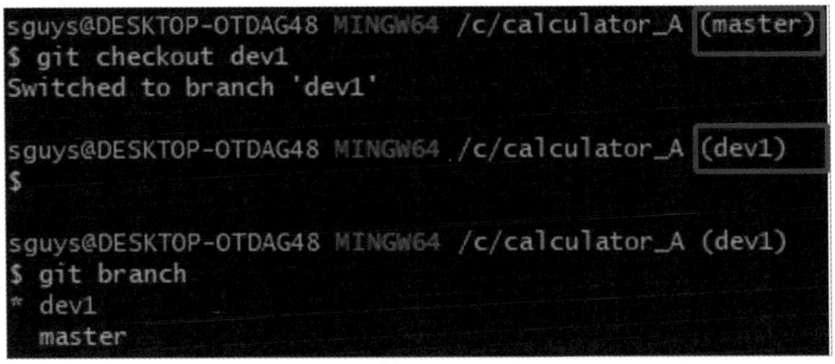

sguys@DESKTOP-OTDAG48 MINGW64 /c/calculator_A (master)
$ git checkout dev1
Switched to branch 'dev1'
sguys@DESKTOP-OTDAG48 MINGW64 /c/calculator_A (dev1)
$
sguys@DESKTOP-OTDAG48 MINGW64 /c/calculator_A (dev1)
$ git branch
* dev1
master

그림 7.7 브랜치 전환 후 터미널 변화

git checkout은 HEAD의 참조를 변경하는 명령입니다. git checkout 뒤에 브랜치 이름을 지정하면 HEAD가 브랜치 이름을 참조, 즉 해당 브랜치의 최신 커밋을 참조하는 개체를 간접 참조하게 되어 작업 영역이 변경됩니다.

calculator_A
master
v2.0.0
git checkout dev1
dev1
HEAD

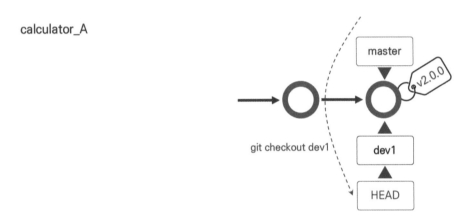

그림 7.8 브랜치 전환 후 참조 상태 변화

dev1으로 브랜치를 전환하더라도 Working directory의 파일 내용은 변함이 없습니다. master와 dev1이 참조하는 커밋이 같기 때문입니다. 하지만 브랜치 전환 후 dev1에서 커밋을 이어나가면 두 브랜치가 참조하는 내용은 달라질 것입니다.

소스트리에서 브랜치 생성, 삭제

로그에서 브랜치 생성의 분기점이 될 커밋을 선택하고 마우스 우클릭으로 '브랜치'를 선택합니다. 설정 창이 실행되면 브랜치 이름을 입력하고 '브랜치생성' 버튼을 클릭하면 됩니다. 이때 '새 브랜치 체크아웃' 항목을 체크하면 브랜치가 생성되면서, 해당 브랜치로 전환됩니다.

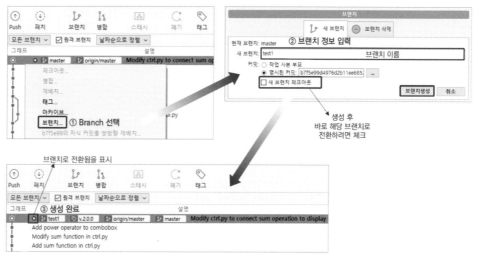

그림 7.9 소스트리에서 브랜치 생성하기

생성된 브랜치는 화면 왼쪽의 브랜치 항목에 표시됩니다. 브랜치 이름을 변경하거나 삭제하려면 대상 브랜치를 선택한 후 마우스 우클릭으로 항목을 선택하면 됩니다. 이때 작업 영역이 해당 브랜치가 아닌 상태여야 합니다. 작업 브랜치를 전환하려면 전환할 브랜치를 선택하여 마우스 우클릭한 후 체크아웃 항목을 선택하면 됩니다.

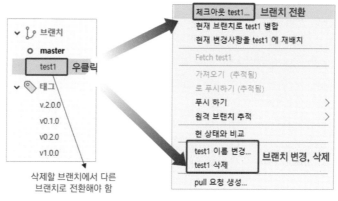

그림 7.10 소스트리에서 브랜치 체크아웃, 변경, 삭제하기

1.3 새 브랜치에서 작업하기

앞에서 만든 dev1 브랜치에서 뺄셈(sub), 곱셈(mul), 나눗셈(div) 함수를 만들고 각각 커밋을 기록하겠습니다.

❶ VS Code로 저장소를 열어서 ctrl.py에 뺄셈 함수 sub를 추가하고 커밋합니다.

```
# ch 7.1.3 ctrl.py
class Control:
    ...

    def sum(self, a, b):
        return a+b

    def sub(self, a, b): # 뺄셈 함수 추가
        return a-b
```

```
git commit -am "Add sub function in ctrl.py"
```

```
kmyu@DESKTOP-N2FK7H0 MINGW64 /c/calculator_A (dev1)
$ git commit -am "Add sub function in ctrl.py"
[dev1 cd355cd] Add sub function in ctrl.py
 1 file changed, 4 insertions(+), 1 deletion(-)

kmyu@DESKTOP-N2FK7H0 MINGW64 /c/calculator_A (dev1)
$ git log --oneline
cd355cd (HEAD -> dev1) Add sub function in ctrl.py
b7f5e99 (tag: v.2.0.0, origin/master, master) Modify ctrl.py to connect sum
operation to display
4514069 Add power operator to combobox
121e863 Modify sum function in ctrl.py
354a5b9 Add sum function in ctrl.py
---(생략)---
```

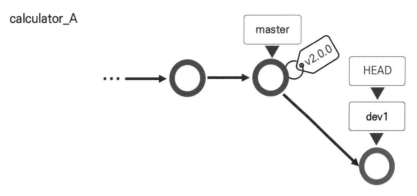

calculator_A

그림 7.11 커밋 후 브랜치 참조 변화

❷ 계속해서 ctrl.py에 곱셈 함수 mul을 추가하고 커밋합니다.

```python
# ch 7.1.3 ctrl.py
class Control:

    ...

    def sum(self, a, b):
        return a+b

    def sub(self, a, b):
        return a-b

    def mul(self, a, b): # 곱셈 함수 추가
        return a*b
```

```
git commit -am "Add mul function in ctrl.py"
```

```
kmyu@DESKTOP-N2FK7H0 MINGW64 /c/calculator_A (dev1)
$ git commit -am "Add mul function in ctrl.py"
[dev1 c3ccec9] Add mul functionin ctrl.py
 1 file changed, 4 insertions(+), 1 deletion(-)

kmyu@DESKTOP-N2FK7H0 MINGW64 /c/calculator_A (dev1)
$ git log --oneline
c3ccec9 (HEAD -> dev1) Add mul function in ctrl.py
cd355cd Add sub function in ctrl.py
b7f5e99 (tag: v.2.0.0, origin/master, master) Modify ctrl.py to connect sum
operation to display
```

```
4514069 Add power operator to combobox
121e863 Modify sum function in ctrl.py
354a5b9 Add sum function in ctrl.py
---(생략)---
```

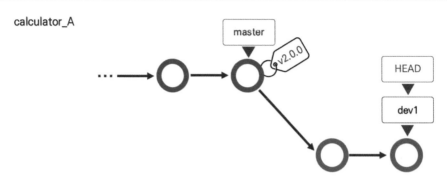

그림 7.12 두 번째 커밋 후 브랜치 참조 변화

❸ 비슷한 방법으로 ctrl.py에 나눗셈 함수 div를 추가하고 커밋합니다.

```
# ch 7.1.3 ctrl.py
class Control:

    ...

    def sum(self, a, b):
        return a+b

    def sub(self, a, b):
        return a-b

    def mul(self, a, b):
        return a*b

    def div(self, a, b): # 나눗셈 함수 추가
        return a/b
```

```
git commit -am "Add div function in ctrl.py"
```

```
kmyu@DESKTOP-N2FK7H0 MINGW64 /c/calculator_A (dev1)
$ git commit -am "Add div function in ctrl.py"
[dev1 ad06eb4] Add div functionin ctrl.py
 1 file changed, 4 insertions(+), 1 deletion(-)
```

```
kmyu@DESKTOP-N2FK7H0 MINGW64 /c/calculator_A (dev1)
$ git log --oneline
ad06eb4 (HEAD -> dev1) Add div functionin ctrl.py
c3ccec9 Add mul functionin ctrl.py
cd355cd Add sub functionin ctrl.py
b7f5e99 (tag: v.2.0.0, origin/master, master) Modify ctrl.py to connect sum
operation to display
4514069 Add power operator to combobox
121e863 Modify sum functionin ctrl.py
354a5b9 Add sum functionin ctrl.py
---(생략)---
```

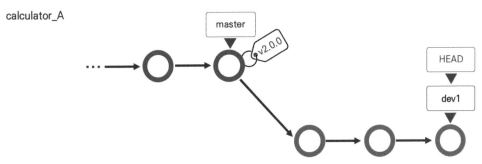

그림 7.13 세 번째 커밋 후 브랜치 참조 변화

❹ 마지막으로 ctrl.py에 제곱 연산을 하는 pow 함수를 추가하고 커밋합니다.

```
# ch 7.1.3 ctrl.py
class Control:
    ...

    def mul(self, a, b):
        return a*b

    def div(self, a, b):
        return a/b

    def pow(self, a, b): # 제곱 연산 함수 추가
        return pow(a, b)
```

```
git commit -am "Add pow function in ctrl.py"
```

```
kmyu@DESKTOP-N2FK7H0 MINGW64 /c/calculator_A (dev1)
$ git commit -am "Add pow function in ctrl.py"
[dev1 ad9db6e] Add pow functionin ctrl.py
 1 file changed, 5 insertions(+), 1 deletion(-)

kmyu@DESKTOP-N2FK7H0 MINGW64 /c/calculator_A (dev1)
$ git log --oneline
ad9db6e (HEAD -> dev1) Add pow functionin ctrl.py
ad06eb4 Add div functionin ctrl.py
c3ccec9 Add mul functionin ctrl.py
cd355cd Add sub functionin ctrl.py
b7f5e99 (tag: v.2.0.0, origin/master, master) Modify ctrl.py to connect sum
operation to display
4514069 Add power operator to combobox
121e863 Modify sum functionin ctrl.py
354a5b9 Add sum functionin ctrl.py
---(생략)---
```

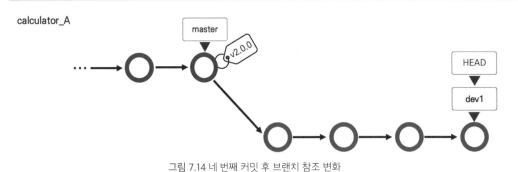

그림 7.14 네 번째 커밋 후 브랜치 참조 변화

1.4 정리

git branch : 브랜치 목록 표시

git branch [브랜치 이름] : 해당 브랜치 이름으로 브랜치 생성

git checkout [브랜치 이름] : 해당 브랜치로 전환

git checkout −b [브랜치 이름] : 브랜치 생성과 동시에 전환

git branch −m [브랜치 이름] [새로운 브랜치 이름] : 브랜치 이름 변경

git branch −d [브랜치 이름] : 해당 브랜치 삭제

2 merge : 브랜치 병합하기

dev1 브랜치에 calculator 2.1.0 버전에 적용될 모든 기능의 개발이 완료되었다. 이제 배포용 버전을 관리하는 master 브랜치에서 dev1 브랜치의 내용을 병합할 차례만 남았다.

다른 브랜치의 작업 내용을 현재 작업 중인 브랜치에 병합할 때 git merge를 사용합니다. 우리는 이미 6장 4절에서 git merge를 사용한 적이 있습니다. 원격저장소의 브랜치(origin/master)의 내용을 로컬저장소 브랜치(master)에 가져와 합칠 때 사용했습니다.

저장소 안에 있는 브랜치 간 내용을 병합할 때도 비슷합니다. master 브랜치에 dev1 브랜치의 내용을 병합하는 실습을 해 보겠습니다. 1.3까지 작업한 저장소를 사용해서 실습하겠습니다.

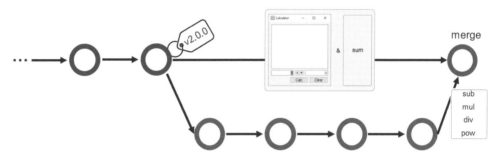

그림 7.15 git merge를 사용한 브랜치 병합 개념

> **참고** git merge를 사용하면 작업 내용은 파일에 자동으로 병합되지만 Git이 자동으로 병합하지 못할 때는 충돌이 발생합니다. 이때는 사용자가 직접 충돌을 해결해야 합니다.

2.1 작업 브랜치를 master로 전환하기

우리는 지금까지 로컬저장소에 dev1 브랜치를 생성하고 여기에서 뺄셈, 곱셈, 나눗셈, 제곱 연산 함수를 만든 후 커밋을 기록했습니다. 병합하기 위해 먼저 작업 내용을 가져올 브랜치로 전환해야 합니다. 우리는 master 브랜치에서 dev1의 작업 내용을 병합할 생각입니다. 따라서 먼저 master 브랜치로 전환해야 합니다.

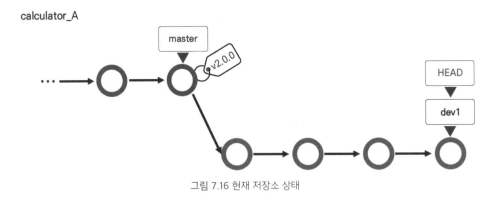

calculator_A

그림 7.16 현재 저장소 상태

❶ 작업 브랜치를 dev1에서 master로 전환합니다.

```
git checkout master
```

```
kmyu@DESKTOP-N2FK7H0 MINGW64 /c/calculator_A (dev1)
$ git checkout master
Switched to branch 'master'
Your branch is up to date with 'origin/master'.

kmyu@DESKTOP-N2FK7H0 MINGW64 /c/calculator_A (master)
$
```

경로 오른쪽에 브랜치 이름이 (dev1)에서 (master)로 변경되었습니다. HEAD의 참조가 master
로 변경되어 작업 브랜치가 전환된 것입니다.

❷ 로그를 확인해 봅니다.

```
kmyu@DESKTOP-N2FK7H0 MINGW64 /c/calculator_A (master)
$ git log --oneline
b7f5e99 (HEAD -> master, tag: v.2.0.0, origin/master) Modify ctrl.py to
connect sum operation to display
4514069 Add power operator to combobox
121e863 Modify sum functionin ctrl.py
354a5b9 Add sum functionin ctrl.py
9faf97f Merge origin/master
---(생략)---
```

당연한 이야기겠지만 dev1에서 작업한 커밋은 확인되지 않습니다.

266

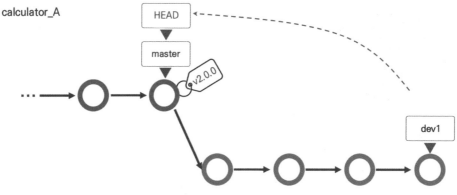

calculator_A

그림 7.17 작업 브랜치 전환 후 HEAD의 참조 변화

2.2 master 브랜치에 dev1 브랜치의 작업 내용 병합하기

이제 master 브랜치에 dev1의 작업 내용을 병합하겠습니다.

❶ 현재 작업 중인 브랜치에 다른 브랜치의 작업 내용을 병합하기 위해서는 git merge 뒤에 작업 내용을 가져올 브랜치의 이름을 작성하면 됩니다.

```
git merge [브랜치 이름]
```

우리는 dev1 브랜치의 작업 내용을 가져와야 하기 때문에 다음과 같이 입력합니다.

```
git merge dev1
```

```
kmyu@DESKTOP-N2FK7H0 MINGW64 /c/calculator_A (master)
$ git merge dev1
Updating b7f5e99..ad9db6e
Fast-forward
 ctrl.py |15 ++++++++++++++-
 1 file changed, 14 insertions(+), 1 deletion(-)

kmyu@DESKTOP-N2FK7H0 MINGW64 /c/calculator_A (master)
$
```

정상적으로 병합되었습니다. ctrl.py 파일을 열어 작업 내용이 잘 반영되었는지 확인해 봅니다.

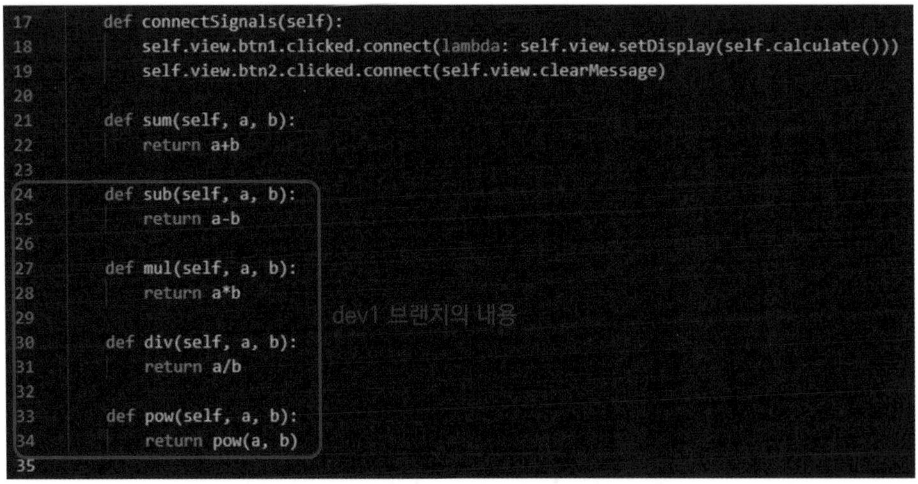

```
17        def connectSignals(self):
18            self.view.btn1.clicked.connect(lambda: self.view.setDisplay(self.calculate()))
19            self.view.btn2.clicked.connect(self.view.clearMessage)
20
21        def sum(self, a, b):
22            return a+b
23
24        def sub(self, a, b):
25            return a-b
26
27        def mul(self, a, b):
28            return a*b
29
30        def div(self, a, b):
31            return a/b
32
33        def pow(self, a, b):
34            return pow(a, b)
35
```
dev1 브랜치의 내용

그림 7.18 병합 후 master 브랜치의 ctrl.py 파일 내용 변화

❷ 이제 로그를 그래프 형태로 출력해 봅니다.

```
git log --oneline --graph
```

```
kmyu@DESKTOP-N2FK7H0 MINGW64 /c/calculator_A (master)
$ git log --oneline --graph
* ad9db6e (HEAD -> master, dev1) Add pow functionin ctrl.py
* ad06eb4 Add div functionin ctrl.py
* c3ccec9 Add mul functionin ctrl.py
* cd355cd Add sub functionin ctrl.py
* b7f5e99 (tag: v.2.0.0, origin/master) Modify ctrl.py to connect sum operation
to display
* 4514069 Add power operator to combobox
* 121e863 Modify sum functionin ctrl.py
* 354a5b9 Add sum functionin ctrl.py
---(생 략)---
```

뭔가 이상합니다. 우리의 의도대로라면 그림 7.15처럼 master 브랜치에 새로운 커밋이 생겨서 dev1의 작업 내용이 합쳐져야 합니다. 그래야 배포용 버전의 커밋만 가져와 master 브랜치에서 관리할 수 있습니다. 하지만 실제로는 dev1의 커밋이 모두 딸려온 형태가 되었습니다. 그림으로 표현하면 다음과 같습니다.

268

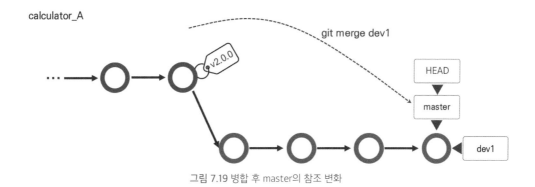

그림 7.19 병합 후 master의 참조 변화

개발자 A가 생각했던 브랜치 운영 계획에 차질이 생겼습니다. 일단 실습은 여기서 마무리하겠습니다. 다음 절에서 git merge와 브랜치 병합의 원리에 대해 살펴보고, 다시 브랜치를 병합해 보도록 하겠습니다.

2.3 정리

git merge [브랜치 이름] : 해당 브랜치의 작업 내용을 현재 브랜치에 병합

merge의 두 종류 :
fast-forward와 3-way merge

원하는 방향으로 브랜치 관리가 되지 않았다. 브랜치를 더 자세히 공부한 개발자 A는 브랜치 병합을 위한 몇 가지 옵션이 있는 것을 알게 되었다.

브랜치 간 병합(merge)을 진행할 때 새로운 커밋이 생겨날 수도 있고, 그렇지 않을 수도 있습니다. 7.2의 실습에서는 병합할 때 커밋이 생성되지 않았습니다. 이번 절에서는 두 가지 브랜치 병합 패턴인 fast-forward merge와 3-way merge에 대해서 살펴봅니다.

3.1 fast-foward merge

앞 절에서 병합하기 전의 브랜치 상태를 떠올려 봅시다. master 브랜치에서 dev1 브랜치가 분기해 나가는 지점, 즉 두 브랜치가 공통으로 가지고 있는 커밋을 base라고 합니다. 아래 그림에서 master와 dev1이 참조하는 커밋, 그리고 base는 동일 선상에 있습니다. 이때 두 브랜치는 fast-forward 상태에 있다고 합니다.

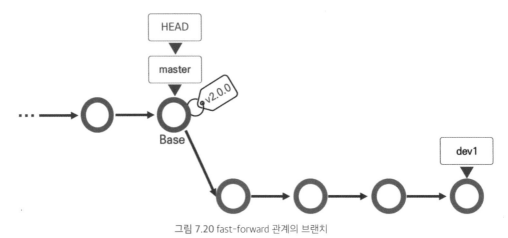

그림 7.20 fast-forward 관계의 브랜치

fast-forward 상태에 있는 브랜치 관계에서 git merge를 입력하면 새로운 커밋이 생기지 않습니다. 뒤에 있는 브랜치(여기서는 master)의 참조 개체가 앞서 있는 브랜치의 개체가 참조하고 있는 커밋을 따라서 참조하도록 이동합니다. 마치 브랜치가 점프하듯 상대 브랜치의 커밋으로 이동하는 모습을 본떠 fast-forward(빨리 감기)라는 이름이 붙었습니다.

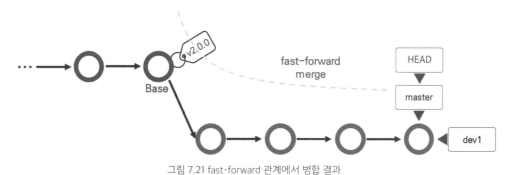

그림 7.21 fast-forward 관계에서 병합 결과

3.2 3-way merge

dev1 브랜치에서 작업하는 동안 master 브랜치에서도 새로운 커밋이 기록되었다고 가정하겠습니다. 이 상태에서는 두 브랜치의 참조 개체 중 어느 것도 base를 참조하지 않습니다.

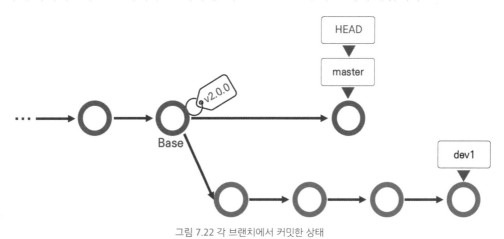

그림 7.22 각 브랜치에서 커밋한 상태

이 경우 master 브랜치에서 git merge 명령을 사용하면 새로운 커밋이 생성됩니다. 이와 같은 병합 방식을 3-way merge라고 합니다. 그리고 새롭게 생성된 커밋을 머지 커밋(merge commit)이라고 합니다. 3-way merge라고 불리는 이유는 base, 그리고 각 브랜치의 참조 커밋을 참고하여 병합하기 때문입니다.

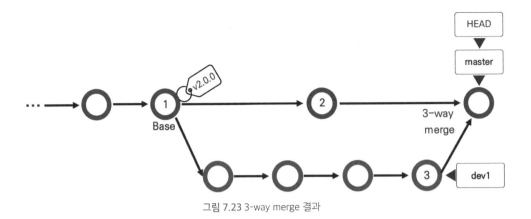

그림 7.23 3-way merge 결과

3-way merge의 원리

3-way merge는 병합 과정에서 세 개의 커밋을 참고합니다(base 커밋, 두 브랜치의 참조 커밋). git merge 명령을 입력하면 Git은 base 커밋을 기준으로 변경 사항이 발생한 파일을 머지 커밋에 자동 반영합니다(아래 그림의 A'와 B'). 그런데 base를 기준으로 한 파일이 두 브랜치에서 다른 방식으로 바뀌는 일도 있을 것입니다(C'와 C''). 이런 파일은 병합 과정에서 충돌(conflict)이 발생할 수 있습니다. 만약 충돌이 발생한다면 사용자가 직접 파일을 수정하여 충돌을 해결해야 합니다.

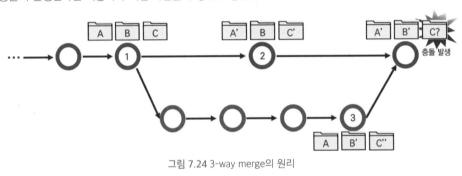

그림 7.24 3-way merge의 원리

3.3 정리

fast-forward merge : 현재 브랜치가 base 커밋에 위치해서 단순히 참조 커밋을 이동시켜 병합

3-way merge : base를 기준으로 두 브랜치의 변경 사항이 생겨 새로운 커밋이 생기면서 병합

merge 옵션 :
--ff, --no-ff, --squash

master 브랜치에서 dev1 브랜치의 내용을 병합하였더니 fast-forward merge가 되어버렸다.
master 브랜치에 배포용 커밋만 기록하려면 두 브랜치가 fast-forward 관계여도 3-way merge 형
태로 병합되도록 해야 한다. 두 브랜치의 관계와 상관없이 3-way merge를 하는 방법은 없을까?

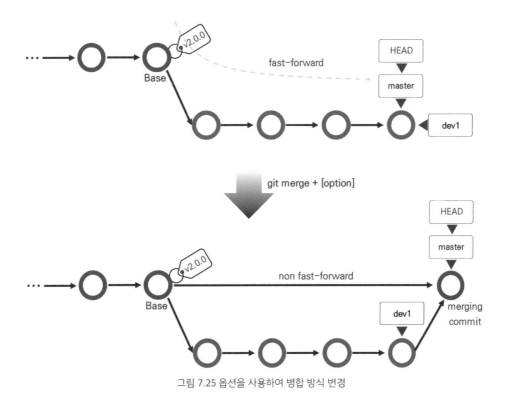

그림 7.25 옵션을 사용하여 병합 방식 변경

git merge 명령을 사용할 때 옵션을 사용하여 병합 형태를 결정할 수 있습니다. 이번 절에서는 대
표적인 옵션인 --ff, --no-ff, --squash에 대해서 살펴봅니다. 2.2까지 작업한 저장소에 이어서 실습
합니다.

4.1 fast-forward merge

가장 먼저 fast-forward merge부터 시작하겠습니다. fast-forward merge는 두 브랜치의 참조가 base를 기준으로 일직선상에 있을 때 가능합니다. git merge 시 별다른 옵션을 설정하지 않았다면 기본으로 선택되는 merge 옵션입니다.

❶ calculator_A 저장소 master 브랜치의 로그를 확인합니다.

```
kmyu@DESKTOP-N2FK7H0 MINGW64 /c/calculator_A (master)
$ git log --oneline --graph
* ad9db6e (HEAD -> master, dev1) Add pow functionin ctrl.py
* ad06eb4 Add div functionin ctrl.py
* c3ccec9 Add mul functionin ctrl.py
* cd355cd Add sub functionin ctrl.py
* b7f5e99 (tag: v.2.0.0, origin/master) Modify ctrl.py to connect sum operation
to display
* 4514069 Add power operator to combobox
* 121e863 Modify sum functionin ctrl.py
* 354a5b9 Add sum functionin ctrl.py
---(생략)---
```

2.2에서 작업한 calculator_A 저장소의 master 브랜치는 이미 병합이 완료되었습니다.

calculator_A

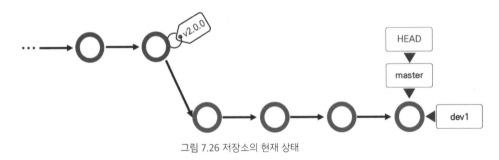

그림 7.26 저장소의 현재 상태

❷ 실습을 위해 병합하기 전으로 리셋합니다. HEAD가 현재 참조하고 있는 커밋을 기준으로 4단계 전으로 돌아가야 합니다.

```
git reset --hard HEAD^^^^
```

```
kmyu@DESKTOP-N2FK7H0 MINGW64 /c/calculator_A (master)
$ git reset --hard HEAD^^^^
```

```
HEAD is now at b7f5e99 Modify ctrl.py to connect sum operation to display

kmyu@DESKTOP-N2FK7H0 MINGW64 /c/calculator_A (master)
$ git log --oneline
b7f5e99 (HEAD -> master, tag: v.2.0.0, origin/master) Modify ctrl.py to connect
sum operation to display
4514069 Add power operator to combobox
121e863 Modify sum functionin ctrl.py
354a5b9 Add sum functionin ctrl.py
9faf97f Merge origin/master
---(생 략)---
```

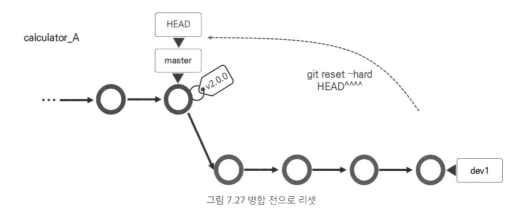

그림 7.27 병합 전으로 리셋

❸ 이제 fast-forward merge합니다. --ff 옵션을 사용하면 됩니다.

```
git merge --ff [브랜치 이름]
```

우리는 master 브랜치에 dev1 브랜치를 병합할 생각이므로 다음과 같이 입력합니다.

```
git merge --ff dev1
```

```
kmyu@DESKTOP-N2FK7H0 MINGW64 /c/calculator_A (master)
$ git merge --ff dev1
Updating b7f5e99..ad9db6e
Fast-forward
 ctrl.py |15 ++++++++++++++-
 1 file changed, 14 insertions(+), 1 deletion(-)

kmyu@DESKTOP-N2FK7H0 MINGW64 /c/calculator_A (master)
$ git log --oneline
```

```
ad9db6e (HEAD -> master, dev1) Add pow functionin ctrl.py
ad06eb4 Add div functionin ctrl.py
c3ccec9 Add mul functionin ctrl.py
cd355cd Add sub functionin ctrl.py
b7f5e99 (tag: v.2.0.0, origin/master) Modify ctrl.py to connect sum operation to
display
4514069 Add power operator to combobox
121e863 Modify sum functionin ctrl.py
354a5b9 Add sum functionin ctrl.py
---(생략)---
```

--ff 옵션을 사용하면, 두 브랜치가 fast-forward 있을 때 새로운 커밋을 생성하지 않고 뒤쳐진 브랜치의 참조만 이동시킵니다. fast-forward 관계가 아니면 머지 커밋을 생성하여 병합합니다. --ff 옵션은 기본값입니다. 따라서 옵션을 생략하고 **git merge** [브랜치 이름] 형식으로 입력하면 --ff 옵션으로 동작합니다.

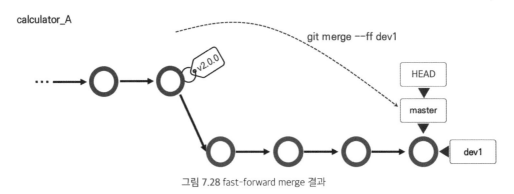

그림 7.28 fast-forward merge 결과

4.2 non fast-forward merge

브랜치가 fast-forward 관계여도 머지 커밋을 두고 병합하는 방법이 있습니다. 바로 non fast-forward(--no-ff) 옵션을 사용하는 방법입니다.

❶ 병합된 브랜치를 원래대로 리셋합니다.

```
git reset --hard v2.0.0
```

```
kmyu@DESKTOP-N2FK7H0 MINGW64 /c/calculator_A (master)
$ git reset --hard v2.0.0
```

```
HEAD is now at b7f5e99 Modify ctrl.py to connect sum operation to display

kmyu@DESKTOP-N2FK7H0 MINGW64 /c/calculator_A (master)
$ git log --oneline
b7f5e99 (HEAD -> master, tag: v.2.0.0, origin/master) Modify ctrl.py to
connect sum operation to display
4514069 Add power operator to combobox
121e863 Modify sum functionin ctrl.py
354a5b9 Add sum functionin ctrl.py
9faf97f Merge origin/master
---(생략)---
```

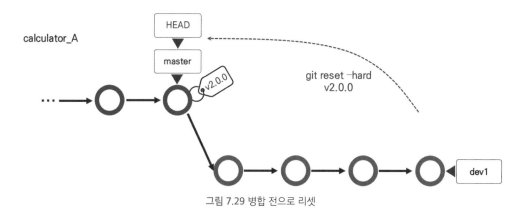

그림 7.29 병합 전으로 리셋

❷ non fast-forward merge합니다. --no-ff 옵션을 사용합니다.

```
git merge --no-ff [브랜치 이름]
```

dev1 브랜치를 병합하려면 다음과 같이 입력합니다.

```
git merge --no-ff dev1
```

```
kmyu@DESKTOP-N2FK7H0 MINGW64 /c/calculator_A (master)
$ git merge --no-ff dev1
```

명령 입력과 동시에 커밋 메시지를 입력하는 편집기가 실행됩니다. 머지 커밋이 생성되기 때문
입니다. 기본으로 Merge brance 'dev1'이라는 메시지가 작성되어 있습니다. 이 메시지를 사용
하기로 하고 편집기를 저장, 종료합니다(ESC키 누른 후 :wq 입력하고 엔터키 입력).

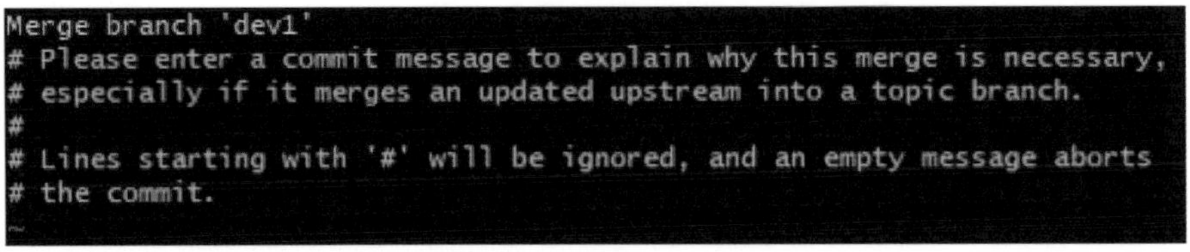

```
Merge branch 'dev1'
# Please enter a commit message to explain why this merge is necessary,
# especially if it merges an updated upstream into a topic branch.
#
# Lines starting with '#' will be ignored, and an empty message aborts
# the commit.
```

그림 7.30 커밋 메시지 작성 화면

```
kmyu@DESKTOP-N2FK7H0 MINGW64 /c/calculator_A (master)
$ git merge --no-ff dev1
Merge made by the 'recursive' strategy.
 ctrl.py |15 ++++++++++++++-
 1 file changed, 14 insertions(+), 1 deletion(-)


kmyu@DESKTOP-N2FK7H0 MINGW64 /c/calculator_A (master)
$
```

병합이 완료되었습니다.

❸ 병합 결과를 확인하기 위해 그래프 로그를 출력해 봅니다.

```
git log --oneline --graph
```

```
kmyu@DESKTOP-N2FK7H0 MINGW64 /c/calculator_A (master)
$ git log --oneline --graph
*   741a1cd (HEAD -> master) Merge branch 'dev1'
|\
| * ad9db6e (dev1) Add pow functionin ctrl.py
| * ad06eb4 Add div functionin ctrl.py
| * c3ccec9 Add mul functionin ctrl.py
| * cd355cd Add sub functionin ctrl.py
|/
* b7f5e99 (tag: v2.0.0, origin/master) Modify ctrl.py to connect sum
operation to display
* 4514069 Add power operator to combobox
* 121e863 Modify sum functionin ctrl.py
* 354a5b9 Add sum functionin ctrl.py
---(생략)---
```

머지 커밋 714a1cd가 생성되면서 병합되었습니다.

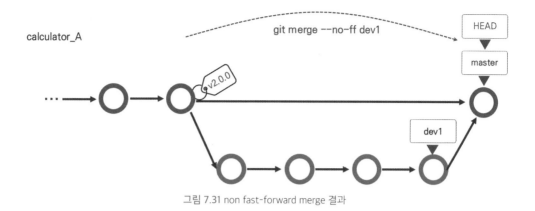

그림 7.31 non fast-forward merge 결과

--no-ff 옵션을 사용하여 브랜치를 병합하면 다음 두 가지 효과를 얻을 수 있습니다.

- 브랜치 관계에 상관없이 필요한 커밋만 가져올 수 있습니다.
- 어떤 브랜치에서 병합을 했는지 기록을 남길 수 있습니다(여기서는 Merge branch 'dev1' 이
  라는 메시지를 남겼습니다).

2절에서 옵션 없이 git merge하였을 때 의도와 달리 동작했던 걸 기억하시나요? master 브랜치
에서 배포용 커밋을 기록하려면 --no-ff 옵션으로 브랜치를 병합해야 하는 것을 알게 되었습니다.

지금까지 --ff, --no-ff 옵션 두 가지를 배웠습니다. 여기에 한 가지 옵션이 더 있습니다. 이어서
소개하겠습니다.

4.3 squash merge

마지막으로 살펴볼 옵션은 squash입니다. squash는 '짓누르다', '억지로 밀어 넣다'라는 사전적 의
미가 있습니다. squash 옵션은 이름처럼 매우 강압적인 병합 방식으로, 병합된 브랜치 정보가 표시
되지 않습니다. 앞에서 본 병합 방식과 어떤 차이가 있는지 알아보겠습니다.

❶ 병합된 브랜치를 원래대로 리셋합니다. 머지 커밋을 기준으로 한 단계 이전으로만 이동하면 됩
  니다.

```
git reset --hard HEAD^
```

```
kmyu@DESKTOP-N2FK7H0 MINGW64 /c/calculator_A (master)
$ git reset --hard HEAD^
HEAD is now at b7f5e99 Modify ctrl.py to connect sum operation to display

kmyu@DESKTOP-N2FK7H0 MINGW64 /c/calculator_A (master)
$ git log --oneline
b7f5e99 (HEAD -> master, tag: v.2.0.0, origin/master) Modify ctrl.py to connect
sum operation to display
4514069 Add power operator to combobox
121e863 Modify sum functionin ctrl.py
354a5b9 Add sum functionin ctrl.py
9faf97f Merge origin/master
---(생략)---
```

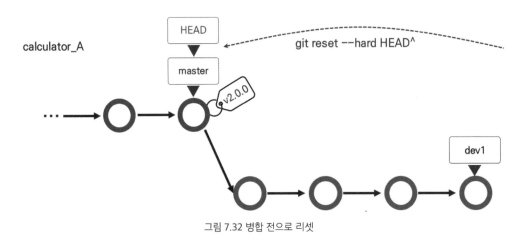

그림 7.32 병합 전으로 리셋

❷ --squash 옵션을 붙여 git merge를 입력합니다.

```
git merge --squash [브랜치 이름]
```

dev1 브랜치를 병합하려면 다음과 같이 입력합니다.

```
git merge --squash dev1
```

```
kmyu@DESKTOP-N2FK7H0 MINGW64 /c/calculator_A (master)
$ git merge --squash dev1
Updating b7f5e99..ad9db6e
Fast-forward
Squash commit -- not updating HEAD
```

```
 ctrl.py |15 ++++++++++++++-
 1 file changed, 14 insertions(+), 1 deletion(-)


kmyu@DESKTOP-N2FK7H0 MINGW64 /c/calculator_A (master)
$
```

❸ 로그를 확인해 봅니다.

```
kmyu@DESKTOP-N2FK7H0 MINGW64 /c/calculator_A (master)
$ git log --oneline --graph
* b7f5e99 (HEAD -> master, tag: v2.0.0, origin/master) Modify ctrl.py to
connect sum operation to display
* 4514069 Add power operator to combobox
* 121e863 Modify sum functionin ctrl.py
* 354a5b9 Add sum functionin ctrl.py
*   9faf97f Merge origin/master
---(생 략)---
```

커밋이 생성되지 않았습니다. 어떻게 된 것일까요?

❹ 어떻게 된 일인지 알기 위해 저장소의 상태를 확인해 봅니다.

```
kmyu@DESKTOP-N2FK7H0 MINGW64 /c/calculator_A (master)
$ git status
On branch master
Your branch is up to date with 'origin/master'.

Changes to be committed:
  (use "git restore --staged <file>..." to unstage)
        modified:   ctrl.py


kmyu@DESKTOP-N2FK7H0 MINGW64 /c/calculator_A (master)
$
```

ctrl.py 파일이 modified(staged) 상태가 되었습니다. dev1의 작업 내용이 한꺼번에 반영되었기 때문입니다. 여기서 우리는 --squash 옵션의 특징을 알 수 있습니다. --squash 옵션으로 병합하면 브랜치의 내용을 가져오기만 하고 커밋을 생성하지는 않습니다. 상대 브랜치의 작업 내용이 추가되어 파일 상태가 변경되고, 변경된 파일은 스테이징 단계까지 이동합니다.

⑤ 병합한 내용을 커밋합니다.

```
git commit -m "Add sub, mul, div, pow function in ctrl.py"
```

```
kmyu@DESKTOP-N2FK7H0 MINGW64 /c/calculator_A (master)
$ git commit -m "Add sub, mul, div, and pow function in ctrl.py"
[master 6d11458] Add sub, mul, div, and pow functionin ctrl.py
 1 file changed, 14 insertions(+), 1 deletion(-)


kmyu@DESKTOP-N2FK7H0 MINGW64 /c/calculator_A (master)
$ git log --oneline --graph
* 6d11458 (HEAD -> master) Add sub, mul, div, and pow functionin ctrl.py
* b7f5e99 (tag: v2.0.0, origin/master) Modify ctrl.py to connect sum operation to
display
* 4514069 Add power operator to combobox
* 121e863 Modify sum functionin ctrl.py
* 354a5b9 Add sum functionin ctrl.py
*   9faf97f Merge origin/master
---(생략)---
```

--sqush 옵션을 사용하여 병합하면 커밋이 어떤 브랜치에서 왔는지 확인할 수 없습니다.

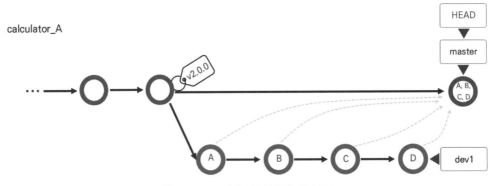

그림 7.33 --squash 옵션으로 병합, 커밋 결과

4.4 브랜치 정리하기

병합 후 사용하지 않는 브랜치는 삭제할 수 있습니다.

282

❶ 브랜치 삭제는 git branch에 -d 옵션을 사용합니다.

```
git branch -d [브랜치 이름]
```

dev1 브랜치를 삭제하려면 다음과 같이 입력합니다.

```
git branch -d dev1
```

```
kmyu@DESKTOP-N2FK7H0 MINGW64 /c/calculator_A (master)
$ git branch -d dev1
error: The branch 'dev1' is not fully merged.
If you are sure you want to delete it, run 'git branch -D dev1'.
```

에러 메시지가 발생하면서 브랜치가 삭제되지 않습니다. Git은 병합으로 작업 내용이 넘겨지지 않은 브랜치를 삭제하려고 하면 에러 메시지를 발생시킵니다. 사용자가 실수로 삭제하는 것을 방지하기 위함입니다. 앞에서 --squash 옵션으로 병합을 진행해서 작업 내용만 넘어가고 dev1 브랜치가 병합되지 않은 형태가 되어버렸습니다.

❷ 병합되지 않은 브랜치를 삭제하기 위해서는 -D 옵션을 사용합니다.

```
git branch -D [브랜치 이름]
```

dev1 브랜치를 삭제해야 하므로, 다음과 같이 입력합니다.

```
git branch -D dev1
```

```
kmyu@DESKTOP-N2FK7H0 MINGW64 /c/calculator_A (master)
$ git branch -D dev1
Deleted branch dev1 (was ad9db6e).

kmyu@DESKTOP-N2FK7H0 MINGW64 /c/calculator_A (master)
$ git branch
* master

kmyu@DESKTOP-N2FK7H0 MINGW64 /c/calculator_A (master)
$
```

브랜치가 정상적으로 삭제되었습니다.

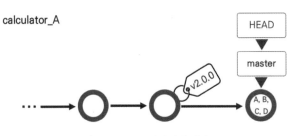

calculator_A

그림 7.34 dev1 브랜치 삭제 결과

❸ 새롭게 추가된 커밋에 태그를 추가합니다. 태그 이름은 버전 정보인 v2.1.0으로 합니다. 태그를 추가할 때 메시지도 같이 적겠습니다.

```
git tag -a v2.1.0 -m "Release version 2.1.0"
```

```
kmyu@DESKTOP-N2FK7H0 MINGW64 /c/calculator_A (master)
$ git tag -a v2.1.0 -m "Release version 2.1.0"

kmyu@DESKTOP-N2FK7H0 MINGW64 /c/calculator_A (master)
$ git tag
v0.1.0
v0.2.0
v1.0.0
v2.0.0
v2.1.0

kmyu@DESKTOP-N2FK7H0 MINGW64 /c/calculator_A (master)
$
```

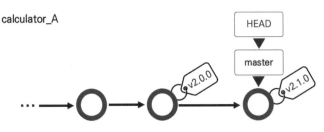

calculator_A

그림 7.35 새로운 커밋에 태그 추가

참고 소스트리에서 브랜치 병합하기

먼저 작업할 브랜치로 전환합니다. 예를 들어 master 브랜치에 다른 브랜치의 내용을 가져오려면 master 브랜치로 전환합니다. 그다음에 내용을 가져올 브랜치의 커밋을 선택하여 마우스 우클릭한 후, 병합을 선택합니다. '병합 확정' 팝업이 실행되면 ––no–ff 옵션 여부를 선택하고 확인 버튼을 클릭합니다.

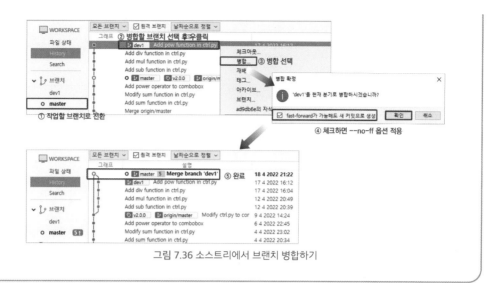

그림 7.36 소스트리에서 브랜치 병합하기

참고 **--ff, --no-ff, --squash 중에 무엇을 써야 하나?**

Vincent Driessen이 작성한 블로그 포스트인 'A successful Git branching model'[1]에서는 배포용 버전
을 기록할 브랜치(여기서는 master)에서 다른 브랜치의 내용을 병합할 때 --ff 보다는 --no-ff 를 사용
할 것을 권장하고 있습니다. 그렇다면 --no-ff와 --squash 중에 무엇을 쓰는 것이 좋을까요? 이 부분
은 팀원끼리 협의하여 결정하면 됩니다. 병합 이력까지 상세하게 기록하고 싶다면 --no-ff를 사용하면
됩니다. 반면 브랜치를 깔끔하게 정리하고 싶다면 --squash가 효과적일 것입니다.

4.5 정리

git merge --ff [브랜치 이름] : fast-forward 관계에 있으면 커밋을 생성하지 않고 현재 브랜치
의 참조만 변경(default)

git merge --no-ff [브랜치 이름] : fast-forward 관계에 있어도 머지 커밋 생성

git merge --squash [브랜치 이름] : 병합할 브랜치의 내용을 하나의 커밋에 합침. 병합할 브랜
치 정보는 생략

---

1   A successful Git branching model : https://nvie.com/posts/a-successful-git-branching-model/

> calculator 프로그램 2.1.0 버전 배포 후에 두 가지 이슈가 발생했다.
>
> div 함수 결함 : 제수가 0일 때 계산 불능이 발생하는 문제
>
> pow 함수 결함 : 밑이 0일 때 계산 불능이 발생하는 문제
>
> 빠르게 해결하기 위해 두 개의 브랜치를 만들어 div 함수는 issue1 브랜치에서, pow 함수는 issue2 브랜치에서 대응하려 한다. 다만 작업을 완료한 이후에 어떻게 병합할지 생각하지 못했다. 별도의 브랜치에서 작업하더라도 하나의 브랜치에서 작업한 것처럼 정리하는 방법이 있을까?

저장소 안에서 생성한 각 브랜치에서 작업을 완료한 후 master 브랜치에 병합해야 하는 상황입니다. 첫 번째 방안은 4절에서 소개한 git merge를 사용해서 브랜치끼리 병합을 이어나가는 전략입니다.

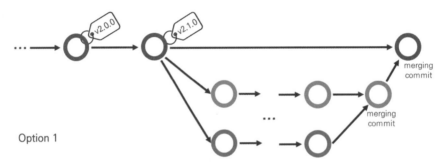

그림 7.37 첫 번째 방안 : 브랜치끼리 병합 이어나가기

두 번째는 git rebase 명령으로 브랜치의 base를 조정하여 정리하는 방법입니다. 브랜치의 수가 많아질 경우 깔끔하게 정리할 수 있습니다.

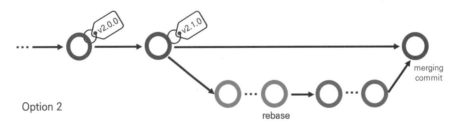

그림 7.38 두 번째 방안 : 브랜치의 base 조정하기(rebase)

물론 git merge --squash로 깔끔하게 정리할 수도 있습니다. 하지만 커밋 이력을 유지하고 싶다면 두 번째 방법을 사용해야 합니다. 이번에는 이 방법을 선택해 issue1, 2 두 개의 브랜치를 생성하고 각각 작업한 뒤 git rebase로 브랜치를 정리해 보겠습니다. 4.4까지 작업한 저장소를 사용해서 실습하겠습니다.

5.1 issue1 브랜치 작업하기

issue1 브랜치에서는 ctrl.py 파일의 div 함수를 수정합니다.

❶ 작업을 위한 브랜치를 생성하고 전환합니다.

```
git checkout -b [브랜치 이름]
```

issue1 이라는 이름으로 브랜치를 생성해야 하므로 다음과 같이 입력합니다.

```
git checkout -b issue1
```

```
kmyu@DESKTOP-N2FK7H0 MINGW64 /c/calculator_A (master)
$ git checkout -b issue1
Switched to a new branch 'issue1'

kmyu@DESKTOP-N2FK7H0 MINGW64 /c/calculator_A (issue1)
$ git branch
* issue1
  master

kmyu@DESKTOP-N2FK7H0 MINGW64 /c/calculator_A (issue1)
$
```

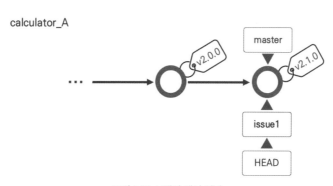

그림 7.39 브랜치 생성 결과

❷ VS Code로 저장소 폴더를 열어서 ctrl.py 파일의 div 함수를 다음과 같이 수정합니다.

```
# ch 7.5.1 ctrl.py
class Control:
    ...

    def div(self, a, b): # div 함수 수정
        if (b==0):
            return 0
        else:
            return a/b
    ...
```

제수(除數) b에 0이 입력되었을 때 0을 리턴하도록 수정하였습니다.

❸ 수정한 내용을 설명하는 커밋 메시지를 작성합니다.

```
git commit -am "Modify div function to check divisor"
```

```
kmyu@DESKTOP-N2FK7H0 MINGW64 /c/calculator_A (issue1)
$ git commit -am "Modify div function to check divisor"
[issue1 9abcc64] Modify div function to check divisor
 1 file changed, 4 insertions(+), 1 deletion(-)


kmyu@DESKTOP-N2FK7H0 MINGW64 /c/calculator_A (issue1)
$ git log --oneline --graph
* 9abcc64 (HEAD -> issue1) Modify div function to check divisor
* 6d11458 (tag: v2.1.0, master) Add sub, mul, div, and pow functionin ctrl.py
* b7f5e99 (tag: v2.0.0, origin/master) Modify ctrl.py to connect sum operation to
display
* 4514069 Add power operator to combobox
* 121e863 Modify sum functionin ctrl.py
* 354a5b9 Add sum functionin ctrl.py
* 9faf97f Merge origin/master
---(생략)---
```

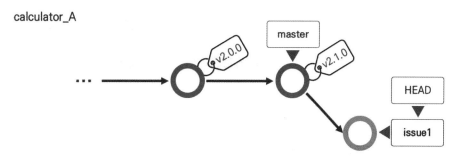

calculator_A

그림 7.40 커밋 후 상태 변화

❹ 그런데 div 함수에 수정할 부분이 더 있었습니다. 제수를 예외 처리할지 검사하도록 수정합니다.

```python
# ch 7.5.1 ctrl.py
class Control:

    ...

    def div(self, a, b): # 예외 처리를 사용하도록 수정
        try:
            if(b==0):
                raise Exception("Divisor Error")

        except Exception as e:
            return e

        return a/b
    ...
```

❺ 수정한 내용을 설명하는 커밋 메시지를 작성합니다.

```
git commit -am "Modify div function using exception"
```

```
kmyu@DESKTOP-N2FK7H0 MINGW64 /c/calculator_A (issue1)
$ git commit -am "Modify div function using exception"
[issue1 2b036a1] Modify div function using exception
 1 file changed, 8 insertions(+), 4 deletions(-)

kmyu@DESKTOP-N2FK7H0 MINGW64 /c/calculator_A (issue1)
$ git log --oneline --graph
* 2b036a1 (HEAD -> issue1) Modify div function using exception
* 9abcc64 Modify div function to check divisor
```

```
* 6d11458 (tag: v2.1.0, master) Add sub, mul, div, and pow functionin ctrl.
py
* b7f5e99 (tag: v2.0.0, origin/master) Modify ctrl.py to connect sum
operation to display
* 4514069 Add power operator to combobox
* 121e863 Modify sum functionin ctrl.py
* 354a5b9 Add sum functionin ctrl.py
* 9faf97f Merge origin/master
---(생략)---
```

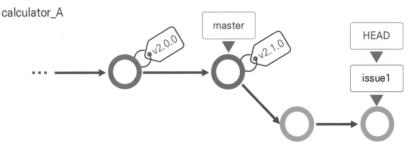

그림 7.41 커밋 후 상태 변화

5.2 issue2 브랜치 작업하기

이번에는 issue2 브랜치를 생성한 후 제곱 연산 함수인 pow를 수정합니다.

❶ master 브랜치로 전환합니다. master가 참조하는 커밋에서 브랜치를 생성해야 하기 때문입니다.

```
git checkout master
```

```
kmyu@DESKTOP-N2FK7H0 MINGW64 /c/calculator_A (issue1)
$ git checkout master
Switched to branch 'master'
Your branch is ahead of 'origin/master' by 1 commit.
  (use "git push" to publish your local commits)



kmyu@DESKTOP-N2FK7H0 MINGW64 /c/calculator_A (master)
$ git branch
  issue1
```

```
* master

kmyu@DESKTOP-N2FK7H0 MINGW64 /c/calculator_A (master)
$
```

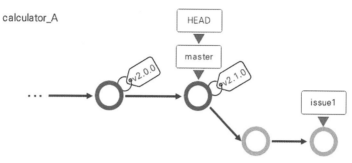

calculator_A

그림 7.42 브랜치 전환 후 상태 변화

❷ issue2 브랜치를 생성하고 전환합니다.

```
git checkout -b issue2
```

```
kmyu@DESKTOP-N2FK7H0 MINGW64 /c/calculator_A (master)
$ git checkout -b issue2
Switched to a new branch 'issue2'

kmyu@DESKTOP-N2FK7H0 MINGW64 /c/calculator_A (issue2)
$ git branch
  issue1
* issue2
  master

kmyu@DESKTOP-N2FK7H0 MINGW64 /c/calculator_A (issue2)
$
```

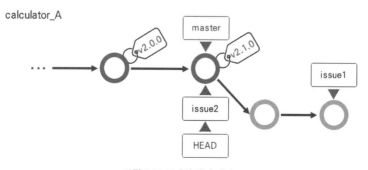

calculator_A

그림 7.43 브랜치 생성 결과

❸ VS Code로 저장소 폴더를 열어서 ctrl.py의 pow 함수를 다음과 같이 수정합니다.

```
# ch 7.5.2 ctrl.py
class Control:

    ...

    def pow(self, a, b): # 제곱 함수 수정
        if (a==0):
            return 0
        else:
            return pow(a, b)

    ...
```

제수 b에 0이 입력되었을 때 0을 리턴하도록 수정하였습니다.

❹ 수정한 내용을 커밋합니다.

```
git commit -am "Modify pow function to check base"
```

```
kmyu@DESKTOP-N2FK7H0 MINGW64 /c/calculator_A (issue2)
$ git commit -am "Modify pow function to check base"
[issue2 a1243be] Modify pow function to check base
 1 file changed, 4 insertions(+), 1 deletion(-)


kmyu@DESKTOP-N2FK7H0 MINGW64 /c/calculator_A (issue2)
$ git log --oneline --graph
* a1243be (HEAD -> issue2) Modify pow function to check base
* 6d11458 (tag: v2.1.0, master) Add sub, mul, div, and pow functionin ctrl.py
* b7f5e99 (tag: v2.0.0, origin/master) Modify ctrl.py to connect sum operation to
display
* 4514069 Add power operator to combobox
* 121e863 Modify sum functionin ctrl.py
* 354a5b9 Add sum functionin ctrl.py
* 9faf97f Merge origin/master
---(생략)---
```

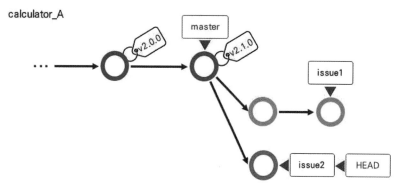

calculator_A

그림 7.44 커밋 후 상태 변화

❺ pow 함수를 한 번 더 수정합니다. 밑을 예외 처리로 검사하도록 수정합니다.

```python
# ch 7.5.2 ctrl.py
class Control:

    ...


    def pow(self, a, b): # 예외 처리를 사용하도록 수정
        try:
            if (a==0):
                raise Exception("Base Error")

        except Exception as e:
            return e

        return pow(a, b)
    ...
```

❻ 수정한 내용을 커밋합니다.

```
git commit -am "Modify pow function using exception"
```

```
kmyu@DESKTOP-N2FK7H0 MINGW64 /c/calculator_A (issue2)
$ git commit -am "Modify pow function using exception"
[issue2 a0162da] Modify pow function using exception
 1 file changed, 8 insertions(+), 4 deletions(-)

kmyu@DESKTOP-N2FK7H0 MINGW64 /c/calculator_A (issue2)
$ git log --oneline --graph
* a0162da (HEAD -> issue2) Modify pow function using exception
```

```
* a1243be Modify pow function to check base
* 6d11458 (tag: v2.1.0, master) Add sub, mul, div, and pow functionin ctrl.
py
* b7f5e99 (tag: v2.0.0, origin/master) Modify ctrl.py to connect sum
operation to display
* 4514069 Add power operator to combobox
* 121e863 Modify sum functionin ctrl.py
* 354a5b9 Add sum functionin ctrl.py
* 9faf97f Merge origin/master
---(생략)---
```

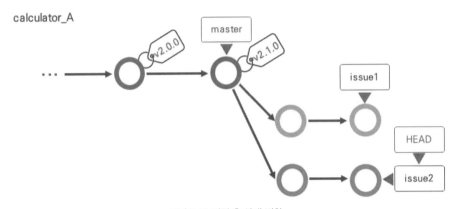

그림 7.45 커밋 후 상태 변화

이로써 두 브랜치에서 작업을 완료했습니다. 브랜치 재배치의 효과를 확인하기 위해 각 브랜치에 커밋을 두 개씩 작성했습니다. 다음 실습에서 git rebase를 사용해 보겠습니다.

5.3 git rebase로 브랜치 재배치하기

issue1, 2 브랜치로 구분하여 작업하였지만, 연산 함수를 수정했다는 의미에서 유사한 작업으로 볼수 있습니다. 그래서 개발자 A는 두 브랜치를 하나로 정리하여 master에 병합하기로 결정했습니다. git rebase로 issue2 브랜치의 base를 issue1 브랜치로 재배치하면 적절할 것 같습니다. 이때한가지 유의할 점이 있습니다. git rebase는 base를 변경할 브랜치에서 입력해야 합니다. 여기서는issue2 브랜치의 base를 재배치해야 하므로 issue2 브랜치에서 입력하겠습니다.

1 현재 작업 브랜치가 issue2인지 확인합니다. 브랜치 재배치 명령 형식은 다음과 같습니다.

```
git rebase [브랜치 이름]
```

브랜치 이름은 base로 재배치될 브랜치 이름을 적어야 합니다. 여기서는 issue1이 되겠습니다.

```
git rebase issue1
```

```
kmyu@DESKTOP-N2FK7H0 MINGW64 /c/calculator_A (issue2)
$ git rebase issue1
Successfully rebased and updated refs/heads/issue2.

kmyu@DESKTOP-N2FK7H0 MINGW64 /c/calculator_A (issue2)
$ git log --oneline --graph
* 3777773(HEAD -> issue2) Modify pow function using exception
* 094b5c5 Modify pow function to check base
* 2b036a1 (issue1) Modify div function using exception
* 9abcc64 Modify div function to check divisor
* 6d11458 (tag: v2.1.0, master) Add sub, mul, div, and pow functionin ctrl.py
* b7f5e99 (tag: v2.0.0, origin/master) Modify ctrl.py to connect sum operation to
display
* 4514069 Add power operator to combobox
* 121e863 Modify sum functionin ctrl.py
* 354a5b9 Add sum functionin ctrl.py
* 9faf97f Merge origin/master
---(생략)---
```

issue2 브랜치의 커밋들이 issue1 브랜치에 이어서 기록되었습니다.

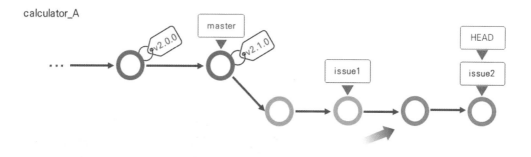

그림 7.46 rebase 후 상태 변화

❷ issue2 브랜치가 재배치되면서 issue1에서 작업한 내용도 반영되었는지 확인해 봅니다. ctrl.py 의 div와 pow 함수의 수정된 내용이 반영되어 있는지 확인합니다.

```python
30      def div(self, a, b):
31          try:
32              if(b==0):
33                  raise Exception("Divisor Error")
34
35          except Exception as e:
36              return e
37
38          return a/b
39
40      def pow(self, a, b):
41          try:
42              if (a==0):
43                  raise Exception("Base Error")
44
45          except Exception as e:
46              return e
```

그림 7.47 rebase 후 ctrl.py의 내용

참고 **rebase 과정에서 충돌 해결하기**

git rebase를 입력하면 현재 브랜치의 base 커밋과 이동할 브랜치의 커밋 간 내용을 자동으로 병합합니다. 만약 자동 병합이 이루어지지 않으면 Git은 충돌 메시지를 발생시킵니다. 이때는 수동으로 코드를 정리하여 충돌을 해결해야 합니다.

아래 그림에서 issue3 브랜치의 베이스를 master에 재배치하는 과정에서 충돌이 발생하였습니다. 경로 오른쪽에 REBASE 문구와 함께 처리해야 할 파일 수가 표시됩니다.

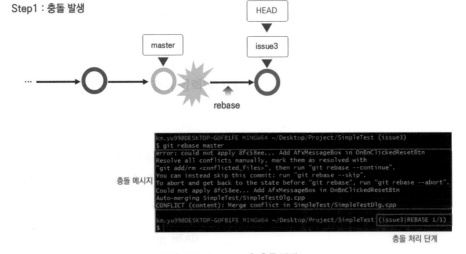

그림 7.48 git rebase 후 충돌 발생

충돌이 발생한 파일에는 발생 지점에 내용이 표시됩니다. 만약 rebase를 취소하고 싶다면 다음과 같이 명령을 입력합니다. 그러면 rebase하기 이전 상태로 돌아갑니다.

```
git rebase --abort
```

충돌을 직접 해결하여 rebase하려면 아래 그림처럼 충돌 지점의 코드를 원하는 대로 정리합니다.

Step2 : 충돌 해결

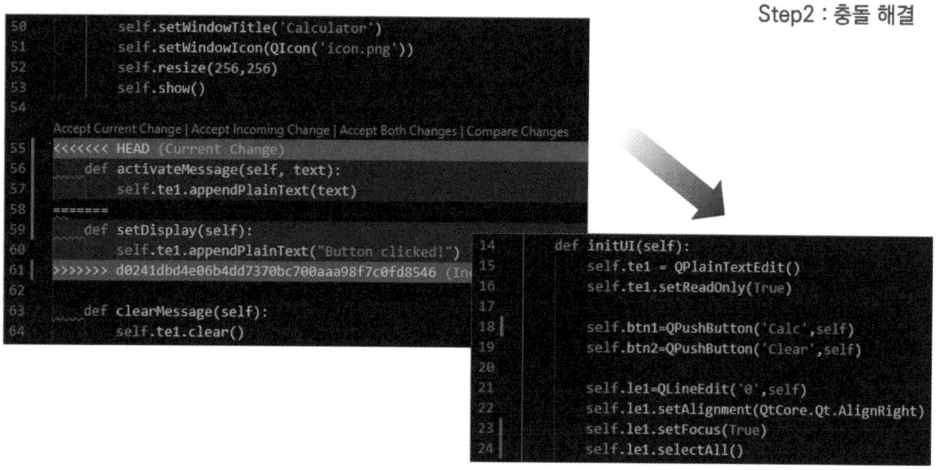

그림 7.49 소스코드 정리 예

코드를 정리한 후에는 후속 처리를 해 줘야 합니다. 다음 명령을 순서대로 입력합니다.

```
git add .
git rebase --continue
```

여기서 git commit이 아니라 git rebase --continue를 입력한다는 점에 주의합니다. rebase가 완료되지 않았기 때문에 계속 진행한다는 의미입니다.

Step3 : rebase 마무리 (git add . , git rebase –continue)

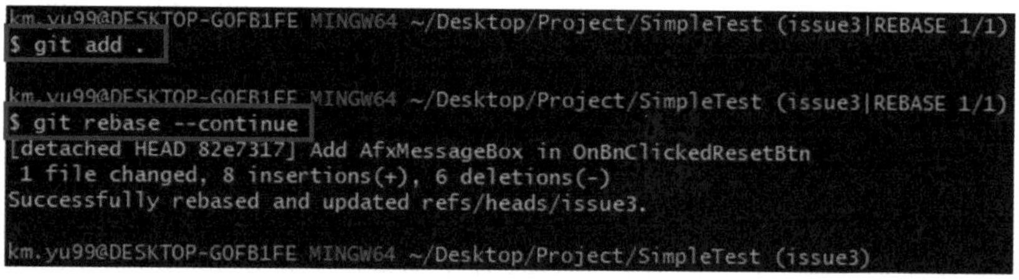

그림 7.50 코드 정리 후 후속 명령 입력

5.4 master 브랜치에서 병합하기

issue2의 base를 issue1에 재배치했기 때문에 master 브랜치에서 issue2의 내용만 병합하면 됩니다.

❶ 작업 브랜치를 master로 전환합니다.

```
git checkout master
```

```
kmyu@DESKTOP-N2FK7H0 MINGW64 /c/calculator_A (issue2)
$ git checkout master
Switched to branch 'master'
Your branch is ahead of 'origin/master' by 1 commit.
  (use "git push" to publish your local commits)

kmyu@DESKTOP-N2FK7H0 MINGW64 /c/calculator_A (master)
$
```

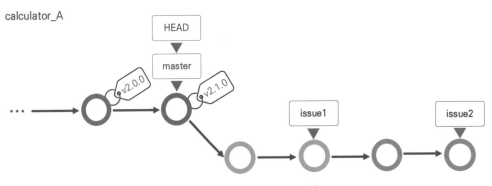

그림 7.51 브랜치 전환 후 저장소 상태

❷ master와 issue2 브랜치는 fast-forward 관계입니다. 머지 커밋을 생성하여 병합하기 위해서 --no-ff 옵션을 사용하겠습니다. 여기에 -m 옵션을 사용하면 머지 커밋의 메시지도 인라인으로 기록할 수 있습니다.

```
git merge --no-ff -m "[커밋 메시지]" [브랜치 이름]
```

커밋 메시지와 브랜치 이름인 issue2를 입력합니다.

```
git merge --no-ff -m "Merge branch issue2" issue2
```

```
kmyu@DESKTOP-N2FK7H0 MINGW64 /c/calculator_A (master)
$ git merge --no-ff -m "Merge branch issue2" issue2
Merge made by the 'recursive' strategy.
 ctrl.py |16 +++++++++++++++-
 1 file changed, 15 insertions(+), 1 deletion(-)


kmyu@DESKTOP-N2FK7H0 MINGW64 /c/calculator_A (master)
$ git log --oneline --graph
*   d8040ea (HEAD -> master) Merge branch issue2
|\
| * 3777773(issue2) Modify pow function using exception
| * 094b5c5 Modify pow function to check base
| * 2b036a1 (issue1) Modify div function using exception
| * 9abcc64 Modify div function to check divisor
|/
* 6d11458 (tag: v2.1.0) Add sub, mul, div, and pow functionin ctrl.py
* b7f5e99 (tag: v2.0.0, origin/master) Modify ctrl.py to connect sum operation to
display
---(생략)---
```

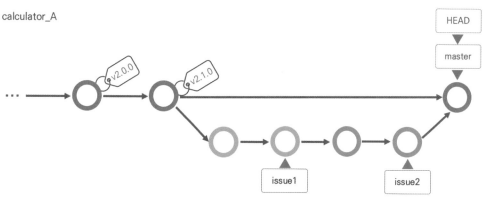

그림 7.52 병합 후 저장소 상태 변화

❸ 마지막으로 머지 커밋에 태그를 추가합니다.

```
git tag -a v2.2.0 -m "Release version 2.2.0"
```

```
kmyu@DESKTOP-N2FK7H0 MINGW64 /c/calculator_A (master)
$ git tag -a v2.2.0 -m "Release version 2.2.0"


kmyu@DESKTOP-N2FK7H0 MINGW64 /c/calculator_A (master)
```

```
$ git log --oneline --graph
*   d8040ea (HEAD -> master, tag: v2.2.0) Merge branch issue2
|\
| * 3777773(issue2) Modify pow function using exception
| * 094b5c5 Modify pow function to check base
| * 2b036a1 (issue1) Modify div function using exception
| * 9abcc64 Modify div function to check divisor
|/
* 6d11458 (tag: v2.1.0) Add sub, mul, div, and pow functionin ctrl.py
* b7f5e99 (tag: v2.0.0, origin/master) Modify ctrl.py to connect sum operation to
display
---(생략)---
```

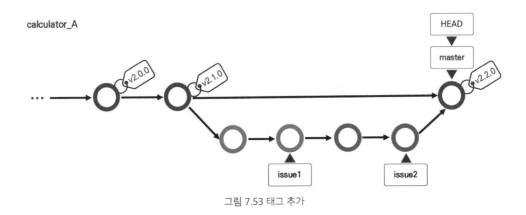

그림 7.53 태그 추가

참고 **git merge와 rebase 중에 어떤 것을 사용해서 브랜치를 관리하는 것이 좋을까?**

선호도 문제입니다. rebase는 새로운 커밋을 만들지 않습니다. 따라서 브랜치를 재배치한 흔적이 사라집니다. 대신 master 브랜치와 병합할 때 커밋 이력을 간결하게 정리할 수 있습니다. 기록을 상세하게 남기고 싶다면 git merge, 간결하게 정리하고 싶다면 git rebase를 사용하는 것이 유용합니다.

5.5 정리

git rebase [브랜치 이름] : 현재 브랜치가 해당 브랜치(브랜치 이름)부터 분기하도록 재배치

git rebase --continue : 충돌 수정 후 재배치 진행

git rebase --abort : rebase 취소

300

6 cherry-pick : 다른 브랜치의 커밋 적용하기

calculator 프로그램 2.3.0 버전에 탑재될 기능 개발이 한창 진행 중이다.
개발자 A는 dev1, dev2 브랜치를 생성하고, 각 브랜치에 다음 기능 구현을 진행하고 있다.
• dev1 브랜치 : ui.py 파일에 나머지 연산자(%)와 나눗셈 몫 연산자(//) 선택 항목 추가하기
• dev2 브랜치 : ctrl.py에 calculator 함수 수정

각 브랜치에서 작업을 마치고 dev2 브랜치에서 dev1 브랜치의 내용을 병합할 때가 되었다. 그런데
dev1 브랜치에서 나머지 연산자(%) 항목만 가져와서 시험하기로 결정되었다.

여러 브랜치를 만들어 각각 작업을 진행하다 보면 일부 기능이나 중간 완성된 커밋을 다른 브랜치
에서 가져와 시험해야 하는 상황이 종종 발생합니다.

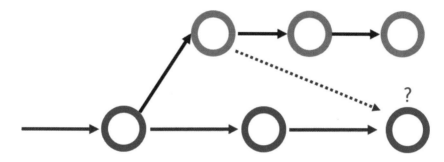

그림 7.54 다른 브랜치의 일부 내용을 가져와야 하는 상황 예시

개발자 A와 같은 상황에서는 다음과 같은 방법이 있습니다.

• dev1 브랜치의 커밋을 원하는 지점까지 하드 리셋(hard reset)한 후 dev2에 병합하기
• git cherry-pick으로 일부 작업 내용만 가져오기

첫 번째 방법은 기존 커밋이 사라지므로 가급적 자제하는 것이 좋습니다. 이번 절에서 소개할 git
cherry-pick을 사용하면 다른 브랜치의 커밋 중에서 필요한 부분만 가져와서 시험해 볼 수 있습니
다. 이번 절에서는 두 개의 브랜치에서 각각 ui.py, ctrl.py 파일을 수정하고 커밋을 기록해 둔 뒤,
dev2 브랜치에서 dev1에서 작업한 일부 내용만 가져와서 적용해 보겠습니다. 5.4까지 작업한 저장
소를 사용해서 실습하겠습니다.

6.1 dev1 브랜치 작업하기

dev1 브랜치에서는 calculator_A 저장소에 있는 ui.py를 수정하여 나머지 연산자(%)와 몫 연산자 (//)가 화면에 표시되도록 합니다.

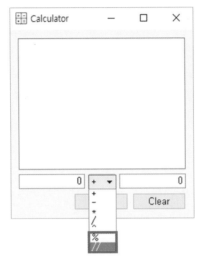

그림 7.55 dev1 브랜치 작업 후 프로그램 실행 결과

❶ 현재 작업 브랜치가 master인지 확인합니다. 여기서 dev1 브랜치를 생성하고 전환합니다.

```
git checkout -b dev1
```

```
kmyu@DESKTOP-N2FK7H0 MINGW64 /c/calculator_A (master)
$ git checkout -b dev1
Switched to a new branch 'dev1'

kmyu@DESKTOP-N2FK7H0 MINGW64 /c/calculator_A (dev1)
$ git branch
* dev1
  issue1
  issue2
  master

kmyu@DESKTOP-N2FK7H0 MINGW64 /c/calculator_A (dev1)
$
```

앞에서 작업하고 그대로 둔 issue1, 2 브랜치도 보입니다.

calculator_A

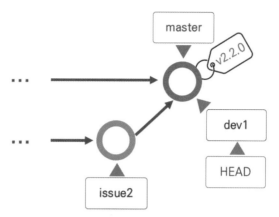

그림 7.56 dev1 브랜치 생성, 전환 결과

❷ dev1 브랜치로 전환된 상태에서 VS Code로 저장소 폴더를 열어 ui.py를 다음과 같이 수정합니다.

```
# ch 7.6.1 ui.py
...


class View(QWidget):

    def __init__(self):
        super().__init__()
        self.initUI()

    def initUI(self):
        ...

        self.cb = QComboBox(self)
        self.cb.addItems(['+', '-', '*', '/', '^', '%']) # % 연산자 추가
        ...
```

파일 수정 후 main.py를 실행하면 연산자 콤보 박스에 % 항목이 추가된 것을 확인할 수 있습니다.

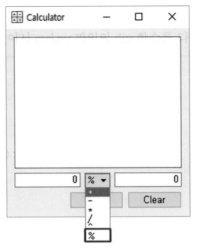

그림 7.57 파일 수정 후 프로그램 실행 결과

❸ 작업 내용을 커밋합니다.

```
git commit -am "Modify ui.py to add % operator in QCombobox"
```

```
kmyu@DESKTOP-N2FK7H0 MINGW64 /c/calculator_A (dev1)
$ git commit -am "Modify ui.py to add % operator in QCombobox"
[dev1 d29776d] Modify ui.py to add % operator in QCombobox
 1 file changed, 1 insertion(+), 1 deletion(-)

kmyu@DESKTOP-N2FK7H0 MINGW64 /c/calculator_A (dev1)
$ git log --oneline --graph
* d29776d (HEAD -> dev1) Modify ui.py to add % operator in QCombobox
*   d8040ea (tag: v2.2.0, master) Merge branch issue2
|\
| * 3777773(issue2) Modify pow function using exception
| * 094b5c5 Modify pow function to check base
---(생 략)---
```

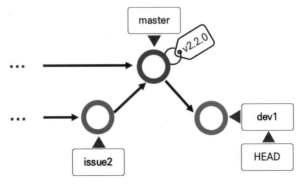

그림 7.58 커밋 후 상태 변회

304

❹ 다시 Vs Code로 저장소 폴더를 열어 ui.py에 몫 연산자를 추가합니다.

```
# ch 7.6.1 ui.py
...


class View(QWidget):

    def __init__(self):
        super().__init__()
        self.initUI()

    def initUI(self):
        ...


        self.cb = QComboBox(self)
        self.cb.addItems(['+', '-', '*', '/', '^', '%', '//']) # // 연산자 추가
        ...
```

파일 수정 후 프로그램을 실행하여 추가한 연산자가 화면에 표시되는지 확인합니다.

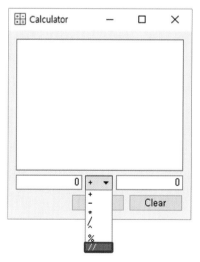

그림 7.59 파일 수정 후 프로그램 실행 결과

❺ 작업 내용을 커밋합니다.

```
git commit -am "Modify ui.py to add // operator in QCombobox"
```

```
kmyu@DESKTOP-N2FK7H0 MINGW64 /c/calculator_A (dev1)
$ git commit -am "Modify ui.py to add // operator in QCombobox"
```

```
[dev1 8a17d8c] Modify ui.py to add // operator in QCombobox
 1 file changed, 1 insertion(+), 1 deletion(-)


kmyu@DESKTOP-N2FK7H0 MINGW64 /c/calculator_A (dev1)
$ git log --oneline --graph
* 8a17d8c (HEAD -> dev1) Modify ui.py to add // operator in QCombobox
* d29776d Modify ui.py to add % operator in QCombobox
*   d8040ea (tag: v2.2.0, master) Merge branch issue2
|\
| * 3777773(issue2) Modify pow function using exception
| * 094b5c5 Modify pow function to check base
---(생략)---
```

calculator_A

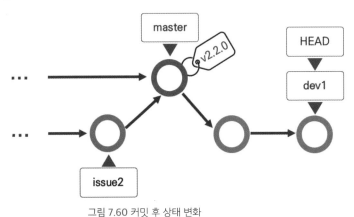

그림 7.60 커밋 후 상태 변화

dev1 브랜치에서 작업을 마쳤습니다. 이어서 dev2 브랜치에서 작업하겠습니다.

6.2 dev2 브랜치 작업하기

dev2 브랜치에서는 ctrl.py 안에 calculate 함수를 완성해야 합니다. 프로그램 화면에서 입력받은
정보를 바탕으로 계산하여 결과가 화면에 출력되도록 만들겠습니다. 여기에 추가로 나눗셈 연산의
나머지를 리턴하는 mod 함수도 구현하겠습니다.

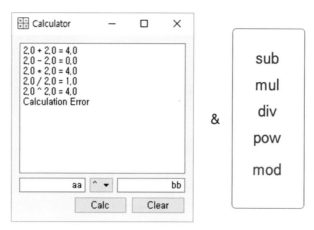

그림 7.61 dev2 브랜치 작업 후 프로그램 실행 결과

❶ 작업 브랜치를 master로 전환합니다. 여기서 dev2 브랜치를 생성하고 전환합니다.

```
git checkout master
git checkout -b dev2
```

```
kmyu@DESKTOP-N2FK7H0 MINGW64 /c/calculator_A (dev1)
$ git checkout master
Switched to branch 'master'
Your branch is ahead of 'origin/master' by 6 commits.
  (use "git push" to publish your local commits)

kmyu@DESKTOP-N2FK7H0 MINGW64 /c/calculator_A (master)
$ git checkout -b dev2
Switched to a new branch 'dev2'

kmyu@DESKTOP-N2FK7H0 MINGW64 /c/calculator_A (dev2)
$ git branch
  dev1
* dev2
  issue1
  issue2
  master

kmyu@DESKTOP-N2FK7H0 MINGW64 /c/calculator_A (dev2)
$
```

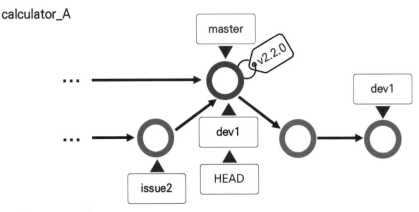

calculator_A

그림 7.62 dev2 브랜치 생성, 전환 결과

❷ VS Code로 calculator_A 저장소를 열어서 ctrl.py의 calculate 함수를 수정합니다. 앞에서 만든 sum, sub, mul, div, pow 함수를 사용하여 프로그램에서 받은 입력을 바탕으로 계산 결과를 리턴하도록 구현합니다.

```python
# ch 7.6.2 ctrl.py
class Control:

    ...

    def calculate(self):
        try: # 숫자가 아닌 값이 입력되었을 때도 프로그램이 동작하도록 예외 처리 구문 추가
            num1 = float(self.view.le1.text())
            num2 = float(self.view.le2.text())
            operator =self.view.cb.currentText()
            # 연산자에 따라 각각 다른 함수를 사용하여 결과를 리턴
            if operator =='+':
                return f'{num1} + {num2} = {self.sum(num1, num2)}'
            elif operator =='-':
                return f'{num1} - {num2} = {self.sub(num1, num2)}'
            elif operator =='*':
                return f'{num1} * {num2} = {self.mul(num1, num2)}'
            elif operator =='/':
                return f'{num1} / {num2} = {self.div(num1, num2)}'
            elif operator =='^':
                return f'{num1} ^ {num2} = {self.pow(num1, num2)}'
            else :
                return"Calculation Error"
```

```
        except:
            return"Calculation Error"
    ...
```

코드를 실행한 후 main.py를 실행하여 계산 결과가 정상적으로 출력되는지 확인해 봅니다.

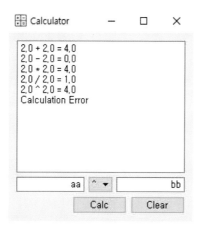

그림 7.63 프로그램 실행 결과

❸ 작업 내용을 커밋합니다.

```
git commit -am "Modify calculate function in ctrl.py"
```

```
kmyu@DESKTOP-N2FK7H0 MINGW64 /c/calculator_A (dev2)
$ git commit -am "Modify calculate function in ctrl.py"
[dev2 0ce1393] Modify calculate functionin ctrl.py
 1 file changed, 19 insertions(+), 8 deletions(-)


kmyu@DESKTOP-N2FK7H0 MINGW64 /c/calculator_A (dev2)
$ git log --oneline --graph
* 0ce1393 (HEAD -> dev2) Modify calculate functionin ctrl.py
*   d8040ea (tag: v2.2.0, master) Merge branch issue2
|\
| * 3777773(issue2) Modify pow function using exception
| * 094b5c5 Modify pow function to check base
---(생략)---
```

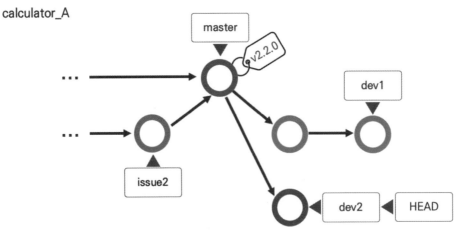

calculator_A

그림 7.64 커밋 후 상태 변화

❹ 여기에 추가로 작업해 보겠습니다. 나눗셈 연산의 나머지를 리턴하는 mod 함수를 추가합니다.
그리고 calculate 함수에 이 함수를 사용한 결과를 리턴하도록 수정합니다.

```python
# ch 7.6.2 ctrl.py
class Control:
    ...

    def calculate(self):
        try:
            ...

            elif operator =='%': # '%'를 입력했을 때 mod 연산 결과를 출력하도록 추가
                return f'{num1} % {num2} = {self.mod(num1, num2)}'
            else :
                return"Calculation Error"

        except:
            return"Calculation Error"
    ...

    def mod(self, a, b): # 나눗셈 연산의 나머지를 리턴하는 함수 추가
        try:
            if(b==0):
                raise Exception("Divisor Error")

        except Exception as e:
```

```
            return e

        return a%b
```

코드를 수정한 후 main.py를 실행해 봅니다. 새롭게 추가한 mod 함수를 시험해 보고 싶지만 프로그램 화면에서 %를 선택할 수 없습니다. 현재 브랜치에서는 화면 관련 코드를 수정한 기록이 없기 때문입니다. 화면의 콤보 박스에 %를 추가한 작업은 dev1 브랜치의 커밋에 기록되어 있습니다.

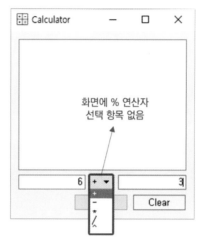

그림 7.65 작업 후 프로그램 실행 결과

❺ 일단 지금까지의 작업 내용을 커밋합니다.

```
git commit -am "Add mod function and modify calculate function in ctrl.py"
```

```
kmyu@DESKTOP-N2FK7H0 MINGW64 /c/calculator_A (dev2)
$ git commit -am "Add mod function and modify calculate function in ctrl.py"
[dev2 659a16b] Add mod function and modify calculate functionin ctrl.py
 1 file changed, 12 insertions(+)


kmyu@DESKTOP-N2FK7H0 MINGW64 /c/calculator_A (dev2)
$ git log --oneline --graph
* 659a16b (HEAD -> dev2) Add mod function and modify calculate functionin ctrl.py
* 0ce1393 Modify calculate functionin ctrl.py
* d8040ea (tag: v2.2.0, master) Merge branch issue2
|\
| * 3777773(issue2) Modify pow function using exception
| * 094b5c5 Modify pow function to check base
---(생략)---
```

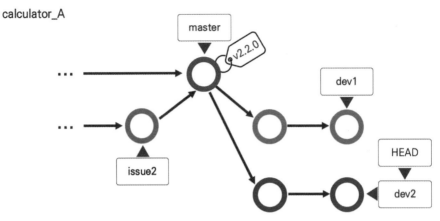

그림 7.66 커밋 후 상태 변화

6.3 dev2 브랜치 : git cherry-pick으로 특정 커밋의 내용 가져오기

dev2에서 구현한 mod 함수를 프로그램 실행 중 시험하려고 했지만 목록에 % 연산자가 없어서 시험할 수 없었습니다. 화면에 % 연산자를 표시하는 기능은 dev1 브랜치의 첫 번째 커밋에 기록해 두었기 때문입니다.

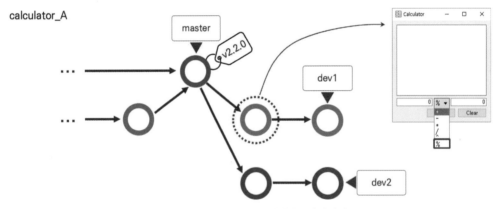

그림 7.67 % 연산자 선택 항목 화면이 구현된 커밋

이번 실습에서는 dev2에서 mod 함수를 시험할 수 있도록 이 커밋을 가져오는 명령, git cherry-pick을 사용해 보겠습니다.

① 먼저 dev1, 2에서 작업한 커밋 해시를 확인해 봅니다.

```
git checkout dev1
git log --oneline --graph
git checkout dev2
git log --oneline --graph
```

```
kmyu@DESKTOP-N2FK7H0 MINGW64 /c/calculator_A (dev2)
$ git checkout dev1
Switched to branch 'dev1'


kmyu@DESKTOP-N2FK7H0 MINGW64 /c/calculator_A (dev1)
$ git log --oneline --graph
* 8a17d8c (HEAD -> dev1) Modify ui.py to add // operator in QCombobox
* d29776d Modify ui.py to add % operator in QCombobox
*   d8040ea (tag: v2.2.0, master) Merge branch issue2
|\
| * 3777773(issue2) Modify pow function using exception
| * 094b5c5 Modify pow function to check base
---(생략)---


kmyu@DESKTOP-N2FK7H0 MINGW64 /c/calculator_A (dev1)
$ git checkout dev2
Switched to branch 'dev2'


kmyu@DESKTOP-N2FK7H0 MINGW64 /c/calculator_A (dev2)
$ git log --oneline --graph
* 659a16b (HEAD -> dev2) Add mod function and modify calculate functionin ctrl.py
* 0ce1393 Modify calculate functionin ctrl.py
*   d8040ea (tag: v2.2.0, master) Merge branch issue2
|\
| * 3777773(issue2) Modify pow function using exception
| * 094b5c5 Modify pow function to check base
---(생략)---
```

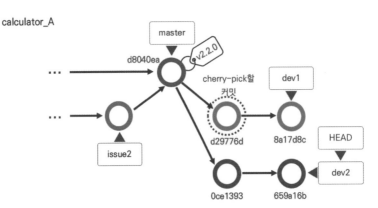

```
sguys@DESKTOP-OTDAG48 MINGW64 /c/calculator_A (dev1)
$ git log --oneline --graph
* 8a17d8c (HEAD -> dev1) Modify ui.py to add // operator in QCombobox
* d29776d Modify ui.py to add % operator in QCombobox
*   d8040ea (tag: v2.2.0, master) Merge branch issue2
|\
| * 3777773 (issue2) Modi    sguys@DESKTOP-OTDAG48 MINGW64 /c/calculator_A (dev2)
| * 094b5c5 Modify pow fu    $ git log --oneline --graph
                             * 659a16b (HEAD -> dev2) Add mod function and modify calculate function in ctrl.py
         dev1 브랜치의 로그  * 0ce1393 Modify calculate function in ctrl.py
                             *   d8040ea (tag: v2.2.0, master) Merge branch issue2
                             |\
                             | * 3777773 (issue2) Modify pow function using exception
                             | * 094b5c5 Modify pow function to check base
                                 dev2 브랜치의 로그
```

그림 7.68 각 브랜치의 커밋 확인

작업 내용을 가져오기 위해서는 브랜치에 기록된 커밋의 해시를 알고 있어야 합니다. 여기서 % 연산자 화면 작업이 기록된 커밋 해시는 d29776d입니다.

❷ 이제 dev2 브랜치에 해당 커밋의 작업 내용을 git cherry-pick으로 가져옵니다. 형식은 다음과 같습니다.

```
git cherry-pick [커밋 해시]
```

우리는 d29776d에 기록된 내용을 가져와야 하므로 다음과 같이 입력합니다.

```
git cherry-pick d29776d
```

```
kmyu@DESKTOP-N2FK7H0 MINGW64 /c/calculator_A (dev2)
$ git cherry-pick d29776d
[dev2 635ac94] Modify ui.py to add % operator in QCombobox
 Date: Sun Apr 2418:30:38 2022 +0900
 1 file changed, 1 insertion(+), 1 deletion(-)


kmyu@DESKTOP-N2FK7H0 MINGW64 /c/calculator_A (dev2)
$
```

VS Code로 저장소 폴더를 열어 ui.py 파일을 열어보면 d29776d에 작업한 내용(6.1의 ❷번)이 반영되어 있습니다.

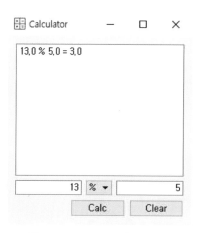

cherry-pick 전

cherry-pick 후

그림 7.69 cherry-pick 전과 후의 ui.py 파일 내용 변화

main.py를 실행해 보면 화면에 % 연산자를 선택할 수 있으므로 나머지 연산자를 시험해 볼 수 있습니다.

그림 7.70 main.py mod 함수 시험 결과

❸ 이번에는 dev2 브랜치의 로그를 확인해 봅니다.

```
kmyu@DESKTOP-N2FK7H0 MINGW64 /c/calculator_A (dev2)
$ git log --oneline --graph
* 635ac94 (HEAD -> dev2) Modify ui.py to add % operator in QCombobox
* 659a16b Add mod function and modify calculate functionin ctrl.py
* 0ce1393 Modify calculate functionin ctrl.py
*   d8040ea (tag: v2.2.0, master) Merge branch issue2
|\
| * 3777773(issue2) Modify pow function using exception
| * 094b5c5 Modify pow function to check base
---(생략)---
```

커밋을 입력하지 않았는데, 커밋이 하나 추가되어 있습니다(635ac94). 바로 dev1에서 가져온 커밋 d29776d의 내용입니다. 커밋 메시지도 그대로 가져왔습니다. 내용은 그대로 가져왔지만 기록되는 커밋은 다르다는 점에 유의하세요.

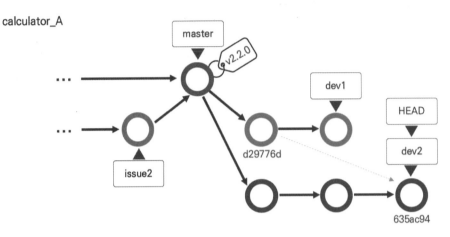

그림 7.71 cherry-pick 전과 후의 상태 변화

참고 **cherry-pick 과정에서 충돌 해결하기**

git rebase와 마찬가지로 git cherry-pick을 사용하는 과정에서도 충돌이 발생할 수 있습니다.

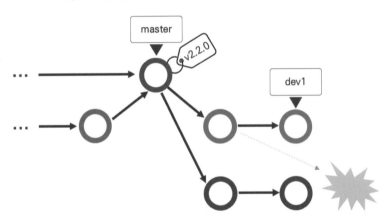

```
sguys@DESKTOP-OTDAG48 MINGW64 /c/calculator_A (dev2)
$ git cherry-pick 8a17d8c
Auto-merging ui.py
CONFLICT (content): Merge conflict in ui.py
error: could not apply 8a17d8c... Modify ui.py to add // operator in QCombobox
hint: after resolving the conflicts, mark the corrected paths
hint: with 'git add <paths>' or 'git rm <paths>'
hint: and commit the result with 'git commit'

sguys@DESKTOP-OTDAG48 MINGW64 /c/calculator_A (dev2|CHERRY-PICKING)
$ git cherry-pick --abort

sguys@DESKTOP-OTDAG48 MINGW64 /c/calculator_A (dev2)
```

그림 7.72 git cherry-pick 과정에서 충돌 발생 예시

충돌 해결 과정은 rebase와 비슷합니다. cherry-pick을 취소하고 싶으면 ——abort 옵션으로 cherry-pick을 중지합니다.

```
git cherry --abort
```

충돌을 직접 해결하고 커밋의 내용을 가져오고 싶다면, 충돌 지점의 파일을 수정하고 다음 명령을 순서대로 입력합니다.

```
git add .
git cherry-pick --continue
```

git cherry-pick ——continue를 입력하면 커밋 메시지 편집 창이 실행됩니다. 커밋의 내용을 그대로 가져오지 못하고 수정했기 때문에 메시지도 수정해야 합니다. 메시지 편집을 마치면 충돌 해결이 완료됩니다.

6.4 master 브랜치에서 dev2의 내용 병합하기

master 브랜치에서 dev2 브랜치의 작업 내용을 병합하여 배포용 커밋을 생성합니다.

❶ 작업 브랜치를 master로 전환합니다.

```
git checkout master
```

```
kmyu@DESKTOP-N2FK7H0 MINGW64 /c/calculator_A (dev2)
$ git checkout master
Switched to branch 'master'
Your branch is ahead of 'origin/master' by 6 commits.
  (use "git push" to publish your local commits)

kmyu@DESKTOP-N2FK7H0 MINGW64 /c/calculator_A (master)
$ git log --oneline --graph
*   d8040ea (HEAD -> master, tag: v2.2.0) Merge branch issue2
|\
| * 3777773(issue2) Modify pow function using exception
| * 094b5c5 Modify pow function to check base
---(생략)---
```

calculator_A

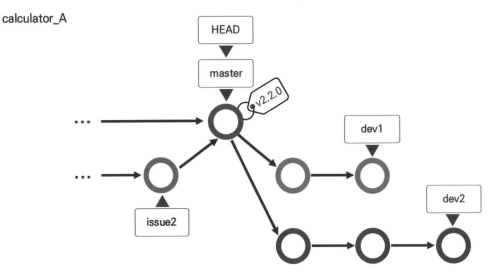

그림 7.73 브랜치 전환 후 저장소 상태

❷ dev2 브랜치를 병합합니다. master와 dev2의 관계는 fast-forward입니다. 따라서 병합할 때 머지 커밋을 생성하기 위해 --no-ff 옵션을 사용합니다.

```
git merge --no-ff -m "Merge branch dev2" dev2
```

```
kmyu@DESKTOP-N2FK7H0 MINGW64 /c/calculator_A (master)
$ git merge --no-ff -m "Merge branch dev2" dev2
Merge made by the 'recursive' strategy.
 ctrl.py |35 ++++++++++++++++++++++++++++++------
 ui.py   | 2 +-
 2 files changed, 30 insertions(+), 7 deletions(-)

kmyu@DESKTOP-N2FK7H0 MINGW64 /c/calculator_A (master)
$ git log --oneline --graph
*   26961e2 (HEAD -> master) Merge branch dev2
|\
| * 635ac94 (dev2) Modify ui.py to add % operator in QCombobox
| * 659a16b Add mod function and modify calculate functionin ctrl.py
| * 0ce1393 Modify calculate functionin ctrl.py
|/
*   d8040ea (tag: v2.2.0) Merge branch issue2
|\
| * 3777773(issue2) Modify pow function using exception
| * 094b5c5 Modify pow function to check base
---(생략)---
```

로그를 출력해보면 머지 커밋을 생성하여 병합된 것을 확인할 수 있습니다.

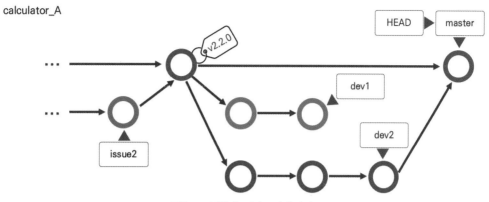

그림 7.74 병합 후 저장소 상태 변화

❸ 새로 생긴 커밋에 태그도 추가해 줍니다. 태그 이름은 v2.3.0으로 합니다.

```
git tag -a v2.3.0 -m "Release version 2.3.0"
```

```
kmyu@DESKTOP-N2FK7H0 MINGW64 /c/calculator_A (master)
$ git tag -a v2.3.0 -m "Release version 2.3.0"

kmyu@DESKTOP-N2FK7H0 MINGW64 /c/calculator_A (master)
$ git tag
v0.1.0
v0.2.0
v1.0.0
v2.0.0
v2.1.0
v2.2.0
v2.3.0
```

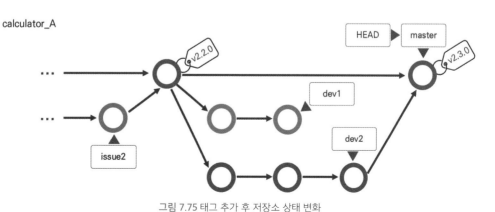

그림 7.75 태그 추가 후 저장소 상태 변화

6.5 사용하지 않는 브랜치 삭제하기

병합 후 사용하지 않는 브랜치를 삭제하겠습니다.

❶ 브랜치 리스트를 확인합니다.

```
git branch
```

```
kmyu@DESKTOP-N2FK7H0 MINGW64 /c/calculator_A (master)
$ git branch
  dev1
  dev2
  issue1
  issue2
* master

kmyu@DESKTOP-N2FK7H0 MINGW64 /c/calculator_A (master)
$
```

❷ 여러 개의 브랜치를 한 번에 삭제하려면 브랜치 이름을 나열해주면 됩니다.

```
git branch -d [브랜치 이름 1] [브랜치 이름 2]
```

여기서는 issue1, 2 브랜치를 한 번에 삭제해 봅니다.

```
git branch -d issue1 issue2
```

```
kmyu@DESKTOP-N2FK7H0 MINGW64 /c/calculator_A (master)
$ git branch -d issue1 issue2
Deleted branch issue1 (was 2b036a1).
Deleted branch issue2 (was 3777773).

kmyu@DESKTOP-N2FK7H0 MINGW64 /c/calculator_A (master)
$ git branch
  dev1
  dev2
* master

kmyu@DESKTOP-N2FK7H0 MINGW64 /c/calculator_A (master)
$
```

❸ 앞에서 생성했던 dev1 브랜치를 삭제합니다.

```
git branch -d dev1
```

```
kmyu@DESKTOP-N2FK7H0 MINGW64 /c/calculator_A (master)
$ git branch -d dev1
error: The branch 'dev1' is not fully merged.
If you are sure you want to delete it, run 'git branch -D dev1'.


kmyu@DESKTOP-N2FK7H0 MINGW64 /c/calculator_A (master)
$
```

dev1 브랜치는 병합되지 않고 일부 커밋이 cherry-pick으로 전달되기만 했습니다. 병합이 안 된 브랜치를 삭제하려고 해서 에러 메시지가 발생했습니다. 힌트에서 설명된 대로 -D 옵션으로 삭제합니다. 그리고 dev2 브랜치도 삭제합니다.

```
git branch -D dev1
git branch -d dev2
```

```
kmyu@DESKTOP-N2FK7H0 MINGW64 /c/calculator_A (master)
$ git branch -D dev1
Deleted branch dev1 (was 8a17d8c).

kmyu@DESKTOP-N2FK7H0 MINGW64 /c/calculator_A (master)
$ git branch -d dev2
Deleted branch dev2 (was 635ac94).

kmyu@DESKTOP-N2FK7H0 MINGW64 /c/calculator_A (master)
$ git branch
* master

kmyu@DESKTOP-N2FK7H0 MINGW64 /c/calculator_A (master)
$
```

6.6 정리

git cherry-pick [커밋 해시] : 해당 커밋의 내용을 현재 브랜치에 추가. 뒤에 커밋 해시를 연속해서 입력하면 복수 추가 가능

git cherry-pick [시작 지점의 커밋 해시]... [끝 지점의 커밋 해시] : 해당 구간의 commit을 한 번에 추가

git cherry-pick --abort : 충돌과 같은 상황이 발생했을 때 cherry-pick 취소

git cherry-pick --continue : 충돌 상황 해결 후 cherry-pick 진행

신규 브랜치 푸시하기

회사에서 calculator 프로그램의 라이트 버전을 출시하기로 했다. 기존 프로그램에서 거듭제곱 연산 (pow)과 나눗셈 나머지 연산(mod) 기능이 제외된 프로그램이다.

개발자 A는 현재 작업 중인 calculator_A 저장소에 라이트 버전 소스 코드도 함께 관리하기를 원한다. light라는 이름의 브랜치를 생성한 후, 라이트 버전 프로그램을 개발하고 유지보수할 생각이다.

그런데 원격저장소에는 master 브랜치와 연계된 origin/master 브랜치만 존재한다. 원격저장소에 light 브랜치와 연계된 브랜치를 추가하는 방법이 있을까?

5장에서 로컬저장소의 master 브랜치 내용이 저장되는 원격저장소의 브랜치를 생성하고 연계하는 방법을 배웠습니다. 로컬저장소에서 여러 개의 브랜치를 만들 수 있듯이, 원격저장소에도 여러 개의 브랜치를 만들고 로컬저장소의 브랜치와 연계할 수 있습니다.

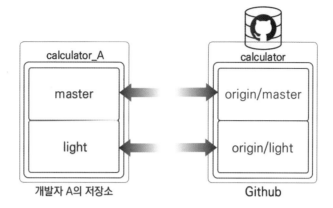

그림 7.76 원격저장소와 연계할 브랜치 개념

이번 절에서는 calculator_A 저장소에 light라는 이름의 브랜치를 생성하고 이를 원격저장소에 대응하는 브랜치와 연계해 봅니다. 6.5까지 작업한 저장소를 사용해서 실습하겠습니다.

7.1 master 브랜치의 내용 푸시하기

본격적으로 시작하기에 앞서 지금까지 master 브랜치에 기록된 내용을 원격저장소로 업로드하겠습니다.

❶ 현재 브랜치가 master인 것을 확인합니다. 그리고 지금까지 master에 기록된 커밋을 원격저장소에 푸시합니다.

```
git push
```

```
kmyu@DESKTOP-N2FK7H0 MINGW64 /c/calculator_A (master)
$ git push

---(생략)---

kmyu@DESKTOP-N2FK7H0 MINGW64 /c/calculator_A (master)
$ git log --oneline --graph
*   26961e2 (HEAD -> master, tag: v2.3.0, origin/master) Merge branch dev2
|\
| * 635ac94 Modify ui.py to add % operator in QCombobox
| * 659a16b Add mod function and modify calculate functionin ctrl.py
| * 0ce1393 Modify calculate functionin ctrl.py
```

```
|/
*   d8040ea (tag: v2.2.0) Merge branch issue2
---(생략)---
```

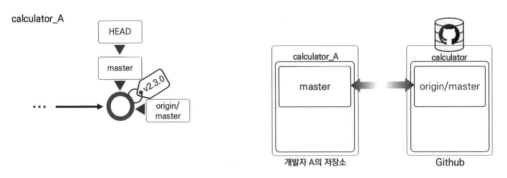

그림 7.77 푸시 후 저장소 상태

❷ 커밋에 기록된 태그도 푸시합니다.

```
git push --tags
```

```
kmyu@DESKTOP-N2FK7H0 MINGW64 /c/calculator_A (master)
$ git push --tags
Enumerating objects: 3, done.
Counting objects: 100% (3/3), done.
Delta compression using up to 8 threads
Compressing objects: 100% (3/3), done.
Writing objects: 100% (3/3), 466 bytes |233.00 KiB/s, done.
Total 3(delta 0), reused 0(delta 0), pack-reused 0
To https://github.com/sguys99/calculator.git
 * [new tag]          v2.1.0 -> v2.1.0
 * [new tag]          v2.2.0 -> v2.2.0
 * [new tag]          v2.3.0 -> v2.3.0
kmyu@DESKTOP-N2FK7H0 MINGW64 /c/calculator_A (master)
$
```

7.2 light 브랜치 작업하기

이제 light 브랜치를 생성하고, 라이트 버전 프로그램을 작성합니다. 라이트 버전 프로그램은 기존
v2.3.0 태그에 기록된 프로그램에서 일부 기능(거듭제곱, 나머지 연산)이 제외된 것입니다.

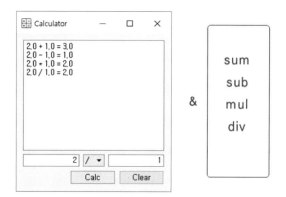

그림 7.78 라이트 버전 프로그램 실행 결과

❶ 현재 브랜치가 master인 것을 확인합니다. 그리고 HEAD가 참조하고 있는 커밋이 v2.3.0 태그
인지 확인합니다.

```
kmyu@DESKTOP-N2FK7H0 MINGW64 /c/calculator_A (master)
$ git log --oneline --graph
*   26961e2 (HEAD -> master, tag: v2.3.0, origin/master) Merge branch dev2
|\
| * 635ac94 Modify ui.py to add % operator in QCombobox
| * 659a16b Add mod function and modify calculate functionin ctrl.py
| * 0ce1393 Modify calculate functionin ctrl.py
|/
    d8040ea (tag: v2.2.0) Merge branch issue2
---(생략)---
```

❷ light라는 이름의 브랜치를 생성하고 전환합니다. 이 브랜치에서 라이트 버전 프로그램을 작업
하겠습니다.

```
git checkout -b light
```

```
kmyu@DESKTOP-N2FK7H0 MINGW64 /c/calculator_A (master)
$ git checkout -b light
Switched to a new branch 'light'
```

```
kmyu@DESKTOP-N2FK7H0 MINGW64 /c/calculator_A (light)
$
```

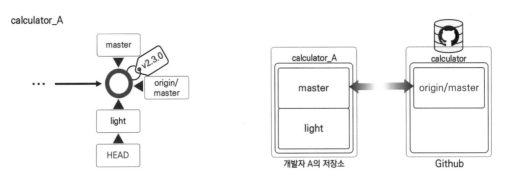

그림 7.79 저장소 상태 변화

❸ VS Code로 저장소를 열어서 ui.py를 수정합니다. 콤보 박스의 연산자 ^와 %를 제거합니다.

```
# ch 7.7.2 ui.py
...
class View(QWidget):

    def __init__(self):
        super().__init__()
        self.initUI()

    def initUI(self):
        ...

        self.cb = QComboBox(self)
        # self.cb.addItems(['+', '-', '*', '/', '^', '%'])
        self.cb.addItems(['+', '-', '*', '/']) # ^와 % 연산자 제거
        ...
```

❹ ctrl.py 파일을 열어서 pow 함수와 mod 함수를 삭제합니다. 그리고 calculate 함수 안에서 관련
된 기능을 제거합니다.

```
# ch 7.7.2 ctrl.py
class Control:
    ...
```

```
def calculate(self): # ^. % 연산 기능 제거
    try:
        num1 = float(self.view.le1.text())
        num2 = float(self.view.le2.text())
        operator =self.view.cb.currentText()

        if operator =='+':
            return f'{num1} + {num2} = {self.sum(num1, num2)}'
        elif operator =='-':
            return f'{num1} - {num2} = {self.sub(num1, num2)}'
        elif operator =='*':
            return f'{num1} * {num2} = {self.mul(num1, num2)}'
        elif operator =='/':
            return f'{num1} / {num2} = {self.div(num1, num2)}'
        else :
            return"Calculation Error"

    except:
        return"Calculation Error"
    ...
```

수정 후 main.py를 실행해 보면 아래 그림과 같이 덧셈, 뺄셈, 곱셈, 나눗셈만 가능한 것을 확인할 수 있습니다.

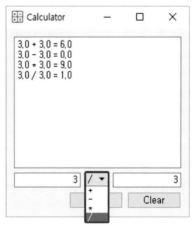

그림 7.80 프로그램 실행 결과

❺ 지금까지의 작업 내용을 커밋합니다.

```
git commit -am "Remove pow, mod functions and operators"
```

```
kmyu@DESKTOP-N2FK7H0 MINGW64 /c/calculator_A (light)
$ git commit -am "Remove pow, mod functions and operators"
[light 67a63fa] Remove pow, mod functions and operators
2 files changed, 2 insertions(+), 25 deletions(-)

kmyu@DESKTOP-N2FK7H0 MINGW64 /c/calculator_A (light)
$ git log --oneline --graph
* 67a63fa (HEAD -> light) Remove pow, mod functions, and operators
*   26961e2 (tag: v2.3.0, origin/master, master) Merge branch dev2
|\
| * 635ac94 Modify ui.py to add % operator in QCombobox
| * 659a16b Add mod function and modify calculate functionin ctrl.py
| * 0ce1393 Modify calculate functionin ctrl.py
|/
*   d8040ea (tag: v2.2.0) Merge branch issue2
---(생략)---
```

calculator_A

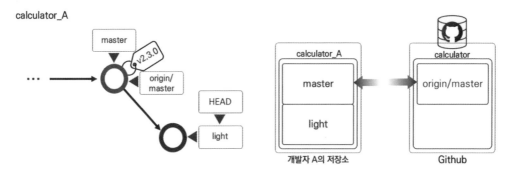

그림 7.81 커밋 후 저장소 상태

라이트 버전 프로그램을 관리할 브랜치에 커밋을 완료하였습니다. 이제 이 브랜치를 master 브랜치처럼 원격저장소에 업로드해 보겠습니다.

7.3 light 브랜치의 작업 내용 푸시하기

❶ 일단 master 브랜치에서 하던 방식대로 git push를 입력해 봅니다.

```
git push
```

```
kmyu@DESKTOP-N2FK7H0 MINGW64 /c/calculator_A (light)
$ git push
fatal: The current branch light has no upstream branch.
To push the current branch and set the remote as upstream, use

    git push --set-upstream origin light

kmyu@DESKTOP-N2FK7H0 MINGW64 /c/calculator_A (light)
$
```

에러 메시지가 출력되고 푸시되지 않았습니다. 업스트림 설정이 되지 않았기 때문입니다.

❷ light 브랜치의 업스트림 설정 후 푸시합니다. 명령 형식은 5장 1절에서 실습한 것과 같습니다.

```
git push -u (--set-upstream-to) [원격저장소의 이름] [로컬저장소의 브랜치]
```

원격저장소의 이름은 origin이고 연결 설정할 로컬 브랜치의 이름은 light입니다. 따라서 다음과 같이 입력합니다.

```
git push -u origin light
```

```
kmyu@DESKTOP-N2FK7H0 MINGW64 /c/calculator_A (light)
$ git push -u origin light
Enumerating objects: 7, done.
Counting objects: 100% (7/7), done.
Delta compression using up to 8 threads
Compressing objects: 100% (4/4), done.
Writing objects: 100% (4/4), 389 bytes |194.00 KiB/s, done.
Total 4(delta 3), reused 0(delta 0), pack-reused 0
remote: Resolving deltas: 100% (3/3), completed with 3local objects.
remote:
remote: Create a pull request for'light' on GitHub by visiting:
remote:       https://github.com/sguys99/calculator/pull/new/light
remote:
```

```
To https://github.com/sguys99/calculator.git
 * [new branch]      light -> light
Branch 'light'set up to track remote branch 'light' from 'origin'.


kmyu@DESKTOP-N2FK7H0 MINGW64 /c/calculator_A (light)
$ git log --oneline --graph
* 67a63fa (HEAD -> light, origin/light) Remove pow, mod functions, and operators
*   26961e2 (tag: v2.3.0, origin/master, master) Merge branch dev2
|\
| * 635ac94 Modify ui.py to add % operator in QCombobox
| * 659a16b Add mod function and modify calculate functionin ctrl.py
| * 0ce1393 Modify calculate functionin ctrl.py
|/
*   d8040ea (tag: v2.2.0) Merge branch issue2
---(생략)---
```

light 브랜치의 작업 내용이 원격저장소에 정상적으로 업로드되었습니다. 로그를 확인해 보면 origin/light라는 원격저장소 브랜치가 생성된 것을 확인할 수 있습니다.

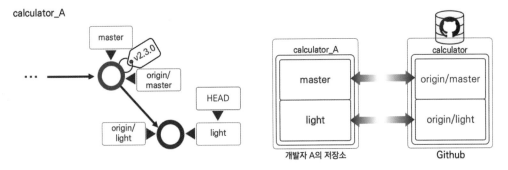

그림 7.82 푸시 후 저장소 상태

330

❸ 웹브라우저로 원격저장소에 접속해서 새 브랜치가 생성되었는지 확인합니다. 정상적으로 푸시되었다면 브랜치 항목에서 light 브랜치를 확인할 수 있습니다.

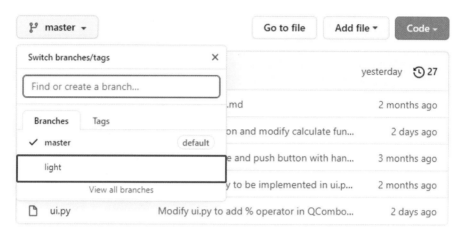

그림 7.83 Github 원격저장소 화면

이처럼 유사한 구조의 프로그램을 브랜치를 활용해서 한 저장소에서 관리할 수 있습니다.

7.4 정리

git push -u (--set-upstream-to) 원격저장소 이름 로컬 브랜치 이름 : 로컬저장소의 브랜치가 원격저장소를 추적하도록 설정하고 파일들을 원격저장소의 브랜치로 푸시

git push [원격저장소 이름] [로컬 브랜치 이름] : 로컬저장소의 변경 사항을 원격저장소로 업로드

git push : 업스트림(-u) 설정 후 인자 생략 가능

지금까지 Git 저장소 관리와 관련된 명령들 (commit, clone, push, pull, merge 등)과 대표적인 원격저장소 호스팅 서비스인 Github의 사용법에 대해서 알아보았습니다.

이번 장에서는 실무에서 자주 사용되는 브랜치 운영전략에 대해서 알아봅니다. 여기에는 불완전한 코드의 병합을 방지하여 브랜치 품질을 유지하기 위한 풀 리퀘스트(pull request), 그리고 한 저장소 안에서 다양한 용도의 브랜치를 효과적으로 운영할 수 있는 방법인 깃 플로우(Gitflow)가 포함됩니다. 이 두 가지는 Git 표준 명령어가 아닙니다. 풀 리퀘스트는 Github에서 제공하는 기능이며, 깃 플로우는 브랜치 운영 권고 사항일 뿐입니다. 하지만 현업에서 널리 사용되고 있는 기능, 전략이므로 사용법과 개념을 이해하시기 바랍니다.

8장

브랜치 운영전략

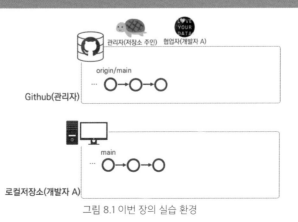

그림 8.1 이번 장의 실습 환경

1 pull request

브랜치 간 병합 원리와 병합 방법은 충분히 익혔다. 이제 여러 사람이 함께 작업하는 원격저장소의 브랜치를 체계적으로 관리하고 싶다. 특히 배포용 버전을 관리하는 통합 브랜치(origin/main)에는 문제가 없는 코드만 병합하고자 한다. 이를 위해 개별 구성원이 작업한 브랜치의 내용을 통합 브랜치에 병합할 때는 작업 내용을 함께 검토하여 병합 여부를 결정하는 안전장치를 설정하고 싶다. 이를 위한 도구는 없을까?

여러 사람이 협업하여 사용하는 프로젝트의 저장소에서 master와 같은 통합 브랜치의 품질을 안정적으로 운영하기 위해서 병합 전에 사전 검토를 하는 과정이 필요할 수도 있습니다. 이를 위해 현업에서는 브랜치 병합 전에 코드 리뷰(code review)라는 단계를 거치기도 합니다. 코드 리뷰를 통해 구성원들이 병합하려는 코드의 기능에 문제가 없는지 검토합니다. 그리고 상호 합의가 이루어지면 비로소 병합합니다.

Github는 이와 같은 병합 검토를 돕는 풀 리퀘스트(pull request)라는 기능을 제공합니다. 다른 원격저장소 호스팅 서비스에서는 이 기능을 머지 리퀘스트(merge request)라고 부르기도 합니다. Git 표준 명령이 아니라 호스팅 서비스에서 제공하는 기능이므로 기능과 사용법에 약간씩 차이가 있습니다. 여기서는 Github의 풀 리퀘스트를 기준으로 설명합니다.

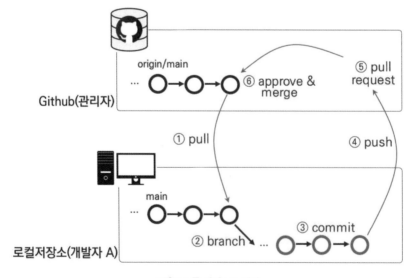

그림 8.2 풀 리퀘스트 개념

334

1.1 관리자용 원격저장소 생성하기

실습을 위한 원격저장소를 새로 생성하고 설정해 보겠습니다. 풀 리퀘스트를 실습하기 위해 2개의 Github 계정이 필요합니다. 앞에서 사용한 개발자 A의 Github 계정이 있으므로 관리자용으로 사용할 계정만 추가로 생성합니다.

❶ 관리자용 계정을 생성하고, 여기에 원격저장소로 사용할 저장소를 새로 만듭니다. 여기서는 test-pr이라는 이름으로 저장소를 생성했습니다.

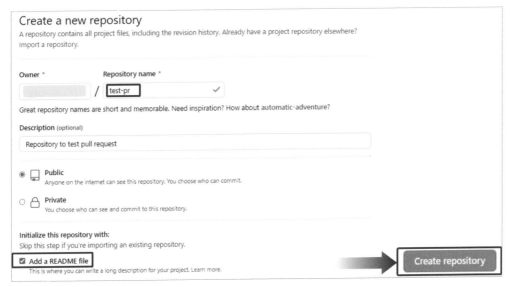

그림 8.3 풀 리퀘스트 실습용 저장소 생성

❷ 생성된 저장소에서 Settings - Branches - Add rule 버튼을 차례대로 눌러, 브랜치 보호 설정 항목(Branch protection rules)으로 진입합니다.

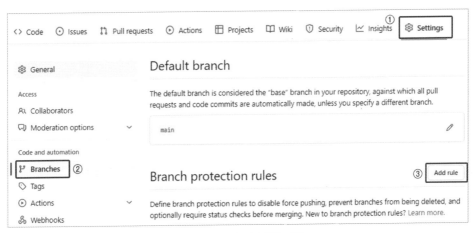

그림 8.4 브랜치 설정 항목 진입

통합 브랜치 병합에 대한 설정을 진행합니다. 'Branch name pattern' 항목에는 설정을 반영할 브랜치 이름을 작성합니다. 여기서는 기본 브랜치가 master가 아니라 main으로 생성되었으므로 main을 입력합니다. 기본(통합) 브랜치 이름을 반드시 master로 써야 하는 것은 아닙니다. 여기서는 main을 기본 브랜치로 하여 실습하겠습니다.

그 아래의 'Protect matching branches' 항목에서는 풀 리퀘스트 관련 옵션을 지정합니다. 각 설정 항목의 내용은 다음과 같습니다.

- Request a pull request before merging : main 브랜치로 직접 푸시하지 않고, 풀 리퀘스트를 통한 병합을 사용하도록 설정합니다.
- Require approvals : 풀 리퀘스트 후에 협업자들(collaborators)의 승인을 얻어야 병합을 할 수 있도록 설정합니다. 병합을 위해 받아야 할 승인 숫자(Required number of approvals)도 설정할 수 있습니다. 여기서는 작업자는 관리자 포함 2명이므로 1로 설정합니다.
- Require review from Code Owners : 풀 리퀘스트 후, 저장소 관리자의 리뷰 승인이 필요하도록 설정합니다.

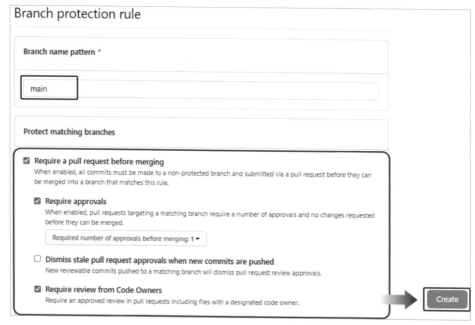

그림 8.5 통합 브랜치(main) 병합 관련 설정

Create 버튼을 클릭하여 설정을 완료하면 브랜치 병합 설정에 관한 항목이 추가된 것을 확인할 수 있습니다.

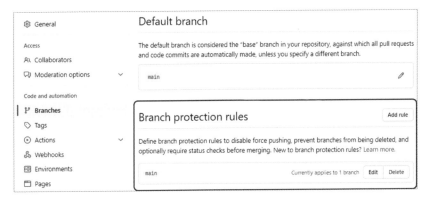

그림 8.6 브랜치 병합 설정 완료

❸ Settings - Collaborators - Add people을 차례대로 눌러 협업자(collaborators)를 추가합니다. 여기서는 지금까지 사용한 개발자 A의 계정을 추가합니다. 반드시 추가한 사람의 승인까지 완료해야 합니다.

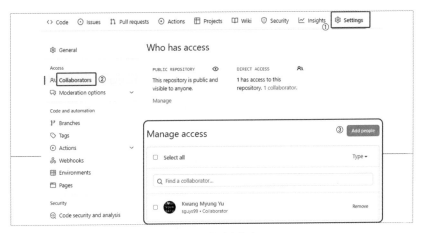

그림 8.7 협업자 추가

❹ 계속해서 Add files - Upload files 항목을 선택해서, 7장에서 완성한 calculator_A 저장소의 파일(v.2.3.0)들을 복사해서 업로드하고 커밋합니다.

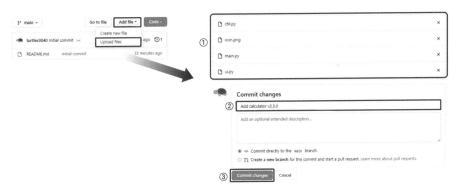

그림 8.8 calculator_A의 파일 추가 후 커밋

이것으로 관리자 저장소의 설정 작업은 모두 마무리되었습니다.

🐢 turtles3040 Add calculator v2.3.0 ⋯		8 minutes ago 🕐 2	
📄 README.md	Initial commit	1 hour ago	
📄 ctrl.py	Add calculator v2.3.0	8 minutes ago	
📄 icon.png	Add calculator v2.3.0	8 minutes ago	
📄 main.py	Add calculator v2.3.0	8 minutes ago	
📄 ui.py	Add calculator v2.3.0	8 minutes ago	

그림 8.9 test-pr 저장소에 추가된 파일

1.2 개발자 A : PC에 원격저장소의 내용 복제하기

개발자 A의 PC에 원격저장소의 내용을 복제해서 로컬저장소를 생성하겠습니다.

❶ 개발자 A의 계정으로 Github에 로그인하고 앞에서 만든 관리자의 test-pr 저장소에 접속합니다. Code 탭을 선택해서 저장소 접근 주소를 확인합니다. 저장소 이름이 test-pr이므로 접근 주소는 다음과 같습니다.

https://github.com/관리자의 Github 계정/test-pr.git

그림 8.10 원격저장소 접근 주소 확인

❷ 터미널을 실행해서 원격저장소의 내용을 복제하는 명령을 입력합니다. 다음과 같은 형식의 git clone 명령을 사용합니다.

```
git clone [원격저장소 주소] [로컬저장소 폴더 이름]
```

여기서는 원격저장소의 이름 test-pr을 그대로 사용할 예정이므로 로컬저장소 폴더 이름 부분을 생략합니다.

```
git clone https://github.com/관리자의 Github 계정/test-pr.git
```

```
kmyu@DESKTOP-N2FK7H0 MINGW64 ~
$ cd c:

kmyu@DESKTOP-N2FK7H0 MINGW64 /c
$ git clone https://github.com/turtles3040/test-pr.git
Cloning into 'test-pr'...
remote: Enumerating objects: 9, done.
remote: Counting objects: 100% (9/9), done.
remote: Compressing objects: 100% (7/7), done.
remote: Total 9(delta 0), reused 0(delta 0), pack-reused 0
Receiving objects: 100% (9/9), 6.33 KiB |6.33 MiB/s, done.

kmyu@DESKTOP-N2FK7H0 MINGW64 /c
$
```

❸ 로컬저장소로 진입해서 파일과 로그를 확인합니다.

```
cd test-pr
ls
git log --oneline
```

```
kmyu@DESKTOP-N2FK7H0 MINGW64 /c
$ cd test-pr

kmyu@DESKTOP-N2FK7H0 MINGW64 /c/test-pr (main)
$ ls
README.md  ctrl.py  icon.png  main.py  ui.py

kmyu@DESKTOP-N2FK7H0 MINGW64 /c/test-pr (main)
$ git log --oneline
ad55f73 (HEAD -> main, origin/main, origin/HEAD) Add calculator v2.3.0
992ebc2 Initial commit

kmyu@DESKTOP-N2FK7H0 MINGW64 /c/test-pr (main)
$
```

그림 8.11 로컬저장소 파일 구성

지금까지 구축한 실습 환경을 그림으로 표현하면 다음과 같습니다.

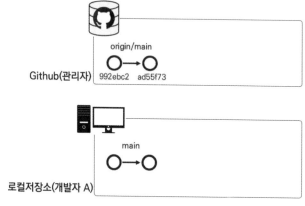
그림 8.12 실습 환경 구성

1.3 개발자 A : feat1 브랜치에서 ui.py 수정, 커밋, 푸시하기

개발자 A는 새로운 기능을 추가하기 위해 feat1이라는 브랜치를 생성할 예정입니다. 이 브랜치에서 ui.py를 수정하여 화면 왼쪽 아래에 버전 정보가 표시되도록 기능을 추가하려고 합니다.

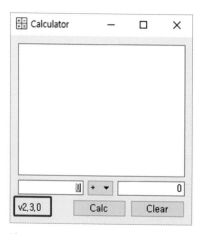
그림 8.13 개발자 A가 수정한 프로그램의 실행 결과

❶ feat1이라는 이름의 브랜치를 생성하고 전환합니다.

```
git checkout -b feat1
```

```
kmyu@DESKTOP-N2FK7H0 MINGW64 /c/test-pr (main)
$ git checkout -b feat1
Switched to a new branch 'feat1'

kmyu@DESKTOP-N2FK7H0 MINGW64 /c/test-pr (feat1)
$
```

❷ VS Code로 저장소를 열어서 ui.py를 다음과 같이 수정합니다. 화면 왼쪽 아래에 버전 정보를 표시하기 위해 QLabel(lbl1) 위젯을 추가합니다.

```python
# ch 8.1.3 ui.py
from PyQt5.QtWidgets import (QApplication,QWidget,QPushButton,QVBoxLayout,
                             QMessageBox, QPlainTextEdit, QHBoxLayout,
                             QLineEdit, QComboBox, QLabel) # QLabel 추가
...

class View(QWidget):
    ...

    def initUI(self):
        ...

        self.lbl1 = QLabel('v2.3.0',self) # 버전 정보 표시를 위한 lbl1 위젯 생성
        self.btn1=QPushButton('Calc',self)
        self.btn2=QPushButton('Clear',self)
        ...

        hbox = QHBoxLayout()
        hbox.addWidget(self.lbl1) # 버전 정보 표시를 위한 lbl1 위젯 생성
        hbox.addWidget(self.btn1)
        hbox.addWidget(self.btn2)
        ...
```

프로그램을 실행하여 결과가 그림 8.13과 같은지 확인합니다.

❸ 작업 내용을 커밋합니다.

```
git commit -am "Add lbl1 in ui.py to print version info"
```

```
kmyu@DESKTOP-N2FK7H0 MINGW64 /c/test-pr (feat1)
$ git commit -am "Add lbl1 in ui.py to print version info"
[feat1 28b8334] Add lbl1 in ui.py to print version info
 1 file changed, 3 insertions(+), 2 deletions(-)

kmyu@DESKTOP-N2FK7H0 MINGW64 /c/test-pr (feat1)
$ git log --oneline
28b8334 (HEAD -> feat1) Add lbl1 in ui.py to print version info
ad55f73 (origin/main, origin/HEAD, main) Add calculator v2.3.0
992ebc2 Initial commit

kmyu@DESKTOP-N2FK7H0 MINGW64 /c/test-pr (feat1)
$
```

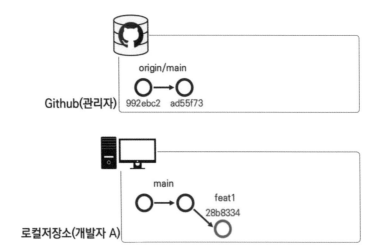

그림 8.14 현재 저장소의 상태

❹ VS Code로 ui.py를 한 번 더 수정합니다. 앞에 추가한 lbl1의 폰트를 지정합니다.

```
# ch 8.1.3 ui.py
...

from PyQt5.QtGui import QIcon, QFont # QFont 추가
from PyQt5 import QtCore

class View(QWidget):
    ...

    def initUI(self):
        ...

        self.lbl1 = QLabel('v2.3.0',self)
        self.lbl1.setFont(QFont('Consolas', 10)) # 폰트 설정 추가, Consolas, 사이즈 10
        self.btn1=QPushButton('Calc',self)
        self.btn2=QPushButton('Clear',self)
        ...
```

프로그램을 실행해서 폰트가 변경되었는지 확인합니다.

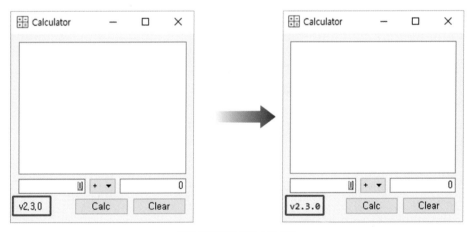

그림 8.15 프로그램 수정 결과

❺ 작업 내용을 커밋합니다.

```
git commit -am "Set font for lbl1 in ui.py"
```

```
kmyu@DESKTOP-N2FK7H0 MINGW64 /c/test-pr (feat1)
$ git commit -am "Set font for lbl1 in ui.py"
[feat1 3c53fa7] Set font for lbl1 in ui.py
 1 file changed, 2 insertions(+), 1 deletion(-)

kmyu@DESKTOP-N2FK7H0 MINGW64 /c/test-pr (feat1)
$ git log --oneline
3c53fa7 (HEAD -> feat1) Set font for lbl1 in ui.py
28b8334 Add lbl1 in ui.py to print version info
ad55f73 (origin/main, origin/HEAD, main) Add calculator v2.3.0
992ebc2 Initial commit

kmyu@DESKTOP-N2FK7H0 MINGW64 /c/test-pr (feat1)
$
```

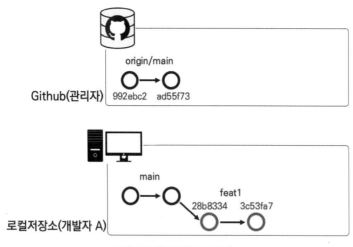

그림 8.16 현재 저장소의 상태

❻ feat1 브랜치의 작업 내용을 푸시합니다.

```
git push -u origin feat1
```

```
kmyu@DESKTOP-N2FK7H0 MINGW64 /c/test-pr (feat1)
$ git push -u origin feat1
Enumerating objects: 8, done.
Counting objects: 100% (8/8), done.
```

```
Delta compression using up to 12 threads
Compressing objects: 100% (6/6), done.
Writing objects: 100% (6/6), 631 bytes |631.00 KiB/s, done.
Total 6(delta 4), reused 0(delta 0), pack-reused 0
remote: Resolving deltas: 100% (4/4), completed with 2local objects.
remote:
remote: Create a pull request for'feat1' on GitHub by visiting:
remote:        https://github.com/turtles3040/test-pr/pull/new/feat1
remote:
To https://github.com/turtles3040/test-pr.git
 * [new branch]      feat1 -> feat1
branch 'feat1'set up to track 'origin/feat1'.

kmyu@DESKTOP-N2FK7H0 MINGW64 /c/test-pr (feat1)
$ git log --oneline
3c53fa7 (HEAD -> feat1, origin/feat1) Set font for lbl1 in ui.py
28b8334 Add lbl1 in ui.py to print version info
ad55f73 (origin/main, origin/HEAD, main) Add calculator v2.3.0
992ebc2 Initial commit

kmyu@DESKTOP-N2FK7H0 MINGW64 /c/test-pr (feat1)
$
```

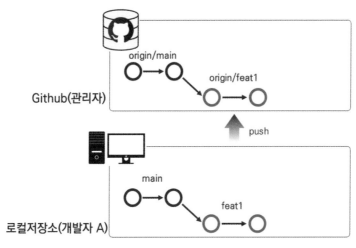

그림 8.17 push 후 저장소 상태

1.4 개발자 A : Github에서 풀 리퀘스트 생성하기

원격저장소에 feat1 브랜치의 내용을 푸시만 했습니다. feat1 브랜치의 내용이 origin/main에 병합된 것은 아닙니다. Github 원격저장소에 접속해서 풀 리퀘스트를 생성해야 합니다.

❶ 개발자 A의 계정으로 원격저장소(test-pr)에 접속합니다. feat1 브랜치를 푸시해서 두 개의 브랜치가 관리되고 있다고 표시됩니다(2 branches). 이 '2 branches'라고 표시되는 부분을 클릭합니다. 화면이 전환되고 개발자 A가 푸시한 feat1 브랜치 항목이 표시됩니다. 오른쪽에 'New pull request' 버튼을 클릭합니다.

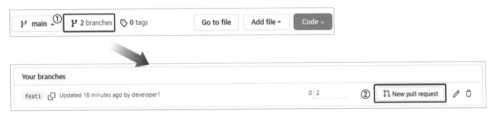

그림 8.18 원격저장소에서 풀 리퀘스트 생성 화면 이동

❷ feat1 브랜치의 작업 내용을 origin/main에 병합 요청하기 위해 제목, 내용을 작성하고, 'Create pull request' 버튼을 클릭합니다.

그림 8.19 풀 리퀘스트 생성

생성하고 나면 몇 가지 조건을 충족하지 못해서 병합이 일시 중지된 상태가 됩니다.

• **Review required** : 1명 이상이 코드 리뷰 후 승인해야 함
• **Merging is blocked** : 리뷰 승인 후 자동으로 병합이 진행됨

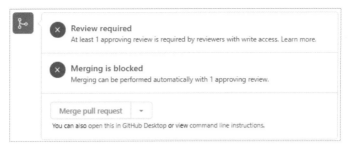

그림 8.20 풀 리퀘스트 생성 후 상태

앞에서 저장소를 생성하면서 브랜치 설정을 통해 자동 병합되지 않도록 보호 장치를 해 두었기 때문입니다. 관리자가 코드 리뷰 후 승인해야 자동 병합이 이루어집니다.

일단 개발자 A의 풀 리퀘스트 생성은 완료되었습니다. 계속해서 관리자가 코드 리뷰 후, 이 풀 리퀘스트를 승인하고 자동 병합하는 방법을 알아보겠습니다.

1.5 관리자 : Github에서 풀 리퀘스트 승인하기

이제 관리자가 원격저장소에서 풀 리퀘스트를 승인하여 feat1의 작업 내용을 main 브랜치에 병합하는 과정을 진행합니다.

❶ 관리자의 계정으로 원격저장소(test-pr)에 접속합니다. 'Pull requests' 항목에 개발자 A가 생성한 요청 항목 1개가 표시됩니다. 이 부분을 클릭하면 풀 리퀘스트 제목이 표시됩니다. 이 제목 부분을 다시 클릭합니다.

그림 8.21 관리자 계정으로 풀 리퀘스트 확인

❷ 자동 병합이 일시 중지된 상태입니다. 최소 1인 이상의 리뷰 승인이 필요하기 때문입니다. Add your review를 선택하여 리뷰 승인을 하면 됩니다. 단, 관리자는 리뷰 조건이 충족되지 않아도 병합을 승인할 수 있습니다. 'Merge without waiting for...' 항목을 체크하고 'Merge pull request'를 선택하면 됩니다. 이때, 병합 방식을 선택할 수도 있습니다.

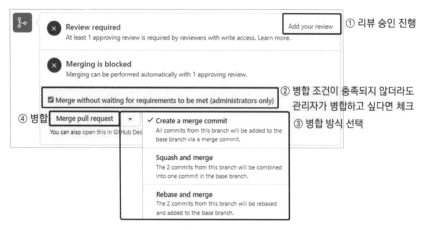

그림 8.22 병합 방식 선택

❸ 제목과 메시지를 남기고 'Confirm merge' 버튼을 클릭해서 병합을 최종 승인합니다.

그림 8.23 병합 승인

feat1 브랜치의 내용이 origin/main 브랜치에 성공적으로 병합되고, 관련 내용이 완료(closed) 처리되었습니다. 원격저장소에서 feat1 브랜치를 삭제하고 싶다면 'Delete branch' 버튼을 클릭합니다.

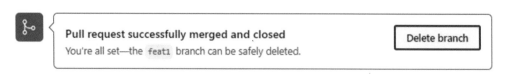

그림 8.24 병합 완료

❹ 마지막으로 원격저장소 origin/main 브랜치의 파일 상태를 확인합니다. feat1 브랜치를 삭제했으므로 브랜치는 1개만 있습니다. feat1에서 작업한 ui.py의 내용이 반영되어 있습니다.

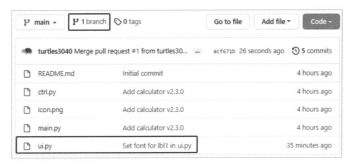

그림 8.25 병합 후 원격저장소 파일 상태

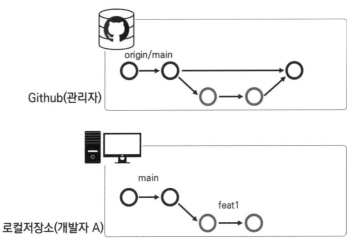

그림 8.26 병합 후 저장소 상태

1.6 개발자 A : 원격저장소에 병합된 내용 가져오기

원격저장소에서 병합한 내용을 개발자 A의 로컬저장소로 가져옵니다.

❶ 브랜치를 main으로 전환합니다. 그리고 feat1 브랜치를 더 사용하지 않으니 삭제합니다.

```
git checkout main
git branch -D feat1
```

```
kmyu@DESKTOP-N2FK7H0 MINGW64 /c/test-pr (feat1)
$ git checkout main
```

```
Switched to branch 'main'
Your branch is behind 'origin/main' by 3 commits, and can be fast-forwarded.
  (use "git pull" to update your local branch)


kmyu@DESKTOP-N2FK7H0 MINGW64 /c/test-pr (main)
$ git branch -D feat1
Deleted branch feat1 (was 3c53fa7).


kmyu@DESKTOP-N2FK7H0 MINGW64 /c/test-pr (main)
$ git log --oneline
ad55f73 (HEAD -> main) Add calculator v2.3.0
992ebc2 Initial commit


kmyu@DESKTOP-N2FK7H0 MINGW64 /c/test-pr (main)
$
```

❷ 원격저장소 origin/main 브랜치의 내용을 풀해서 로컬저장소에 업데이트합니다.

git pull

```
kmyu@DESKTOP-N2FK7H0 MINGW64 /c/test-pr (main)
$ git pull
Updating ad55f73..acf671b
Fast-forward
 ui.py |8 +++++---
 1 file changed, 5 insertions(+), 3 deletions(-)


kmyu@DESKTOP-N2FK7H0 MINGW64 /c/test-pr (main)
$ git log --graph --oneline
*   acf671b (HEAD -> main, origin/main, origin/HEAD) Merge pull request #1 from
turtles3040/feat1
|\
| * 3c53fa7 (origin/feat1) Set font for lbl1 in ui.py
| * 28b8334 Add lbl1 in ui.py to print version info
|/
* ad55f73 Add calculator v2.3.0
* 992ebc2 Initial commit


kmyu@DESKTOP-N2FK7H0 MINGW64 /c/test-pr (main)
$
```

풀 리퀘스트를 통해 병합한 부분이 반영되었습니다.

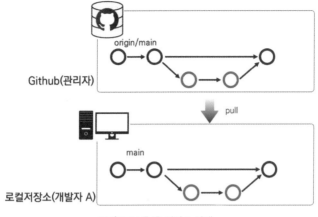

그림 8.27 풀 후 저장소 상태

참고 **풀 리퀘스트를 위한 또 다른 브랜치 운영 방법**

지금까지 설명한 풀 리퀘스트 방식은 구성원들끼리 하나의 원격저장소를 두고 협업할 때 사용할 수 있습니다. 다시 말해 원격저장소의 협업자(collaborators)가 명확할 때 사용하는 방법입니다. 그런데 협업 대상이 명확하지 않은 경우도 있습니다. 예를 들어 오픈소스 프로젝트의 저장소나 개인이 저장소의 코드를 공개해서 불특정 다수로부터 개선의 도움을 받고자 할 때는 협업자를 특정하기 어렵습니다. 이때는 원본 저장소를 포크(Fork)하여 풀 리퀘스트를 생성할 수 있습니다. 이 방법을 소개합니다.

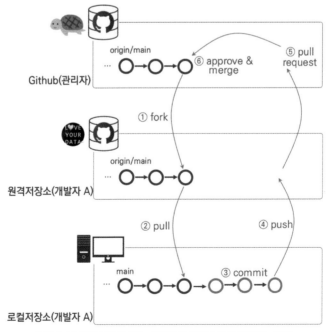

그림 8.28 저장소를 포크(fork)하여 풀 리퀘스트를 진행하는 절차

❶ 관리자 : 먼저 관리자 계정으로 관리자의 test-pr 저장소에 접속합니다. 그리고 Settings – Collaborators – Manage access 항목으로 이동해서 기존에 등록되어 있던 개발자 A를 협업자 목록에서 제외합니다(Remove). 실습 상황을 만들기 위함입니다.

그림 8.29 관리자 저장소에서 개발자 A를 협업자에서 제외

❷ 개발자 A : 이제 개발자 A의 계정으로 로그인합니다. 그리고 관리자의 test-pr 저장소에 접속합니다. 화면 위쪽에 있는 Fork 항목을 클릭해서, 저장소 복제 단계로 진입합니다. 저장소 이름은 기존과 같이 test-pr로 하고 'Create fork' 버튼을 클릭합니다.

그림 8.30 저장소 복제(fork)

원격저장소의 파일들을 로컬저장소로 복제하는 명령인 git clone과 비슷하게, 포크(fork)는 다른 계정의 Github 저장소를 나의 Github 저장소로 복제하는 기능입니다. 포크가 완료되면 개발자 A의 Github 계정에 test-pr 저장소가 복제됩니다.

그림 8.31 개발자 A의 Github에 복제된 test-pr 저장소

❸ 개발자 A : 편의상 개발자 A의 test-pr 저장소에서 바로 파일을 수정합니다. README.md 파일을 수정하고 커밋까지 완료합니다.

그림 8.32 개발자 A의 test-pr 저장소에 README.md 파일 수정

❹ 개발자 A : 이제 원본 저장소(관리자의 test-pr)와 개발자 A가 복제한 저장소의 파일 내용의 차이가 발생했습니다. 개발자 A 내용을 풀 리퀘스트로 원본 저장소에 병합 요청해 보겠습니다. 개발자 A의 test-pr 저장소에서 Pull requests – New pull request 버튼을 차례대로 선택합니다.

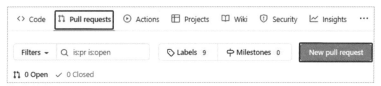

그림 8.33 풀 리퀘스트 생성 진입

다음 화면에서 병합할 저장소의 브랜치를 각각 확인한 후 다시 'Create pull request' 버튼을 클릭합니다.

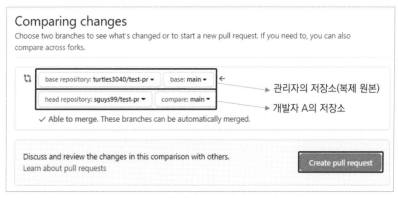

그림 8.34 풀 리퀘스트 생성 버튼 클릭

풀 리퀘스트 제목과 내용을 입력하고 마지막으로 'Create pull request' 버튼을 클릭합니다.

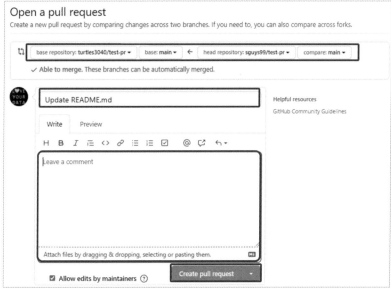

그림 8.35 풀 리퀘스트 제목, 본문 입력

아래 화면과 같이 승인을 기다리는 단계가 되면 개발자 A의 풀 리퀘스트 생성은 완료되었습니다.

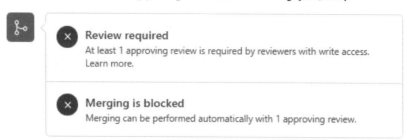

그림 8.36 풀 리퀘스트 생성 후 관리자의 승인을 기다리는 단계

❺ 관리자 : 관리자의 계정으로 로그인하여 관리자의 test-pr 저장소에 접속해서 승인합니다. 승인 방법
은 1.5에서 설명한 것과 같습니다. 승인 후 병합을 완료하면 관리자의 저장소에 개발자 A 내용이 반
영됩니다.

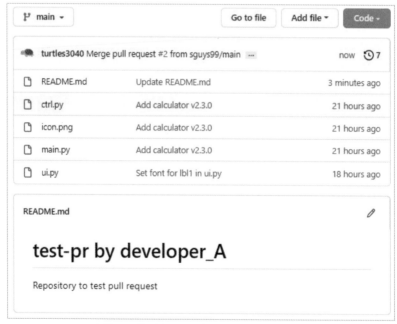

그림 8.37 풀 리퀘스트 승인 후 관리자의 저장소 상태

2 Gitflow

프로그램의 초기 버전이 배포된 이후에도 저장소에서 작업은 계속된다. 새로운 버전을 위해서 개발을 계속해야 한다. 새 버전에 들어가는 기능을 추가해야 하고, 이와 동시에 기존에 배포한 버전에 문제가 발생하면 빠르게 조치해야 한다. 후속 버전을 위해 개발이 완료된 프로그램은 정식 배포 전에 품질 검사를 통해 발견된 문제를 보완해 줘야 한다. 다양한 작업이 한 저장소에서 유기적으로 이루어질 수 있도록 하는 브랜치 운영 전략이 있을까?

Gitflow는 Vincent Driessen이 2010년에 'A successful Git branching model'이라는 포스트에서 제안한 Git 브랜치 운영 전략입니다. 10년이 지났지만 여전히 널리 사용되는 브랜치 운영 방식입니다. 특히 여러 사람이 협업하는 큰 규모의 프로젝트나 지속해서 배포 계획을 세우고 진행하는 프로젝트에 유용하게 사용됩니다. 이번 절에서는 Gitflow 브랜치 전략의 주요 개념과 Gitflow 전략을 편하게 적용할 수 있는 확장 프로그램을 살펴보겠습니다.

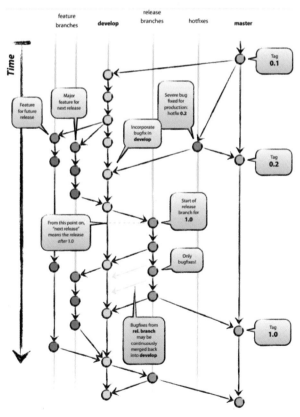

그림 8.38 Gitflow 브랜치 운영 개념
(출처: https://nvie.com/posts/a-successful-git-branching-model/)

2.1 Gitflow의 브랜치들

Gitflow에서 사용하는 브랜치는 두 개의 주 브랜치(master, develop), 그리고 세 개의 보조 브랜치(feature, release, hotfix)입니다. 주 브랜치는 배포된 코드를 관리하거나 다음에 배포할 기능을 구현하는 코드를 관리하는 데 사용됩니다. 보조 브랜치는 다음에 배포할 프로그램의 기능을 구현하고, 신속하게 해결해야 할 버그를 다루는 데 사용됩니다. 각 브랜치는 어떤 브랜치에서 분기해 나오는지, 그리고 어떤 브랜치로 병합되는지에 관한 규칙도 있습니다. 각 브랜치의 특징을 알아보겠습니다.

❶ master
- 과거에 배포된 코드 또는 앞으로 배포될 최종 단계의 코드가 관리되는 곳
- 태그와 함께 버전 정보가 기록됨
- 원격저장소(origin/master)에서 관리

❷ develop
- 분기되어 나온 브랜치 : master
- 병합할 브랜치 : master, release
- 다음에 배포할 프로그램의 코드를 관리
- 배포할 프로그램의 기능이 준비되면 release 브랜치로 병합되어 검사하거나, master로 병합되어 배포 버전으로 태그를 부여받음
- 원격저장소(origin/develop)에서 관리
- 브랜치 생성 예시

```
kmyu@DESKTOP-N2FK7H0 MINGW64 ~/test-gitflow (master)
$ git checkout -b develop
Switched to a new branch 'develop'

kmyu@DESKTOP-N2FK7H0 MINGW64 ~/test-gitflow (develop)
$
```

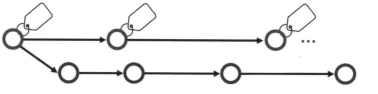

그림 8.39 master와 develop의 관계

356

❸ feature

- 분기되어 나온 브랜치 : develop
- 병합할 브랜치 : develop
- 브랜치 이름 규칙 : feature/이름
- 토픽 브랜치라고도 부르며, 다음 배포에 추가될 기능을 개발하는 브랜치
- 기능이 완성되면 develop으로 병합됨
- 반드시 develop으로 병합할 필요는 없음. 예를 들어 기능이 필요하지 않거나 만족스럽지 않으면 병합하지 않고 삭제 가능
- 보통 개발자의 로컬저장소에 위치하며 원격저장소에는 푸시하지 않음
- 브랜치 생성 예시 : func1이라는 이름의 feature 브랜치를 생성할 때

```
kmyu@DESKTOP-N2FK7H0 MINGW64 ~/test-gitflow (develop)
$ git checkout -b feature/func1
Switched to a new branch 'feature/func1'

kmyu@DESKTOP-N2FK7H0 MINGW64 ~/test-gitflow (feature/func1)
$
```

- 작업 후 브랜치 병합, 삭제 예시 : --no-ff 옵션으로 병합

```
...

kmyu@DESKTOP-N2FK7H0 MINGW64 ~/test-gitflow (feature/func1)
$ git checkout develop
Switched to branch 'develop'

kmyu@DESKTOP-N2FK7H0 MINGW64 ~/test-gitflow (develop)
$ git merge --no-ff feature/func1
Merge made by the 'ort' strategy.
...

kmyu@DESKTOP-N2FK7H0 MINGW64 ~/test-gitflow (develop)
$ git branch -d feature/func1
Deleted branch feature/func1 (was f09fd3b).

kmyu@DESKTOP-N2FK7H0 MINGW64 ~/test-gitflow (develop)
$ git push origin develop
```

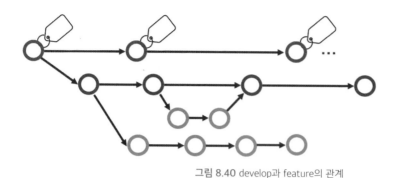

master / develop / feature 범례

그림 8.40 develop과 feature의 관계

❹ release

- 분기되어 나온 브랜치 : develop
- 병합할 브랜치 : develop, master
- 브랜치 이름 규칙 : release/버전 정보
- 기능이 완성된 develop 브랜치의 코드를 병합해서 배포를 준비하는 브랜치
- 배포에 필요한 준비, 품질 검사, 버그 수정 등을 진행
- release 브랜치로 인해 develop 브랜치는 다음 배포에 필요한 기능에 집중할 수 있음
- release 브랜치가 배포할 상태가 되면, master로 병합
- 이후 마스터에 만들어진 커밋에 태그를 추가함
- 배포 후 release 브랜치가 필요 없으면 삭제(선택 사항)
- 브랜치 생성 예시 : v0.1 버전의 배포를 위한 브랜치 생성

```
kmyu@DESKTOP-N2FK7H0 MINGW64 ~/test-gitflow (develop)
$ git checkout -b release/v0.1
Switched to a new branch 'release/v0.1'

kmyu@DESKTOP-N2FK7H0 MINGW64 ~/test-gitflow (release/v0.1)
$
```

- 작업 후 브랜치 병합, 태깅, 삭제 예시 : master, develop에 병합

```
...

kmyu@DESKTOP-N2FK7H0 MINGW64 ~/test-gitflow (release/v0.1)
$ git checkout master
Switched to branch 'master'

kmyu@DESKTOP-N2FK7H0 MINGW64 ~/test-gitflow (master)
```

```
$ git merge --no-ff release/v0.1
Merge made by the 'ort' strategy.
...

kmyu@DESKTOP-N2FK7H0 MINGW64 ~/test-gitflow (master)
$ git tag -a v0.1

kmyu@DESKTOP-N2FK7H0 MINGW64 ~/test-gitflow (master)
$ git checkout develop
Switched to branch 'develop'

kmyu@DESKTOP-N2FK7H0 MINGW64 ~/test-gitflow (develop)
$ git merge --no-ff release/v0.1
...

kmyu@DESKTOP-N2FK7H0 MINGW64 ~/test-gitflow (develop)
$ git branch -d release/v0.1
Deleted branch release/v0.1 (was c503df8).

kmyu@DESKTOP-N2FK7H0 MINGW64 ~/test-gitflow (develop)
$
```

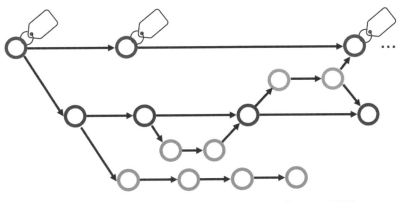

그림 8.41 master, develop와 release의 관계

❺ hotfix

- 분기되어 나온 브랜치 : master

- 병합할 브랜치 : develop, master

- 브랜치 이름 규칙 : hotfix/버전 정보

- 기존 배포한 버전에 문제를 해결하기 위한(버그 수정 등) 브랜치

- 브랜치는 문제가 발생한 master의 버전으로부터 생성
- 문제 해결 후에는 master와 develop에 각각 병합을 진행
- 만약 release 브랜치가 삭제되지 않았다면 release 브랜치에도 병합 진행
- 병합 후 브랜치는 삭제
- 브랜치 생성 예시 : v0.1.1 버전으로 문제를 해결하기 위한 브랜치 생성

```
kmyu@DESKTOP-N2FK7H0 MINGW64 ~/test-gitflow (master)
$ git checkout -b hotfix/v0.1.1
Switched to a new branch 'hotfix/v0.1.1'

kmyu@DESKTOP-N2FK7H0 MINGW64 ~/test-gitflow (hotfix/v0.1.1)
$
```

- 작업 후 브랜치 병합, 삭제 예시 : master, develop에 병합

```
...

kmyu@DESKTOP-N2FK7H0 MINGW64 ~/test-gitflow (hotfix/v0.1.1)
$ git checkout master
Switched to branch 'master'

kmyu@DESKTOP-N2FK7H0 MINGW64 ~/test-gitflow (master)
$ git merge --no-ff hotfix/v0.1
Merge made by the 'ort' strategy.
...

kmyu@DESKTOP-N2FK7H0 MINGW64 ~/test-gitflow (master)
$ git tag -a 0.1.1

kmyu@DESKTOP-N2FK7H0 MINGW64 ~/test-gitflow (master)
$ git checkout develop
Switched to branch 'develop'

kmyu@DESKTOP-N2FK7H0 MINGW64 ~/test-gitflow (develop)
$ git merge --no-ff hotfix/v0.1.1
Merge made by the 'ort' strategy.
...

kmyu@DESKTOP-N2FK7H0 MINGW64 ~/test-gitflow (develop)
```

```
$ git branch -d hotfix/v0.1.1
Deleted branch hotfix/v0.1.1 (was a041156).

kmyu@DESKTOP-N2FK7H0 MINGW64 ~/test-gitflow (develop)
$
```

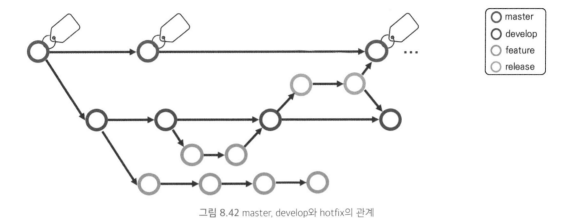

그림 8.42 master, develop와 hotfix의 관계

2.2 git-flow cheatsheet

앞에서 살펴본 Gitflow는 기존 브랜치 생성, 병합 명령을 활용한 브랜치 운영 전략입니다. git-flow cheatsheet는 Gitflow 브랜치 관리를 편하게 할 수 있는 확장 프로그램입니다.

그림 8.43 git-flow cheatsheet 공식 사이트
(https://danielkummer.github.io/git-flow-cheatsheet/index.ko_KR.html)

공식 사이트에는 macOS, Linux, Windows 별로 설치 방법이 설명되어 있습니다. git for windows 에는 기본적으로 이 프로그램이 설치되어 있습니다. 여기서는 이 확장 프로그램에서 제공하는 브랜치 관리 명령을 살펴보겠습니다.

❶ 초기화하기

```
git flow init
```

```
kmyu@DESKTOP-N2FK7H0 MINGW64 /c/test-cheatsheet (master)
$ git flow init

Which branch should be used for bringing forth production releases?
   - master
Branch name for production releases: [master] master
Branch name for"next release" development: [develop] develop

How to name your supporting branch prefixes?
Feature branches? [feature/] feature/
Bugfix branches? [bugfix/] bugfix/
Release branches? [release/] release/
Hotfix branches? [hotfix/] hotfix/
Support branches? [support/] support/
Version tag prefix? []
Hooks and filters directory? [C:/test-cheatsheet/.git/hooks]

kmyu@DESKTOP-N2FK7H0 MINGW64 /c/test-cheatsheet (develop)
$ git branch
* develop
  master

kmyu@DESKTOP-N2FK7H0 MINGW64 /c/test-cheatsheet (develop)
$
```

기존 Git 저장소에서 git flow init을 입력하면 사용할 브랜치의 이름과 접두어(prefix)를 설정하는 과정을 거치게 됩니다. 초기에 생성된 브랜치는 master와 develop이고 develop 브랜치로 전환된 상태가 됩니다.

362

❷ 브랜치(feature, release 등) 시작하기

```
git flow [브랜치 종류] start [브랜치 이름]
```

만약 func1이라는 feature 브랜치를 생성하고 싶다면 다음과 같이 입력합니다.

```
git flow feature start func1
```

```
kmyu@DESKTOP-N2FK7H0 MINGW64 /c/test-cheatsheet (develop)
$ git flow feature start func1
Switched to a new branch 'feature/func1'

Summary of actions:
- A new branch 'feature/func1' was created, based on 'develop'
- You are now on branch 'feature/func1'

Now, start committing on your feature. When done, use:

     git flow feature finish func1


kmyu@DESKTOP-N2FK7H0 MINGW64 /c/test-cheatsheet (feature/func1)
$
```

❸ 브랜치 완료하기

```
git flow [브랜치 종류] finish [브랜치 이름]
```

예를 들어 feature/func1 브랜치에서 작업을 마친 후, develop 브랜치로 병합, 사용을 다 한 feature/func1를 일괄 삭제하고 싶다면 다음과 같이 입력합니다.

```
git flow feature finish func1
```

```
kmyu@DESKTOP-N2FK7H0 MINGW64 /c/test-cheatsheet (feature/func1)
$ git flow feature finish func1
Switched to branch 'develop'
...

Summary of actions:
- The feature branch 'feature/func1' was merged into 'develop'
- Feature branch 'feature/func1' has been locally deleted
- You are now on branch 'develop'
```

```
kmyu@DESKTOP-N2FK7H0 MINGW64 /c/test-cheatsheet (develop)
$
```

그 외의 명령은 공식 문서 사이트를 참고해 주세요.

참고 **소스트리에서 git-flow cheatsheet 사용**

소스트리에서도 git-flow 확장 프로그램을 사용할 수 있습니다. 화면 위쪽에 '깃 플로우' 버튼을 클릭하면 저장소 초기화를 위한 설정 창이 뜹니다. 여기에 각 브랜치 이름과 접두어를 작성하고 확인 버튼을 클릭하면 develop 브랜치가 생성되고, 전환됩니다. 앞에 소개한 'git flow init' 명령과 같은 결과입니다.

그림 8.44 소스트리에서 git-flow 초기화

새 브랜치를 생성하려면 다시 '깃 플로우' 버튼을 클릭합니다. 이제는 생성(시작)할 브랜치 항목이 표시됩니다. 예를 들어 feature 브랜치를 추가하고 싶다면, '새 기능 시작'을 선택합니다. 그리고 브랜치 이름과 시작 지점(분기 브랜치)을 선택한 후 확인 버튼을 클릭하면 설정한 이름으로 feature 브랜치가 생성, 전환됩니다.

그림 8.45 소스트리에서 브랜치 시작하기

앞에서 생성한 feature 브랜치에서 작업을 마치고 병합하고 싶다면, '깃 플로우'를 선택한 후, '기능 마무리' 버튼을 클릭합니다. 각종 설정을 마친 뒤 확인 버튼을 클릭하면 지정된 브랜치로 병합이 완료되고 feature 브랜치는 삭제됩니다.

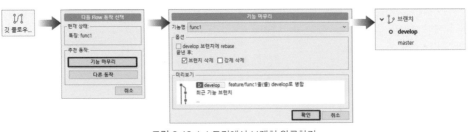

그림 8.46 소스트리에서 브랜치 완료하기

2.3 정리

master : 과거에 배포된 코드 또는 앞으로 배포될 코드가 관리되는 브랜치. 원격저장소에서 관리

develop : 다음에 배포할 프로그램의 개발용 코드를 관리하는 브랜치. 원격저장소에서 관리

feature : 다음 배포에 추가될 기능을 개발하는 브랜치. 보통 개발자의 로컬저장소에 위치

release : 기능이 완성된 develop 브랜치의 코드를 병합해서 배포를 준비하는 브랜치

hotfix : 기존 배포한 버전에 문제를 해결하기 위한 브랜치

appendix

1 Git cheatsheet

1.1 기본 명령어

Setup

- git init : 저장소(repository) 생성
- git clone [원격저장소 url] : 해당 원격저장소의 내용을 복제하여 로컬저장소 생성
- git config user.name "[작성자 이름]" : 작성자 이름 설정
- git config user.email "[이메일 계정]" : 작성자 이메일 설정
- git config --list : 저장소 설정 전체 출력
- git config --get [설정 항목] : 일부 설정된 항목만 출력(git config --get user.name 등)
- git help [커맨드 이름] : 도움말

Stage & commit

- git add [파일 이름] : 수정된 파일을 Staging Area 올리기
- git add [디렉토리 이름] : 해당 디렉토리 내에 수정된 모든 파일을 스테이징
- git add . : Working Directory 내에 수정된 모든 파일을 스테이징(untracked 파일 제외)
- git commit : 이력 저장, 커밋(commit)
- git commit -m "[메시지]" : 메시지 편집기를 사용하지 않고 인라인으로 메시지를 추가하여 커밋
- git commit -am "[메시지]" : 스테이징(add)과 커밋을 일괄 진행

Inspect

git status

- git status : 저장소 파일의 상태 정보 출력
- git status -s : 파일 상태 정보를 간략하게 표시

git log

- git log : 저장소의 커밋 이력을 출력
- git log --pretty=oneline : 커밋을 한 줄로 출력(--pretty 옵션 사용)
- git log --oneline : 각 commit을 한 줄로 출력
- git log --decorate=full : 브랜치나 태그 정보를 상세히 출력
- git log --graph : 그래프 형태로 출력

git show

- git show : 가장 최근 커밋 정보를 출력
- git show [커밋 해시] : 해당 커밋의 정보 출력
- git show HEAD : HEAD가 참조하는 커밋의 정보 출력
- git show HEAD^^^ : HEAD를 기준으로 3단계 이전의 커밋 정보 출력
- git show HEAD~[n] : HEAD를 기준으로 n단계 이전의 커밋 정보 출력

git diff

- git diff : 최근 커밋과 변경 사항이 발생한(Unstaged) 파일들의 내용 비교
- git diff --staged : 최근 커밋과 Staging Area의 파일 간의 변경 사항 출력
- git diff [커밋 해시1] [커밋 해시2] : 두 커밋 간 파일의 변경 사항 출력

1.2 커밋 조작

Checkout

- git checkout [커밋 해시] : 해당 커밋으로 HEAD의 참조를 변경(Working Directory의 내용을 변경)
- git checkout - : HEAD의 참조를 직전에 참조했던 커밋으로 변경
- git checkout master : HEAD가 master를 참조
- git checkout HEAD~n : 현재 HEAD의 참조를 기준으로 n단계 이전 커밋으로 참조를 변경

Undoing changes

- git reset : Staging Area의 파일 전체를 unstaged 상태로 되돌리기
- git reset [파일 이름] : 해당 파일을 unstaged 상태로 되돌리기
- git commit --amend : 최근 커밋을 수정하기
- git commit --amend -m "[커밋 메시지]" : 해당 메시지로 커밋 수정하기
- git reset [커밋 해시] : 해당 커밋으로 브랜치의 참조를 변경
- git reset --hard [커밋 해시] : Working Directory, Staging Area, 커밋 모두 되돌리기
- git reset --mixed [커밋 해시] : Working Directory 유지, Staging Area와 커밋은 되돌리기(default)
- git reset --soft [커밋 해시] : Working Directory와 Staging Area는 유지, 커밋은 되돌리기
- git reset HEAD^ : HEAD를 기준으로 직전의 커밋으로 브랜치의 참조 변경
- git reset HEAD~[정수] : HEAD를 기준으로 정수값 단계 전 커밋으로 브랜치의 참조 변경

1.3 브랜치

Setup

- git branch : 브랜치 목록 표시
- git branch [브랜치 이름] : 해당 브랜치 이름으로 브랜치 생성
- git checkout [브랜치 이름] : 해당 브랜치로 전환
- git checkout -b [브랜치 이름] : 브랜치 생성과 동시에 전환
- git branch -m [브랜치 이름] [새로운 브랜치 이름] : 브랜치 이름 변경
- git branch -d [브랜치 이름] : 해당 브랜치 삭제

Merge, rewrite

merge

- git merge [브랜치 이름] : 현 브랜치에 해당 브랜치의 내용 병합
- git merge --ff [브랜치 이름] : fast-forward 관계에 있으면 commit을 생성하지 않고 현재 브랜치의 참조 값만 변경(default)

- git merge --no-ff [브랜치 이름] : fast-forward 관계에 있어도 머지 커밋(merge commit) 생성
- git merge --squash [브랜치 이름] : fast-forward 관계에 있어도 머지 커밋 생성, 브랜치 정보 생략
- git rebase --abort : rebase 취소

rebase

- git rebase [브랜치 이름] : 현재 브랜치가 해당 브랜치(브랜치 이름)에부터 분기하도록 재배치
- git rebase --continue : 충돌 수정 후 재배치 진행
- git rebase --abort : rebase 취소

cherry-pick

- git cherry-pick [커밋 해시] : 해당 커밋의 내용을 현재 브랜치에 추가. 뒤에 커밋 해시를 연속 입력하면 복수로 추가 가능
- git cherry-pick [시작 지점의 커밋 해시].. [끝 지점의 커밋 해시] : 해당 구간의 커밋을 한번에 추가
- git cherry-pick --abort : 충돌이 발생했을 때 cherry-pick 취소
- git cherry-pick --continue : 충돌 해결 후 cherry-pick 진행

② 커밋 메시지 컨벤션

잘 쓰인 커밋 메시지는 프로젝트 관리, 협업 환경에서 매우 중요합니다. 좋은 커밋 메시지는 작업 내용에 대한 직관성과 가독성을 높입니다. 그리고 구성원 간 높은 수준의 협업 환경과 리뷰 프로세스에 기여합니다. 결과적으로 원활한 코드 유지보수가 가능해집니다.

하지만 좋은 커밋 메시지의 명확한 기준은 없습니다. 프로젝트를 진행하는 동료들과 협의하여 커밋 메시지 작성 규칙을 정하면 됩니다. 여기서는 커밋 메시지를 작성하기 위해 제안된 가이드라인을 소개합니다.

2.1 좋은 커밋 메시지를 위한 7가지 규칙(The seven rules of a great git commit message)

Chris Beams의 'How to Write a Git Commit Message'라는 블로그 포스트에서는 좋은 커밋 메시지를 위한 7가지 규칙을 제안합니다. 커밋 메시지는 제목(subject), 본문(body), 그리고 꼬리말(footer)로 구성되며 작성 규칙을 요약하면 다음과 같습니다.

```
<제목(subject)>
<한줄 공백(BLANK LINE)>
<본문(body, 선택 사항)>
<한줄 공백(BLANK LINE)>
<꼬리말(footer, 선택 사항)>
```

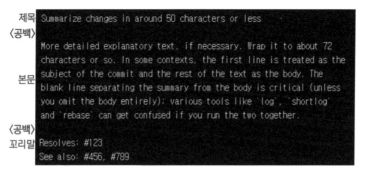

제목	
〈공백〉	
본문	
〈공백〉	
꼬리말	

```
Summarize changes in around 50 characters or less

More detailed explanatory text, if necessary. Wrap it to about 72
characters or so. In some contexts, the first line is treated as the
subject of the commit and the rest of the text as the body. The
blank line separating the summary from the body is critical (unless
you omit the body entirely); various tools like `log`, `shortlog`
and `rebase` can get confused if you run the two together.

Resolves: #123
See also: #456, #789
```

app 2.1 C. Beams가 제안하는 커밋 메시지 구조(위)와 작성 예시

❶ **제목과 본문은 공백으로 구분한다.**

제목과 본문을 공백(blank line)으로 구분해두면 로그를 관리할 때 효율적입니다. 다음과 같이 커밋 메시지의 제목과 본문을 공백으로 구분하여 기록했다고 가정해 보겠습니다.

```
Derezz the master control program

MCP turned out to be evil and had become intent on world domination.
This commit throws Tron's disc into MCP (causing its deresolution)
and turns it back into a chess game.
```

git log 로그를 확인하면 다음과 같이 출력됩니다.

```
$ git log
commit 42e769bdf4894310333942ffc5a15151222a87be
Author: Kevin Flynn <kevin@flynnsarcade.com>
Date:   Fri Jan 0100:00:00 1982 -0200

 Derezz the master control program

 MCP turned out to be evil and had become intent on world domination.
 This commit throws Tron's disc into MCP (causing its deresolution)
 and turns it back into a chess game.
```

--oneline 옵션을 사용하면 공백 효과를 확인할 수 있습니다. 커밋 메시지의 제목만 출력됩니다. 커밋 수가 늘어나면 효율적으로 관리할 수 있습니다.

```
$ git log --oneline
42e769 Derezz the master control program
```

❷ **제목은 영문 기준 50자 이내로 제한한다.**

제목의 길이가 장황하면 오히려 직관성을 떨어뜨립니다. 핵심 내용만 포함해서, 간결한 제목을 작성하도록 합니다.

❸ 제목의 첫 글자는 대문자로 작성한다.

말 그대로 제목의 첫 글자를 대문자로 하여 제목 줄이 시작됨을 명시합니다. 예를 들어,

```
accelerate to 88 miles per hour
```

대신, 커밋 메시지 제목은 다음처럼 작성해야 합니다.

```
Accelerate to 88 miles per hour
```

❹ 제목 줄은 마침표로 끝내지 않는다.

영문법에서는 제목에 구두점(punctuation)을 찍지 않습니다. 커밋 메시지에서도 마찬가지입니다. 예를 들어

```
Open the pod bay doors.
```

대신, 다음과 같은 형태가 적절합니다.

```
Open the pod bay doors
```

❺ 제목은 명령 형태로 작성한다.

명령형이 다소 무례하게 보일 수 있지만, 커밋 제목에는 적절합니다. Git 명령들이 영어 명령문과 비슷하기 때문입니다. 우리가 앞에서 작성했던 커밋 메시지들은 아래와 같았습니다.

```
Merge branch 'myfeature'
Revert "Add the thing with the stuff"
```

이처럼 커밋 메시지를 명령형으로 작성한다는 것은 Git 고유의 빌트인 컨벤션(built-in convention)을 따르는 것을 뜻합니다. 따라서 명령형으로 작성하면 Git이 자동으로 출력하는 메시지들과 잘 어우러집니다. 따라서

```
Fixed bug with Y
Changing behavior of X
```

와 같은 형태 대신, 제목을 다음과 같이 명령형으로 작성합니다.

```
Fix bug with Y
Change behavior of X
```

대신 본문은 평서문으로 작성하면 됩니다.

❻ 본문은 영문 기준 72자마다 줄 바꾸기를 진행한다.

Git은 커밋 메시지의 자동 줄 바꿈 기능을 제공하지 않습니다. 따라서 가독성이 높은 메시지를 작성하기 위해 적정선인 한 줄에 영문 72자를 제안합니다.

❼ 본문에는 어떻게(how) 보다 무엇을(what)과 왜(why)에 대해서 설명한다.

코드가 복잡하여 주석이 필요한 경우를 제외하고는 커밋 메시지에 변경 사항에 대한 세부 정보를 기록할 필요가 없습니다. 필요하면 git diff 명령으로 변경 사항을 확인할 수 있기 때문입니다. 따라서 본문에는 이전의 방식이 어떤 점이 잘못되었는지, 그리고 변경이 필요한 이유에 집중하여 작성합니다.

2.2 커밋 메시지 구조

Conventional Commits(https://www.conventionalcommits.org/en/v1.0.0/), Udacity Git Commit Message Style Guide(https://udacity.github.io/git-styleguide/) 등의 게시물에서는 커밋 메시지 구조를 더 구체적으로 제안합니다.

```
<타입(type)>[범위(scope, 선택 사항)]: <제목(subject or description)>
<한줄 공백(BLANK LINE)>
<본문(body, 선택 사항)>
<한줄 공백(BLANK LINE)>
<꼬리말(footer, 선택 사항)>
```

제목, 본문, 그리고 꼬리말 구조는 Chris Beams가 제안한 것과 유사합니다. 여기에 추가로 제목 앞에 타입 (type)을 명시합니다. 타입에는 해당 커밋의 작업 의도를 파악하기 위해 작업의 범주를 명시합니다. 타입의 종류는 다음과 같습니다.

• feat : 새로운 기능의 추가, 삭제, 변경 등(제품 코드 수정)
• fix : 버그 수정(제품 코드 수정)
• docs : 문서 추가, 삭제, 변경(제품 코드 수정)
• style : 포맷, 정렬 등의 변경과 같이 스타일과 관련된 수정(제품 코드가 수정되지만 동작에 영향 없음)
• refactor : 코드 전면 수정(리팩토링, 제품 코드 수정)
• test : 시험을 위한 코드 추가, 삭제, 변경 등(제품 코드 수정 없음)
• chore : .gitignore 파일처럼 외부 사용자가 관심 없는 파일이나 빌드, 패키지 매니저, CI 등과 관련된 파일의 변경(제품 코드 수정 없음)

이 타입들은 권고 사항이며 프로젝트 특성에 맞게 타입 종류를 설정하면 됩니다. 꼬리말 부분에는 이슈 트래커 (issue tracker)와 함께 사용할 때 해결한 이슈나 참고할 부분을 명시해 주면 좋습니다.

```
Resolves: #123
See also: #456, #789
```

<꼬리말 작성 예시>

2.3 한국어로 커밋 메시지 작성하기

커밋 메시지를 반드시 영문으로 작성해야 하는 것은 아닙니다. 구성원 간 협의하여 사용하기 편한 언어를 사용하면 됩니다. 한국어로 커밋 메시지를 작성하기로 했을 경우, 유의해야 할 부분을 살펴봅니다.

❶ 제목은 개조식으로 작성한다.

영문 커밋 메시지는 명령문으로 작성하도록 제안했습니다만 하지만 한국어로 작성할 때도 명령 형식을 차용하면 어색해질 수 있습니다. 중요한 요점만 서술하여 가독성을 향상시키는 개조식 제목 사용을 고려해 보세요.

- 영문 제목 예 : Add functions that print logs
- 한국어 제목 예 : 로그 출력 함수 추가

❷ 메시지 타입의 한국어화

필요하다면 메시지 타입도 한국어로 변환해서 사용할 수 있습니다.

- feat → 기능 추가, 기능 삭제, 기능 변경
- fix → 버그 수정
- docs → 문서
- style → 형식(스타일)
- refactor → 개정
- test → 시험
- chore → 기타

❸ 가급적 한 가지 언어로 작성한다.

이해를 돕기 위해 원어를 사용해야 하는 상황을 제외하고 한국어로 작성합니다.

❹ 제목, 본문 줄 제한을 조정한다.

영문의 경우 제목은 50자 이내로 작성하고, 본문은 72자마다 줄 바꿈 하도록 권고하고 있습니다. 한글의 경우 영문보다 더 많은 공간을 차지하므로 이를 고려하여 글자 수 제한을 재조정하는 것도 좋습니다(제목은 25자 이내로 작성, 본문은 36자마다 줄 바꿈).

3 gitignore

로컬저장소에서 개발을 진행하다 보면 프로그램 버전 관리와 관련이 적은 파일이 함께 포함되는 경우가 있습니다. 예를 들어 백업용 파일이나 로그 파일, 소스 코드 빌드나 컴파일 후에 생성되는 파일들은 버전 관리와 연관성이 적습니다. 이 파일들은 추적 대상에서 제외해도 무방합니다. 그리고 보안상 민감한 정보를 담고 있어서 공개적인 원격저장소에 공유하기 곤란한 파일들도 제외할 필요가 있습니다. 이처럼 소스 코드 관리와 관련이 적은 파일들을 .gitignore 파일에 정의해 두면 Git의 추적 대상에서 제외되고 원격저장소의 푸시 대상에서도 제외합니다.

3.1 gitignore 실습하기

2장에서 작업한 저장소로 실습을 해 봅니다.

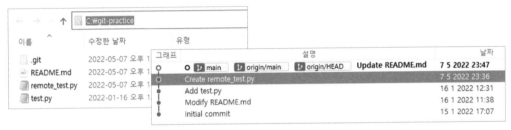

app 3.1 2.3절의 실습 저장소 파일 구성

❶ 로컬저장소 터미널에서 다음 파일을 만들어 봅니다.

```
file1.txt, file2.txt
folder/file3.txt
```

탐색기, 메모장 프로그램을 사용해서 추가해도 되고, 터미널에서 다음과 같이 명령을 입력해도 됩니다.

```
touch file1.txt, file2.txt
mkdir folder
touch folder/file3.txt
```

```
kmyu@DESKTOP-N2FK7H0 MINGW64 /c/git-practice (main)
$ touch file1.txt file2.txt

kmyu@DESKTOP-N2FK7H0 MINGW64 /c/git-practice (main)
$ mkdir folder
```

```
kmyu@DESKTOP-N2FK7H0 MINGW64 /c/git-practice (main)
$ touch folder/file3.txt


kmyu@DESKTOP-N2FK7H0 MINGW64 /c/git-practice (main)
$ ls
README.md  file1.txt  file2.txt  folder/  remote_test.py  test.py


kmyu@DESKTOP-N2FK7H0 MINGW64 /c/git-practice (main)
$
```

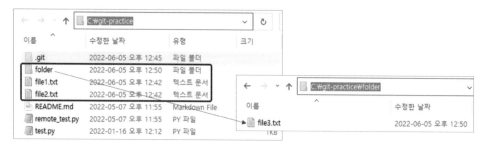

app 3.2 파일 생성 결과

❷ 저장소의 상태를 확인해 봅니다.

```
git status
```

```
kmyu@DESKTOP-N2FK7H0 MINGW64 /c/git-practice (main)
$ git status
On branch main
Your branch is up to date with 'origin/main'.

Untracked files:
  (use "git add <file>..." to include in what will be committed)
        file1.txt
        file2.txt
        folder/

nothing added to commit but untracked files present (use "git add" to track)


kmyu@DESKTOP-N2FK7H0 MINGW64 /c/git-practice (main)
$
```

앞에서 추가한 파일들이 감지되었습니다. 이제 이 파일들을 추적 대상에서 제외하겠습니다.

❸ 저장소 폴더 안에 .gitignore라는 파일을 만듭니다. 메모장 프로그램을 사용해도 좋고, touch 명령을 사용해도 됩니다.

```
touch .gitignore
```

```
kmyu@DESKTOP-N2FK7H0 MINGW64 /c/git-practice (main)
$ touch .gitignore

kmyu@DESKTOP-N2FK7H0 MINGW64 /c/git-practice (main)
$ git status
On branch main
Your branch is up to date with 'origin/main'.

Untracked files:
  (use "git add <file>..." to include in what will be committed)
        .gitignore
        file1.txt
        file2.txt
        folder/

nothing added to commit but untracked files present (use "git add" to track)

kmyu@DESKTOP-N2FK7H0 MINGW64 /c/git-practice (main)
$
```

.gitignore 파일도 감지되었습니다. 아직 아무 내용도 입력하지 않았기 때문에, 빈 파일입니다.

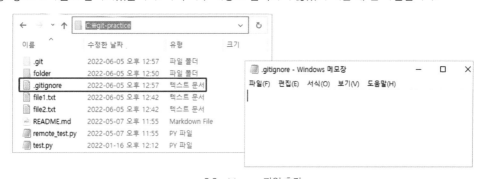

app 3.3 .gitignore 파일 추가

❹ 이제 .gitignore 파일을 열고 관리에서 제외할 파일을 지정합니다.
file1.txt 파일을 이력 관리 대상에서 제외하기 위해 다음과 같이 작성하고 저장합니다.

```
file1.txt
```

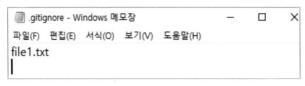

app 3.4 .gitignore 파일에 제외 대상 파일 지정

그리고 저장소의 상태를 확인합니다.

```
git status
```

```
kmyu@DESKTOP-N2FK7H0 MINGW64 /c/git-practice (main)
$ git status
On branch main
Your branch is up to date with 'origin/main'.

Untracked files:
  (use "git add <file>..." to include in what will be committed)
        .gitignore
        file2.txt
        folder/

nothing added to commit but untracked files present (use "git add" to track)

kmyu@DESKTOP-N2FK7H0 MINGW64 /c/git-practice (main)
$
```

감지 대상에서 file1.txt가 사라졌습니다.

❺ .gitignore 파일에 경로를 지정해 두면, 해당 경로에 파일이 추가, 제거, 수정되더라도 무시됩니다. 'folder' 디렉터리를 대상에서 제외해 봅니다.

```
folder
```

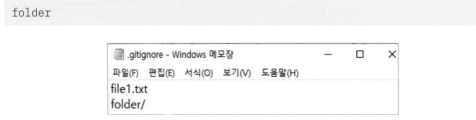

app 3.5 .gitignore 파일에 제외 대상 경로 지정

다시 저장소의 상태를 확인해 봅니다.

```
kmyu@DESKTOP-N2FK7H0 MINGW64 /c/git-practice (main)
$ git status
On branch main
Your branch is up to date with 'origin/main'.

Untracked files:
  (use "git add <file>..." to include in what will be committed)
        .gitignore
        file2.txt

nothing added to commit but untracked files present (use "git add" to track)

kmyu@DESKTOP-N2FK7H0 MINGW64 /c/git-practice (main)
$
```

감지 대상에서 'folder' 디렉터리가 사라졌습니다.

❻ 특정 확장자를 가지는 파일 모두를 제외하고 싶다면 '*.확장자 이름' 형태로 지정하면 됩니다. 우리가 지금까지 만든 파일은 모두 txt 확장자 파일이었습니다. .gitignore 파일에 지금까지 기록했던 내용을 모두 지우고 다음 내용만 입력합니다.

```
*.txt
```

app 3.6 .gitignore 파일에 특정 확장자를 가지는 파일을 지정

저장소의 상태를 살펴봅니다.

```
kmyu@DESKTOP-N2FK7H0 MINGW64 /c/git-practice (main)
$ git status
On branch main
Your branch is up to date with 'origin/main'.

Untracked files:
  (use "git add <file>..." to include in what will be committed)
        .gitignore
```

```
nothing added to commit but untracked files present (use "git add" to track)

kmyu@DESKTOP-N2FK7IIO MINGW64 /c/git-practice (main)
$
```

새로 추가한 file1, file2, file3.txt 파일 모두 감지되지 않습니다. .gitignore 파일은 새롭게 추가되었기 때문에 그대로 있습니다.

❼ .gitignore 파일을 커밋, 푸시합니다.

```
git add .
- git commit -am "Add .gitignore file"
- git status
- git push
```

```
kmyu@DESKTOP-N2FK7H0 MINGW64 /c/git-practice (main)
$ git add .

kmyu@DESKTOP-N2FK7H0 MINGW64 /c/git-practice (main)
$ git commit -am "Add .gitignore file"
[main e3a2b5d] Add .gitignore file
 1 file changed, 2 insertions(+)
 create mode 100644 .gitignore

kmyu@DESKTOP-N2FK7H0 MINGW64 /c/git-practice (main)
$ git status
On branch main
Your branch is ahead of 'origin/main' by 1 commit.
  (use "git push" to publish your local commits)

nothing to commit, working tree clean

kmyu@DESKTOP-N2FK7H0 MINGW64 /c/git-practice (main)
$ git push
Enumerating objects: 4, done.
Counting objects: 100% (4/4), done.
---(생략)---
```

⑧ 원격저장소에 접속해서 업로드된 파일을 확인합니다.

	developer1 Add .gitignore file		e3a2b5d 2 minutes ago	🕐 6 commits
🗋	.gitignore	Add .gitignore file		2 minutes ago
🗋	README.md	Update README.md		29 days ago
🗋	remote_test.py	Create remote_test.py		29 days ago
🗋	test.py	Add test.py		5 months ago

app 3.7 원격저장소 파일 리스트

.gitignore 파일은 추가되었지만 로컬저장소에서 새롭게 만들었던 파일들은 업로드되지 않았습니다.

3.2 .gitignore 파일 작성 규칙

.gitignore 파일은 글로브(Glob) 패턴을 준용하여 작성합니다. 글로브 패턴은 와일드카드 문자로 여러 파일을 지정할 때 사용되는 문법입니다. .gitignore 파일 작성 규칙을 잘 이해하고 사용하면, 특정 조건에 해당하는 파일을 필터링하여 제외시킬 때 유용합니다.

표현	예시	의미
#		주석. 제외 파일 지정에 영향을 미치지 않음
[파일 이름]	file.txt	해당 파일 이름으로 된 저장소의 모든 파일 무시
/[파일 이름]	/file.txt	현재 경로에 있는 해당 파일만 무시
*.[확장자]	*.txt	해당 확장자로 된 모든 파일을 무시
[폴더 이름]/	folder/	해당 폴더 아래의 모든 파일을 무시
[폴더 이름]/[파일 이름]	folder/file.txt	해당 경로의 파일 무시
[폴더 이름]/*.[확장자]	folder/*.txt	해당 폴더 아래에 해당 확장자를 가진 모든 파일 무시
![파일 이름]	!file.txt	해당 파일 이름으로 된 것은 예외(무시 안함)

3.3 .gitignore 파일 자동 생성

제외할 파일들을 찾아서 .gitignore 파일에 등록하는 작업은 매우 빈거롭습니다. 사용하는 개발 환경, 언어 등을 입력하면 .gitignore 파일에 기본적으로 들어갈 내용을 자동 생성 해주는 사이트도 있으니 활용해보시기 바랍니다.

https://www.toptal.com/developers/gitignore

app 3.8 .gitignore 파일 내용 자동 생성 사이트

파이썬 코드로 배우는
Git & Git Hub

1판 1쇄 발행　2022년 12월 10일
1판 2쇄 발행　2024년 06월 28일

저　　자 | 유광명
발 행 인 | 김길수
발 행 처 | ㈜영진닷컴
주　　소 | (우)08507 서울 금천구 가산디지털1로 128
　　　　　STX-V타워 4층 401호
등　　록 | 2007. 4. 27. 제16-4189호

©2022., 2024. (주)영진닷컴

ISBN | 978-89-314-6765-9

YoungJin.com Y.
영진닷컴

영진닷컴
프로그래밍 도서

영진닷컴에서 출간된 프로그래밍 분야의 다양한 도서들을 소개합니다.
파이썬, 인공지능, 알고리즘, 안드로이드 앱 제작, 개발 관련 도서 등 초보자를 위한 입문서부터
활용도 높은 고급서까지 독자 여러분께 도움이 될만한 다양한 분야, 난이도의 도서들이 있습니다.

플러터
프로젝트

시모네 알레산드리아 저
520쪽 | 30,000원

Node.js
디자인 패턴 바이블

Mario Casciaro,
Luciano Mammino 저 | 648쪽
32,000원

한 권으로 배우는
Vue.js 3

김동혁 저 | 396쪽
26,000원

다재다능
코틀린 프로그래밍

벤컷 수브라마니암 저
488쪽 | 30,000원

백엔드를 위한
Django REST
Framework

권태형 저 | 248쪽 | 18,000원

유니티를 몰라도 만들 수 있는
유니티 2D 게임 제작

모리 요시나오 저 | 320쪽
22,000원

AWS로 시작하는
AI 서비스 with 파이썬

이노우에 켄이치 저 | 248쪽 |
22,000원

친절한 R with
스포츠 데이터

황규인 저 | 416쪽
26,000원

딥러닝을 위한
파이토치 입문

딥러닝호형 저 | 320쪽
25,000원

바닥부터 배우는
강화 학습

노승은 저 | 304쪽
22,000원

도커 실전 가이드

사쿠라이 요이치로,
무라사키 다이스케 저
352쪽 | 24,000원

단숨에 배우는
타입스크립트

야코프 페인, 안톤 모이세예프 저
536쪽 | 32,000원